Ralph Dawirs & Gunther Moll

Die 10 größten Erziehungsirrtümer
und wie wir es besser machen können

Wir können Kinder nicht erziehen,
die machen uns doch eh alles nach.

- Karl Valentin -

Ralph Dawirs & Gunther Moll

Die 10 größten Erziehungs- irrtümer

und wie wir es
besser machen können

www.beltz.de

2. Auflage 2011

© 2010 Beltz Verlag · Weinheim und Basel
Umschlaggestaltung: Büro Hamburg
Umschlagabbildung: ©Dave King/Getty Images
Layout und Herstellung: Nancy Püschel
Druck und Bindung: Beltz Druckpartner, Hemsbach
Printed in Germany

ISBN 978-3-407-85910-5

Inhalt

Vorwort

ERZIEHEN SIE NOCH selbst? Oder wollen Sie dies bei nächster Gelegenheit tun? Dann könnte dieses Buch ein Gewinn für Sie sein. Suchen Sie einen Ratgeber über das richtige und erfolgreiche Erziehen? Einen Katalog verschiedener Erziehungsziele und den sicheren Weg dorthin? Wollen Sie im Dschungel der Erziehungsmethoden Orientierung finden? Etwas Passendes für sich heraussuchen? Dann sind Sie hier falsch. Ihnen empfehlen wir, das Buch wieder beiseitezulegen. Es wird Ihnen wahrscheinlich nichts bringen – oder vielleicht gerade doch?

Jedenfalls finden Sie in diesem Buch keine Tipps und keine Rezepte, die Ihnen verraten, was Sie tun müssen, damit Ihr Zögling Pfarrer, Eislaufprinzessin, Hollywoodstar, Atomphysiker, Börsenmakler oder Fernsehkoch wird. Wir bitten Sie! Was geht es Sie schließlich an, was aus Ihren Kindern einmal beruflich werden wird? Das wird sich schon finden. Das hat noch immer funktioniert, das mit der nächsten Generation. Da können Sie ganz gelassen sein. Darum geht es in der Erziehung gar nicht. Erziehung ist nicht Ausbildung. Wenn auch eine wichtige Voraussetzung für alles Weitere.

Es ist ein Buch für Fortgeschrittene. Für Eltern und Interessierte mit Erfahrung. Für die, die wissen, worum es geht und was sie wollen. Die sich nichts vormachen lassen. Für alle, die sich jede Einmischung des Staates in ihre Erziehungshoheit verbeten. Es ist ein Buch für alle Eltern, die ihre Kinder wahrhaft lieben und deswegen schon jetzt fast alles richtig machen. Die keine grundlegende Neuorientierung brauchen, weil sie ihren eigenen Kompass schon längst gefunden haben. Es ist ein Buch für Eltern, die selbstverständlich ihr persönliches Höchstmaß an Verantwortlichkeit, Kraft, Ausdauer und Mut, mit einem Wort: ihre ganze Liebe, in ihre Kinder investieren. Die zusätzlich auch noch bereit sind, zugunsten ihrer Kinder in einem erheblichen Umfang auf eine Befriedigung ihrer persönlichen materiellen Bedürfnisse zu verzichten. Kurz, ein Buch für die wirklichen Leistungsträger unserer Gesellschaft. Also für die große Mehrheit der Eltern.

Aber auch auf die Wohlmeinenden lauern viele Fallstricke, in denen sie sich schuldlos verfangen können. Wer ist nicht schon einmal einem Irrtum aufgesessen? Schließlich ist Irren menschlich. Aber keine Sorge, das Prinzip »Versuch und Irrtum« ist ein ganz altes und ziemlich bewährtes Lernverfahren. Irrtümer sind verzeihlich. Dieses Buch zählt daher auch nicht zu denen, die Sie unbedingt gelesen haben müssen, um ruhig schlafen zu können. Es geht ja überhaupt nicht darum, dass Sie Ihre Kinder »optimal« erziehen. Wer weiß denn schon, was das im Einzelfall ist? Erziehung ist vielmehr ein Beitrag, der ausreichen sollte, um eine Selbstbildung Ihrer Kinder in ein Leben voll Neugier, Selbstbestimmung und Zuversicht, in ein glückliches Leben, anzustoßen. Wenn Sie dabei dem einen oder anderen Irrtum nicht aufsitzen möchten, umso besser. Wenn Sie jedoch Rat suchen, wie Sie Ihre Tochter oder Ihren Sohn »richtig« erziehen können, damit etwas »Anständiges« aus ihm oder ihr werden möge, dann ist es jetzt an der Zeit, das Buch weiterzuverschenken. Dieses Buch ist keine Anleitung zur Aufzucht von würdigen Nachkommen, derer man sich nicht schämen muss.

Wir möchten Sie vielmehr einladen, sich auf ein paar mögliche Irrtümer einzulassen. Vielleicht stellen Sie ja auch amüsiert fest, dass der eine oder andere »Irrtum« für Sie gar keiner ist und die Autoren sich geirrt haben. Wie gesagt, Irren ist menschlich!

Brauchen Eltern einen Erziehungsführerschein?

IN REGELMÄSSIGEN ABSTÄNDEN werden Stimmen laut, die einen Erziehungsführerschein für Eltern fordern. Auch Elternführerschein genannt. Meist dann, wenn ein neuer Fall von Kindesvernachlässigung und Elternüberforderung in den Medien aufbereitet wird. Eine notwendige Sache, finden die einen. Schließlich lebten wir in einem ordentlichen Land, in dem man für fast alles irgendeinen Schein brauche. Niemand könne so ohne Weiteres seine Angelrute ohne Angelschein ins kommunale Gewässer hängen oder sein Auto ohne gültigen »Lappen« aus der Garage holen. Andere gehen weiter und fordern gar einen Eltern-TÜV zur nachhaltigen Überprüfung der »Verkehrssicherheit« von Eltern in Erziehungsfragen. Wieder andere verunglimpfen dagegen den Erziehungsführerschein als den ungeheuerlichen Versuch einer staatlichen

Zertifizierung elterlichen Brutpflegeverhaltens. Merkwürdig dagegen die Haltung der betroffenen Eltern zu diesem Reizthema. Sie erkennen keinen Bedarf an einem Erziehschein, wie er eigentlich heißen müsste, berufen sich gar auf das Grundgesetz und auf ihre natürlichen Elternrechte. Ein ziemlich putziger Standpunkt angesichts des Ernstes der Lage, könnte man meinen.

Es macht allerdings schon etwas stutzig, wie Eltern vom Gesetzgeber angesprochen werden: »Erziehungsberechtigte« nennt er sie. Ganz ohne Schein. Als ob sie schon in der Lage wären, ihrer Erziehungspflicht nachzukommen. Bestimmt nur ein Versehen. Denn wenn es so wäre, bedeutete dies ja, dass die Befürworter eines Erziehungsführerscheins dafür eintreten, dass sich die Eltern ihre grundgesetzlich verankerte Erziehungshoheit im Nachhinein vom Staat bescheinigen lassen müssen.

Eine Misstrauensbekundung der Politik an die Eltern? Undenkbar? Besonders eifrige Verfechter des Erziehungsführerscheins für Eltern gehen sogar noch viel weiter. Sie möchten die Auszahlung familienwirksamer Leistungen wie des Kinder- und Erziehungsgeldes an die Eltern von deren Teilnahme und vielleicht auch Erfolg einer solchen Teilnahme an Elternkursen abhängig machen, um so die staatliche Zertifizierung ihrer Befähigung zur Erziehung der eigenen Kinder zu erzwingen. Genau wegen solchen Übereifers und im frischen Eindruck der für sie damals jüngeren deutschen Geschichte haben die Mütter und Väter des Grundgesetzes den Artikel 6 zu Ehe, Familie und Kindern so formuliert, wie ihn jeder nachlesen kann. Übrigens merkwürdig, dass es bis heute keine vergleichbare Diskussion zur Einführung eines »Führer«-Scheins für Politiker gibt.

Zugegeben, der Ausdruck »Erziehungsberechtigter« ist nicht ganz unproblematisch. Reduziert er doch das Verhältnis von Eltern zu ihren Kindern auf die Legitimierung der Eltern zum Erziehen. Eine immerhin wichtige Feststellung. Doch nicht alle, die erziehen, sind zugleich auch erziehungsberechtigt, also legitimiert. Auch lässt der Ausdruck »Erziehungsberechtigter« oder »Erziehungsberechtigte« offen, ob Erziehungsberechtigte auch wirklich Erziehende sind.

Insofern sehen sich nicht wenige erziehungsberechtigte Eltern dem Generalverdacht der Politik ausgesetzt, sie könnten eigentlich nicht wirklich erziehen. Dazu brauche es schließlich einer soliden staatlich kontrollierten Ausbildung. Pech also für alle Mütter und Väter, die noch nie eine Fachakademie für Sozialpädagogik von innen gesehen haben. Pech aber auch für alle staatlich geprüften Erzieherinnen, denen bescheinigt wird, dass sie erziehen können, obwohl sie dazu im Sinne des Gesetzes gar nicht berechtigt sind. Ein Dilemma. Nicht wenige fühlen sich in die Zange genommen. Auf der einen Seite die Befürworter einer Politik zur Stärkung der elterlichen Selbstbestimmung, auf der anderen Seite die Befürworter von erziehungsrelevanten Angeboten auf Bezugschein. Nicht wenige Eltern werden so verunsichert. Ob politisch gewollt oder ungewollt, sei dahingestellt.

Eines ist jedoch sicher. Der Kampf um die Erziehungshoheit in deutschen Kinderzimmern ist voll entbrannt. Da wird dann auch schon mal zu unlauteren Mitteln gegriffen. So forderte ein damaliger Bundesgeschäftsführer einer ehemals großen deutschen Volkspartei vor einigen Jahren, dass seine Partei (!) die »Lufthoheit über die Kinderzimmer« wiedererlangen müsse. Hat denn diese Partei, oder irgendeine andere, eine solche Hoheit jemals besessen? Wir müssten es doch wissen. Hoheit steht für staatliche Souveränität. Müssen Eltern jetzt befürchten, dass sie nicht länger ihre selbst gebastelten Papierflieger in den eigenen Kinderzimmern zum Einsatz bringen dürfen? Wegen drohender Verletzung des Luftraumes?

Dass diese Sorge nicht ganz unberechtigt ist, lehrt ein Blick in das »Gesetz zur Erleichterung familiengerichtlicher Maßnahmen bei Gefährdung des Kindeswohls« vom 4. Juli 2008 und das »Kinderförderungsgesetz« vom 10. Dezember 2008. Schrittweise streckt der Staat seine Hände nach den Kindern aus. Stück für Stück werden die Rechte von Eltern geschwächt. In Fragen der Erziehung werden sie zunehmend an den Rand gedrängt. Der Gesetzgeber macht gar keinen Hehl daraus, dass er einer außerhäuslichen Betreuung von Kindern den Vorzug vor einer Erziehung in der Familie gibt. Eine kleine Minderheit »bildungsferner« und überforderter Eltern dient als Vorwand, um die Grundrechte aller Eltern einzuschränken. Das »Kinderförderungsgesetz« gesteht den Vertretern des Staates einen weiten Ermessensspielraum zu. Eltern, nicht nur aus prekären Verhältnissen, können unter Verweis auf eine angeblich erforderliche Förderung des Kindes veranlasst werden, ihre Tochter oder ihren Sohn gegen ihren Willen schon als Säugling in eine außerfamiliäre institutionalisierte Betreuung abzugeben.

Es zählt natürlich nicht zu den neuesten Erkenntnissen, dass die Gewinner in den öffentlichen Meinungsbildungsprozessen nicht selten die Protagonisten mit den größten Nebelbomben sind, die ihre wahren Absichten verschleiern und ihren Vorteil aus der angerichteten Verunsicherung ziehen. Schließlich ist Erziehung ein mächtiges Instrument. Auch die wirtschaftlichen Interessen haben längst die Kitas für sich entdeckt. »Kindergartensponsoring« heißt das Zauberwort in Zeiten knapper Kassen. Es gibt Marketingunternehmen, die sich darauf spezialisiert haben, Kitas mit geeigneten Sponsoren zusammenzubringen. Werbung ist in Kitas nicht verboten. Ein vielversprechender Zugang zu dem Riesenmarkt der »heimlichen Entscheider« über die Familienbudgets. So stellt sich zum Beispiel die Firma »spread blue educationmarketing GmbH« auf ihrer Internetseite www.kindergartenmarketing.de potenziellen Sponsoren so vor:

»Willkommen bei der Kindergartenwerbung

Rund 3 Millionen Kinder im Alter von 3 bis 6 Jahren besuchen tagsüber rund 55.000 deutsche Kindergärten, Horte und Kindertagesstätten. Es gibt kaum einen anderen Ort, an dem Sie die Kinder und junge Familien konzentrierter vorfinden oder ansprechen können. Schon im Vorschulalter beherrschen viele Sprösslinge ein erstaunliches Repertoire an Werbesprüchen und -melodien, und von diesen bleibt offensichtlich auch einiges hängen, wie neue Studien belegen. So orientieren sich Mädchen unter sieben Jahren, die ihre Wunschliste für Weihnachten zusammenstellen, vor allem an das ihnen über Werbung Präsentierte.

Kindergartenmarketing:

Viele Kinder wissen, was sie wollen, und sind oft die heimlichen Entscheider der Familie. Die gemeinsame Kindergartenzeit prägt; es wird gebastelt, geturnt, geübt und gesungen. Die Kleinen wissen durch ihre Kindergartenfreunde genau, was gerade angesagt ist, und entwickeln hier ein frühzeitiges eigenes Markenbewusstsein. Im Auftrag der nordrhein-westfälischen Landesanstalt für Rundfunk befragten Wissenschaftler mehr als 1.000 Vorschulkinder. Resultat: Mehr als 60 Prozent vermochten Programm und Werbung nicht zu unterscheiden.

Die Kinder werden überall mit Werbebotschaften angesprochen. Mit speziellen Sendungen in Fernsehen, in Bussen, Internet, Verpackungen, Freunden und Handy. Die ganz junge Zielgruppe ist für viele Markenartikler schon lange der Adressat für Werbebotschaften. Wir führen in dosierter Form Werbemaßnahmen in Kindergärten durch.«

Wen wundert es da, wenn der Staat unter dem Mantel der staatlichen Fürsorgepflicht nun auch Zugriff auf die frühe Entwicklung unserer Kinder begehrt. Die schrittweise Aushöhlung der Elternrechte wird dabei als eine fortschrittliche Politik zum Wohle der Kinder dargestellt. Ein Schelm, wer Böses dabei denkt.

Es ist vielleicht nützlich, zunächst zu fragen: Was ist Erziehung? Welchen Zweck hat Erziehung? Brauchen wir Erziehung überhaupt? Wenn ja, wie geht Erziehung? Muss ich Erziehen wirklich erst lernen, um es tun zu können? Verhält es sich bei der Erziehung etwa wie beim Autofahren? Brauche ich einen Führerschein? Ist Erziehung ohne »Erziehschein« überhaupt noch zu verantworten?

Kein Anlass zur Sorge! Die frohe Botschaft lautet: Erziehung ist im Kern keine pädagogische, sondern eine biologische Kategorie. Die Pädagogik tritt hier gewissermaßen nur als Hilfswissenschaft in Erscheinung.

Erziehung ist »behütetes Lernen«. Das ist zunächst einmal nichts ausschließlich Menschliches. Diese Form von Erziehung genießt der Nachwuchs in den unterschiedlichsten tierischen »Kinderstuben«. Das nennt man Brutpflege. Nicht zu verwechseln mit Brutfürsorge.

Wenn das Nilkrokodilweibchen seine abgelegten Eier etwa einen halben Meter tief in feuchter Erde in der Nähe des Flusses vergräbt und bis zum Schlüpfen der Jungen bewacht, wenn die Schlupfwespe ihr Beutetier mit einem Stich lähmt, in ihr Nest transportiert und dann an diesem ihre Eier ablegt, dann ist das Brutfürsorge. Vielleicht auch noch, wenn die junge Mutter ihr neugeborenes Baby in eine warme Decke hüllt und in die Babyklappe legt, um so ein anonymes Adoptionsverfahren einzuleiten. Brutfürsorge ist eine schon hoch entwickelte Strategie zur Optimierung des Fortpflanzungsgeschäftes, man kann auch sagen, einer optimalen Nutzung von Energieressourcen. In dem Maße, wie der Aufwand für eine Brutfürsorge zunimmt, kann der Aufwand für die Produktion des eigenen Nachwuchses verringert werden. Es ist eine Frage der Überlebenswahrscheinlichkeit im Dienste der Arterhaltung. Lachse müssen Tausende von Eiern produzieren und ablegen, die dann in den sogenannten Laichgruben außerhalb der Weibchen von den Männchen befruchtet werden, um ihre Bestände zu sichern. Ein langer Weg bis zur Babyklappe.

Brutfürsorge endet also mit dem Schlupf oder der Geburt. Der Nachwuchs wird im Weiteren sich selbst überlassen. Insofern ist Brutpflege eine weitere Optimierung dieser Strategie der Ressourceneinsparung. Zugleich nimmt der Betreuungsaufwand zu. Dass eine Unterscheidung zwischen Brutfürsorge und Brutpflege nicht immer ganz einfach ist, zeigt das Beispiel der Eiderenten, die eine modern anmutende Variante von Nachwuchsbetreuung entwickelt haben. Die Weibchen brüten und leben mit ihren Küken in Kolonien. Die Küken sind Nestflüchter und werden von den Weibchen geführt. Diese intensive Betreuung dauert ungefähr zweieinhalb Monate, bis die Jungen anfangen, selbständig zu leben, und fliegen können. Während der Bebrütung ihrer Eier nehmen die Weibchen keine Nahrung auf. Nach dem Schlupf des Geleges sind sie daher regelrecht ausgehungert und müssen nun ungestört auf Nahrungssuche gehen können, um wieder zu Kräften zu kommen. Zu diesem Zweck geben die Weibchen ihre Küken regelmäßig für kurze Zeit in die Obhut von »Kindergärtnerinnen«. Das sind Weibchen, die selbst keinen Nachwuchs haben. So können in den Kolonien Gruppen von einhundert und mehr Küken beobachtet werden, die in den Zeiten der Kinderbetreuung von irgendwelchen Ententanten geführt werden, während sich ihre Mütter für kurze Zeit in den SPA-Bereichen der Brutkolonie regenerieren dürfen. Wer mag schon ausschließen, dass sich während der Abwesenheit der Mütter die eine oder andere Kükenfreundschaft entwickelt, die sonst nicht zustande gekommen wäre? Dass die Eiderenten in den Kindergärten die eine oder andere soziale Kompetenz herausbilden, die für ein späteres Leben als ausgewachsene Enten in einer Brutkolonie von Nutzen ist? Wie dem auch sei, die Eiderentenmütter genießen diese Erholungszeiten und nutzen das Betreuungsangebot zum Nutzen aller weidlich aus. Kükenbetreuung als Gemeinschaftsaufgabe. Sicher kommt den Eiderentenmüttern dabei zugute, dass sie ihre Küken nicht stillen müssen. So wie die Schimpansenmutter, deren Baby sich beharrlich an ihrem Fell festklammert. An eine Auszeit ist für sie nicht zu denken. Bis zu fünf Jahre investiert die Mutter in die Erziehung ihres Nachwuchses. Eine intensive Zeit des betreuten Lernens, in der alle erforderlichen Grundlagen für ein Überleben in der sozialen Gruppe gelegt werden.

Der Mensch ist ein wahrer Weltmeister in Brutfürsorge und Brutpflege. Auf den ersten Blick erscheinen manche Bemühungen auf dem Feld der Brutfürsorge heute etwas übertrieben und bizarr. Im Internetforum von gofeminin.de findet sich die folgende Anfrage von jenna2411 vom 6. Mai 2009:

>*Hallöchen ihr Lieben,*
habe mal eine Frage an euch. Bin jetzt in der 35 SSW und
möchte meine Kleine so schnell wie möglich in der Kita anmelden.
Kann ich das jetzt schon tun oder geht das erst nach der Geburt
mit Geburtsurkunde?? Würde mich auf Antworten freuen.
LG Jennifer«

Eine Antwort kam schon am 16. Juni 2009 von robmel:

>*Vor der Geburt, sonst ist es sehr schwierig,*
einen Platz zu bekommen.«

Zu dumm, dass diese wichtige Antwort so spät kam. In der 41. SSW könnte es mit der vorgeburtlichen Anmeldung vielleicht schon zu spät sein. Ohnehin hatte unsere Jennifer in der 35 SSW schon viel Zeit verstreichen lassen. Wahrscheinlich hat sie deshalb gar nicht erst nach einem Krippenplatz, sondern gleich nach einem Kitaplatz gefragt. Nun wird die arme Kleine unserer Jennifer wohl bis nach der Einschulung auf ihren Kitaplatz warten müssen.

Solche traurigen Geschichten erzählt uns das Internet jeden Tag. Derart bizarre Bemühungen auf dem Gebiet der Brutfürsorge sind also nicht länger nur den Prominenten aus Film, Adel und Hochfinanz vorbehalten. Wer in New York kennt nicht die »92nd Street Hebrew Association for Young Men and Young Women Nursery School« in der Upper East Side von Manhattan? Fifth Avenue und Central Park sind um die Ecke. Eigentlich eine Kita mit dem unscheinbaren Namen »Y«. Tatsächlich ein Hochleistungszentrum für Krabbelkinder und Statussymbol für Eltern, die alles haben außer Zeit. Dort nicht aufgenommen zu werden und die lächerlichen 14.000 Dollar Jahresgebühren nicht entrichten zu dürfen hat Madonna mächtig genervt. Woody Allen hat's geschafft und darüber in seinem Buch »Pure Anarchie« die köstliche Glosse »Die Absage« geschrieben. Die arme Kleine von Jennifer!

Doch der zweite Blick zeigt uns, dass gerade in der Brutpflege das Geheimnis des einzigartigen Erfolges der Menschheitsentwicklung verborgen liegt. Der moderne Mensch ist das Ergebnis einer relativ kurzen Kulturentwicklung von einmal gerade zwei Millionen Jahren. Mit seiner Kulturfähigkeit hat sich der Mensch rasant von allen Mitbewerbern um den Titel »Krone der Schöpfung« abgehoben und sie schon bald weit hinter sich gelassen.

Der Schlüssel zu dieser einzigartigen Erfolgsgeschichte liegt in einem ganzen Gemenge von Anpassungsprozessen an sich ändernde Umweltbedingungen, die sich vor ungefähr 2,5 Millionen Jahren ereigneten. Mit dem Rückzug der Wälder und dem Vordringen der Savannen in Afrika wurde eine Kaskade von Selektions- und Anpassungsprozessen losgetreten, die das ganze Ökosystem und natürlich auch den Vorläufer des modernen Kulturmenschen betrafen. An der Schwelle zur Kulturentwicklung bereitete eine grazile Variante des Urmenschen den Siegeszug hin zum modernen Menschen vor. Es gelang ihm, das Leben am Rande der Wälder aufzugeben und die Savanne zu erobern, indem er den aufrechten Gang weiterentwickelte und perfektionierte, soziale Gruppen bildete und schließlich als erfolgreicher Konkurrent der großen Wildräuber die Tiere der riesigen Herden in der Savanne jagte. Den robusteren Mitkonkurrenten ausweichend, war der grazilere Menschentyp diesen bald hoch überlegen. Der aufrechte Gang mit den freien Händen verschaffte dem Gehirn der früheren Menschen in relativ kurzer Zeit eine Vielzahl neuer Freiheitsgrade. Das Gehirn nahm rasant an Gewicht zu.

Zugleich wurden die Menschen aufgrund anatomischer Anpassungen an den aufrechten Gang immer früher geboren. Der wesentliche Teil des Gehirnwachstums fand jetzt nach der Geburt statt. Vor allem die vielfältigen entwicklungsbedingten Anpassungsprozesse im Gehirn vollzogen sich während einer zunehmend längeren Zeitspanne im Lichte der Umwelt, in die sich der einzelne Mensch nun hineinentwickelte.

Mit der enormen Zunahme seiner durch das neue große Gehirn geschaffenen Fähigkeiten, im Besonderen die seines Stirnhirns, trat der Mensch nun gewissermaßen in die Zeit ein. Er entwickelte eine antizipatorische, quasi zukunftserwartende Kompetenz und ein Langzeitgedächtnis. Die rasant zunehmenden Freiheitsgrade seines Gehirns bescherten dem Menschen eine wachsende Fähigkeit zur Selbstreferentialität. Er betritt die Bühne der Geschichte, erkennt sich und den Ablauf der Jahreszeiten und Generationen ganz bewusst. Zusammen mit den sich immer weiter generalisierenden Fähigkeiten seiner Hände beginnt er, die Welt im Sinne des Wortes zu »begreifen« und zu verändern. Er wurde zum Werkzeugmacher und Jäger als Teil eines sozialen Gefüges. Obwohl als Einzelner relativ schwach, war der Mensch als Teil eines sozialen Verbandes bald stärker als alle seine Feinde. Das war die Geburtsstunde der menschlichen Kulturentwicklung. Die Erfolge bei der Jagd mit selbst gefertigten Waffen waren überwältigend. Die schier unerschöpflichen Eiweißquellen förderten die qualitativen Entwicklungssprünge seines Gehirns. Die sozialen Kompetenzen entwickelten sich mit den Erfahrungen der jagenden, versorgenden und betreuenden Gruppen in den arbeitsteiligen frühen Gesellschaften. Zunehmend hing nun das Wohlergehen der Menschen von ihren Fähigkeiten ab, ihre technischen Kenntnisse und Fertigkeiten sowie ihre wachsenden sozialen Kompetenzen zu bewahren, weiterzuentwickeln und weiterzugeben. Die Menschen konnten es sich nicht leisten, die gleichen Erfindungen immer wieder neu machen zu müssen. Die Phase des nachgeburtlichen »betreuten Lernens« nahm an Bedeutung zu. Das war die Geburtsstunde von dem, was wir heute Erziehung nennen.

Erziehung hat den Zweck, den Nachwuchs groß und stark zu machen. Ihn zu befähigen, das Leben selbst in die Hand zu nehmen und dies erfolgreich zu tun. Das ist an sich nicht neu. Die Bärenkinder lernen bei ihren Müttern bis zu zwei Jahre lang, die richtigen Jagdmethoden erfolgreich anzuwenden. Neu ist, dass der Mensch mit seinem einzigartigen Gehirn diese nachgeburtlichen Entwicklungs-, Anpassungs- und Lernprozesse jetzt zunehmend unter kulturellen Selektionsbedingungen veranstaltet. Zugleich gewann das Langzeitgedächtnis unaufhaltsam an Bedeutung.

Die Zeit von der Geburt bis zur Geschlechtsreife reichte bald nicht mehr aus, um in der nachgeburtlichen Erziehungsphase (»behütetes Lernen«) auch die notwendigen kulturellen Fertigkeiten und das Wissen darüber zu vermitteln. Es bestand die Gefahr, dass der Prozess der Kulturentwicklung zum Stillstand kam. An diesem Punkt machte der Mensch eine bedeutsame Erfindung: Die Pubertät. Der erste Schritt bestand in der Einrichtung einer Art physiologischer Bremse direkt im Gehirn, die verhindern sollte, dass die Geschlechtsreife eintritt. Das fand bis dahin ungefähr mit sechs Jahren statt. Diese Bremse im Gehirn bewirkt seitdem eine

Verlängerung der Phase des »behüteten Lernens« der Kinder, die inzwischen über ein funktionierendes Langzeitgedächtnis verfügen. Die Geburtsstunde des Schülers. Vom Fortpflanzungsgeschäft zunächst freigestellt, diente ab jetzt diese Zeit der hinzugewonnenen Kindheit (»zweite Kindheit«) dem Erlernen von Kulturwissen. Insofern ist Bildung ein Teil von Erziehung bei Schulkindern bis zum Eintritt der Geschlechtsreife (»betreutes Lernen«). Im weiteren Verlauf der Kultur- und Menschheitsentwicklung hat sich diese Schulzeit, besonders dann beim Eintritt in die sogenannte höhere Kultur mit dem Erwerb der Symbolsprache vor erst 130.000 Jahren, ständig verlängert. Diese Zeit der hinzugewonnenen Kindheit, die natürliche Schulzeit, beträgt heute zwischen sechs und acht Jahren. In den entwickelten Industriestaaten tritt die Geschlechtsreife zwischen zwölf und vierzehn Jahren ein.

Bis dahin muss das, was wir uns von Erziehung versprechen, gelungen sein. Was geschlechtsreife Mitglieder eines sozialen Verbandes nach dem Eintritt der Geschlechtsreife auch immer veranstalten, man kann es nicht länger als »betreutes Lernen« und schon gar nicht als »behütetes Lernen« bezeichnen. Im günstigsten Fall bleibt das Gehirn lernfähig. Nur Erziehung braucht es nicht mehr. Ganz unabhängig von dem »Erfolg« der zurückliegenden Erziehungsprozesse. Der Einzelne hat jetzt andere Aufgaben in der Gesellschaft zu übernehmen. Und dazu wurde es während der längsten Zeit der Menschheitsgeschichte jetzt auch Zeit. Denn die Lebenserwartung der Menschen war deutlich niedriger als heute. Der weiterhin lernende junge Erwachsene will und muss jetzt mitgestalten. Die Kindheit ist vorbei.

Was ist also Erziehung? Ist sie ein gezieltes Bemühen oder eher eine bestimmte Form oder Phase von Entwicklung? Frei nach Kant ist Erziehung das Zulassen von Bildung als Selbstbildung hin zu einem mündigen Leben in Freiheit und Selbstbestimmung. Was ist dann eine falsche, was eine richtige Erziehung? Gibt es falsche und richtige Erziehungsziele oder Methoden? Ist diese Frage überhaupt nützlich?

Erziehung ist eine Attitüde der Eltern gegenüber ihren Kindern, die sich nicht im Methodischen erschöpft. Wozu gibt es dann überhaupt Erziehungsratgeber? Sind Eltern heute orientierungslos? Wenn Ignatius von Antiochien recht hat, dann erzieht man am ehesten durch das, was man ist. Haben wir die falschen Eltern? Wollen die Ratgeber in Wirklichkeit die Eltern erziehen? Frei nach Bertolt Brecht: Wäre es da nicht einfacher, die Regierung löste die Eltern auf und wählten andere?

Was steckt hinter der nachhaltigen Politik eines Ausbaus des flächendeckenden Angebotes zur außerfamiliären Kinderbetreuung? Die Sorge um das Kindeswohl? Ein flüchtiger Blick auf die Qualitätsstandards für Einrichtungen zur Kinderbetreuung in unserem Lande belehrt schnell eines anderen. Oder doch ein Angriff auf die elterlichen Rechte und Pflichten? Wer sollte ein Interesse daran haben? Die Pflege und Erziehung der Kinder sind das natürliche Recht der Eltern und die zuvörderst ihnen obliegende Pflicht. Das sichert uns unser Grundgesetz zu. Es ist ja nicht ganz weltfremd, zu vermuten, dass diese Erziehungshoheit, die ja beileibe kein Monopol ist, der einen oder anderen Klientel ein Dorn im Auge ist.

Tatsächlich führt die staatlich geförderte flächendeckende Institutionalisierung der Betreuung von unter Dreijährigen zu einer Aushöhlung von Elternrechten und -pflichten zugunsten einer wirtschaftlichen Nutzung im Besonderen der Mütter. Das ist durchaus keine Verschwörungstheorie. Dass das eigentliche politische Interesse des Ausbaus der Betreuungsplätze für Kinder unter drei Jahren wirtschaftlichen Kategorien entspringt, wird von den Protagonisten dieser Politik offen vorgetragen.

Natürlich unterliegt Erziehung der Gesamtverantwortlichkeit der Gesellschaft. Die Politik muss dafür sorgen, dass es ausreichend Raum für die Erziehung unserer Kinder gibt. Und zwar in erster Linie dadurch, dass sie die Eltern nach Kräften in deren Bemühungen unterstützt. Kinder brauchen Eltern. Kinder brauchen Liebe. Die Elternliebe ist der wahre Nährboden für die Erziehung. Der Nährboden aller guten Eigenschaften, die Erziehung vermitteln soll. Ohne Liebe entwickelt sich keine Bindung. Die feste Bindung zwischen Mutter und Kind ist die Basis für die ganze folgende Entwicklung. Ohne Bindung entwickeln Kinder kein Urvertrauen. Ohne Urvertrauen entwickeln Kinder keine Vertrauensfähigkeit. Ohne eine ausreichende Vertrauensfähigkeit entwickeln Kinder ein gestörtes Sozialverhalten. Der Entzug von Elternliebe in der frühen Erziehung stellt insofern eine massive Gefährdung der freien Entfaltung der Persönlichkeit dar, die ja die Entwicklung der Persönlichkeit der Kinder in den ersten Lebensjahren umfasst.

Eltern haben die höchste Kompetenz zur Erziehung ihrer Kinder. Eltern sind die natürlichen Delegierten der sozialen Gemeinschaft für die Erziehung. Ein hohes Gut für eine demokratische Gesellschaft. Für die Erziehung der eigenen Kinder bedarf es keiner Qualifizierung. Ausschlaggebend für die elterliche Kompetenz ist die natürliche Legitimierung durch Elternschaft. Die natürliche Diversität der elterlichen Persönlichkeiten stellt die Vielfalt und den Reichtum der Erziehungswelten für unsere Kinder in ihrer Breite und Tiefe sicher. Die elterliche Erziehungshoheit ist ein natürliches Recht und hat Vorrang vor jeder institutionalisierten staatlichen Erziehung.

Unsere Erziehungsbemühungen müssen sich an den Grundrechten von Kindern orientieren. Auch die allgemeinen Erziehungsziele leiten sich von den Kinderrechten ab. Jedes Kind hat das Recht auf ein Höchstmaß an erreichbarer Gesundheit und auf freie Entfaltung seiner Persönlichkeit. Dabei ist Gesundheit mehr als nur das Fehlen von Krankheit. Nach einer Definition der Weltgesundheitsorganisation (WHO): ein Zustand des vollständigen körperlichen, geistigen und sozialen Wohlergehens. Dazu bedarf es einer möglichst guten Persönlichkeitsentwicklung. Die gelingt nur durch Erziehung im sozialen Kontext. Daraus leitet sich ein Recht der Kinder auf Erziehung ab. Das übergeordnete Erziehungsziel ist also eine gute Persönlichkeitsentwicklung. Die Persönlichkeit eines Menschen beruht im Wesentlichen auf vier Säulen, die sich während der ersten sechs Lebensjahre herausbilden: (1) motorische Fitness; (2) emotionales Gedächtnis; (3) soziale Kompetenz; (4) kognitive Kreativität! Innerhalb dieser vier Säulen kann sich kontext- und erziehungsbedingt eine hohe Diversität von Fertigkeiten entwickeln, ein großer Reichtum an verschiedenen Persönlichkeiten, von dem die Gesellschaft profitiert.

Diese Persönlichkeitsentwicklung ist mit der Einschulung im Wesentlichen abgeschlossen. In der sich anschließenden Schulzeit erfahren die erworbenen Persönlichkeitsmerkmale ihren Feinschliff. Der Erziehungsauftrag der Eltern endet also nicht mit der Einschulung. Vielmehr wirkt die Erziehung als Teil des »betreuten Lernens« im kulturellen Kontext schulischen Lernens weiter. In dieser Phase der kindlichen Entwicklung treten die Lehrer als zusätzliche Mediatoren in das Erziehungsumfeld mit ein. Denn Bildung ist nie nur neutrale Wissensvermittlung von Fakten, sondern immer auch eine Auseinandersetzung in einem ganzen Geflecht von Normen- und Wertebezügen. So wirken also Erziehungsziele in die Phase der schulischen Vermittlung von Kulturwissen weiter.

Erziehung ist die aktive Bereitstellung von Erfahrungsräumen. Das menschliche Gehirn ist während seiner ganzen Entwicklung ein erfahrungserwartendes System und passt sich aktiv an diese Erfahrungen an. Insofern findet Erziehung immer statt, bewusst oder unbewusst. Man kann es auch so formulieren: Das kindliche Gehirn ist ein erziehungserwartendes System. Beteiligen wir uns aktiv an der Erziehung unserer Kinder, gestalten wir Erfahrungs-

räume und mischen uns so verantwortlich in ihre Persönlichkeitsentwicklung ein, die so oder so stattfindet. Erziehung mischt sich
in die Wahrscheinlichkeiten früher biografischer Erfahrungen ein.
Das ist ein sehr individueller Auftrag für jeden Erziehenden. Dieser Auftrag ist die Motivation jeder Erziehung. Dabei ist das Grundmotiv einer jeden elterlichen Erziehung die Liebe. Erziehung ist der
Versuch einer Vorteilsbeschaffung für die eigenen Nachkommen,
ein über die Liebe vermittelter Aufwand zur Stärkung der eigenen
Familie. Immer mit dem altruistischen Nebeneffekt einer Stärkung
auch der Sippe und der ganzen sozialen Gemeinschaft.

Erziehung ist demnach mehr als Betreuung. Erziehung ist die
Weiterentwicklung von Brutpflege. Was hinzukommt, ist die Liebe,
die sich schon in der Brutpflege der Tiere angekündigt hat.

Man kann sagen:

$$\text{Erziehung} = \text{Brutpflege} + \text{Liebe} \qquad [E = B_r + L]$$

oder:

$$\text{Erziehung} = \text{Betreuung} + \text{Liebe} \qquad [E = B_e + L]$$

Das Grundmotiv von staatlicher Erziehung ist nicht die Liebe. Wie
soll auch ein Staat ein einzelnes Kind lieben oder umgekehrt? Gus-
tav Heinemann hat es schon gewusst, als er sagte: »Ich liebe nicht
den Staat, ich liebe meine Frau.« Natürlich kann das Grundmotiv verschiedener Einrichtungen zur Kinderbetreuung und deren
Personal die Liebe zu Kindern ganz allgemein sein. Aber in den
seltensten Fällen wird die Einrichtung oder das Personal ein einzelnes ihm anvertrautes Kind wirklich lieben. Das sollen sie ja auch
gar nicht. Das heißt, solche Einrichtungen können höchstens aus
karitativen, politischen oder wirtschaftlichen Interessen heraus an
einer Erziehung der Kinder interessiert sein. Das kann natürlich
im Einzelfall, wenn das Wohl des Kindes in Gefahr ist, ein berech-
tigtes Interesse sein. Man kann also folgern:

wenn:

Erziehung = Betreuung + Liebe $\qquad$ [$E = B_e + L$]

dann:

Betreuung = Erziehung − Liebe $\qquad$ [$B_e = E - L$]

Das heißt, eine institutionelle Betreuung von Kindern ist eine Erziehung ohne Liebe.

Das Misstrauen der Politik gegenüber dem Erziehungsrecht von Eltern scheint zuzunehmen. Offensichtlich sind Kräfte aus Politik und Staat bereit, in immer weitere Felder der elterlichen Erziehungshoheit einzubrechen. Dies geschieht durch Gesetze und den Einsatz von Steuermitteln und Fördermaßnahmen zugunsten elternferner Erziehungs- und Betreuungseinrichtungen.

Eltern werden heute in ihrem Erziehungswillen massiv verunsichert. Die PISA-Studien zum Bildungsstand unserer Kinder erzeugen zum Teil hysterische Überreaktionen: Wenn mein Kind nicht in die richtige »Turbo-Krabbelgruppe« kommt, droht die Hartz-IV-Karriere. Die Globalisierung mit ihren zum Teil negativen Auswirkungen auf den heimischen Arbeitsmarkt schürt Zukunftsängste. In einer multikulturellen Gesellschaft sind allgemeingültige Normen und Werte auf dem Rückzug. Die erwerbstätige Sandwichgeneration hat für die eigenen Kinder und die immer älter werdenden Eltern- und Großelterngenerationen eine zunehmende Belastung zu schultern. Ist ein Abtreten des Erziehungsauftrages an die institutionalisierte Frühpädagogik und an die Ganztagsschule die Lösung? Können erst dann die Mütter und Väter sicher sein, alles richtig gemacht zu haben, wenn sie ihre Erziehungshoheit an den Staat abgetreten haben, der ihnen dafür die scheinbare Freiheit einer Teilhabe am Arbeits- und Kulturleben einer sich immer schneller verändernden globalen Erwerbsgesellschaft verspricht? Geht es uns nur noch um ein Überleben in einer durch wirtschaftliche Interessen und Konsum geprägten Massengesellschaft?

Dagegen ist Erziehung als menschliche elementare Lernbedingung in der Kulturentwicklung ein sehr persönlicher interaktiver Prozess, der Nähe und Liebe, verlässliche Präsenz und emotionale Kompetenz und vor allem Zeit und Ruhe benötigt.

Man könnte die Frage stellen: Wozu kriegen wir eigentlich noch Kinder? Zur Altersabsicherung reicht es doch völlig aus, wenn die anderen die Kinder bekommen. Oder brauchen wir Kinder, um unsere gesellschaftlichen und wirtschaftlichen Erziehungsziele zu verwirklichen? Haben wir noch ein Interesse an der nächsten und übernächsten Generation? Ein kurzer Blick auf die aktuelle ökologische und wirtschaftliche Schuldenpolitik lässt hier Zweifel aufkommen. Die moderne Gesellschaft am Ende der Evolution scheint sich nahezu alles erlauben zu können. Der Mensch ist das einzige Säugetier, das seine Kinder nicht mehr stillt, sondern mit der Flasche aufzieht. Kultureller Fortschritt? Wir drehen der Evolution mit ihren Anpassungsprozessen eine lange Nase. Vielleicht brauchen wir ja bald auch nicht mehr selbst zu erziehen. Das Erziehungsgeschäft übernimmt dann eine Batterie von außerfamiliären Institutionen von der Krippe bis zur Endbetreuung im Seniorenparadies. Vielleicht dauert es gar nicht bis ins Jahr 6565, dass wir auch unsere Kinder nicht mehr selbst bekommen müssen. Alles wird extrauterin erledigt:

> In the year 6565
> Ain't gonna need no husband won't need no wife
> You'll pick your son
> Pick your daughter too
> From the bottom of a long glass tube.
> [frei nach Zager & Evans, 1969]

Wozu brauchen wir überhaupt noch Erziehung durch Eltern? Von Hand, sozusagen? Ist doch völlig veraltet, out! Erziehung lässt sich doch bequem und zeitgemäß in industriellem Maßstab »outsourcen«. In eine echte Wachstumsbranche. Erziehungsindustrie! Erziehung als Massenprodukt, billig und effizient. Erziehungsziel: optimale Anpassung an die kompetitive globalisierte Massengesellschaft. Das wäre dann auch endlich das Ende des »Auslaufmodells« Familie als zeitraubendes ziemlich ineffizientes soziales Fossil. Das wäre der Aufbruch in die wirkliche Freiheit ohne Eltern, ohne Großeltern, ohne Kinder und Enkel. Endlich am Ziel!

Oder ist alles ganz anders und wir haben gemeinsam den gleichen Traum. Sind Sie der Meinung, dass Erziehung vornehmlich Sache der Eltern ist? Eine kulturelle Errungenschaft, die Sie sich so wenig streitig machen lassen wollen wie die Liebe? Dann gehören Sie zu den wahren Leistungsträgern der Gesellschaft. Sie sind die einzige Hoffnung unserer Kinder auf ein Leben in Freiheit und Selbstbestimmung. In den Augen Ihrer Kinder können Sie gar nichts falsch machen. In der Liebe zu Ihren Kindern tun Sie stets das Richtige.

kleine kinder, kleine Sorgen?

»Mach dir keine Sorgen, mein Schatz. Es wird schon alles gut werden.« Was für ein Satz! Vielleicht sagt ihn gerade eine Mutter aus München zu ihrer alleinerziehenden Tochter in Hamburg, die vor drei Wochen Zwillinge geboren hat. Am Telefon, aus sicherer Entfernung. Vielleicht mit dem Unterton: »Du schaffst das schon.« Ein klares Signal von der viel beschäftigten Mutter: »Von mir kannst du keine große Hilfe erwarten. Du musst schon sehen, wie du zurechtkommst.« Ein Satz wie aus Kindertagen. Einst als Trost gemeint, um die Tränen der Tochter zu trocknen. Jetzt bewirkt er das genaue Gegenteil: »Wie soll ich mir keine Sorgen machen? Alleine schaffe ich es nicht.« Keine schönen Anfangsbedingungen für die kleinen Zwillinge. Sorgen? Jetzt, wo doch alles von der Freude und Zuversicht, der Kraft und Ausdauer, kurz der Liebe der Eltern abhängt? Sorgen als Ausdruck von Angst und Verzagtheit, vor dem, was kommen mag, sind schlechte Begleiter für Säuglinge und Kinder.

Vielleicht sagt ein fürsorglicher Lebenspartner diesen Satz zu Hause auf der Couch zu seiner jungen schwangeren Lebenspartnerin. So wie ihn junge männliche Lebenspartner in solchen Situationen eben sagen. Seine linke Hand auf ihrer Schulter, seine rechte auf ihrem gewölbten Bauch. Erst einmal Ruhe ins Spiel bringen. Vom Liebsten ausgesprochen, wird dieser Satz von der jungen Mutter wahrscheinlich als Trost empfunden. Vielleicht nährt er zusätzlich die Hoffnung und die Zuversicht, dass sich der Liebste an der Erziehung ihres gemeinsamen Kindes beteiligen und wirklich alles gut werden wird. Wir drücken den dreien ganz fest die Daumen.

Müssen wir uns um unsere Kinder sorgen? Ja, das müssen wir. Kinder entwickeln sich nicht von selbst zu psychisch und körperlich gesunden Erwachsenen. Kinderzeit ist das Ergebnis von biologischen und kulturellen Selektionsprozessen in der Menschheitsgeschichte. Wenn Sie Ihren Säugling in einer fremden Umgebung ablegen und sich entfernen, wird er anfangen zu schreien. Warum? Ihr Säugling sendet Ihnen ein unmissverständliches Signal. Sie sollen sich Sorgen machen, wo er denn wohl ist. Ihr Säugling verfügt noch über kein Zeitempfinden. Alles ist Gegenwart. Er kennt noch keine Vergangenheit und keine Zukunft. Er kennt auch noch keine Angst, wie wir sie kennen. Aber er fühlt sich jetzt entbunden, im freien Fall. Ihr dauerhaftes Fernbleiben würde seinen Tod bedeuten. Wer wird ihn stillen? Wer wird ihn wärmen? Wer wird ihn reinigen? Wer gibt ihm Schutz? Das Schreien des Säuglings ist Signal und Mahnung an das Betreuungspersonal, ihn nicht alleine zu lassen. Das sind die Sorgen des Säuglings.

Wenn Erziehen ein Bereitstellen von Räumen für die Selbstbildung der Persönlichkeit ist, müssen die Zeitfenster für die Entwicklung bestimmter Kategorien von Persönlichkeit berücksichtigt werden. Es ist eine Frage der Perspektive. Je kleiner die Kinder, desto größer die Sorgen, die Sie sich machen. Daher sollte unsere größte Sorge den ersten Lebensjahren gelten.

Erziehung beginnt im Mutterleib! In die Zeit der Schwangerschaft fallen wichtige Entscheidungen, die den optionalen Entwicklungsraum eines Menschen betreffen. Die Lebensweise der Mutter, ihr Essverhalten, ihr emotionaler Zustand, ihr Drogenkonsum teilen sich über den Stoffkreislauf der Mutter dem Kind im Mutterleib mit und stellen nachhaltig die Weichen für den weiteren Werdegang des Kindes nach der Geburt. In der Schwangerschaft werden die Grundlagen für die Bindungsfähigkeit des Säuglings gelegt. Bindung ist die Basis für eine glückliche Entwicklung und die Voraussetzung für jeden Versuch von Erziehung. Die Bindung sollte gut gelingen. Jetzt müssen die Eltern, im Besonderen die Mutter, gut »funktionieren«. Sonst ist Erziehung zum Scheitern verurteilt, ehe sie richtig begonnen hat. Keine Sorge, intuitiv machen die meisten Eltern natürlich alles ganz richtig. Doch Vorsicht, es gibt nichts auf die lange Bank zu schieben. Was nützen die beste Erziehungsbereitschaft und Erziehungskompetenz, wenn Ihr Kind schon mit erheblichen Entwicklungsdefiziten geboren wird? Zum Beispiel dann, wenn Sie zu den Müttern gehören, die in der Schwangerschaft nicht auf den Konsum von Nikotin und Alkohol verzichten können. Die Folgen für die Entwicklung des Kindes sind dramatisch und unumkehrbar. Zu den nachhaltigen Entwicklungsschäden von Kindern, deren Mütter in der Schwangerschaft geraucht haben, zählen Lernschwäche, niedrige Intelligenz und Aggressivität. Solche entwicklungsbedingten Defizite in der Persönlichkeitsentwicklung sind »erziehungsresistent« und lassen sich im Nachhinein nicht »wegpädagogisieren«.

Noch im Mutterleib, kurz vor dem unausweichlichen Ereignis der eigenen Geburt, wird dem Säugling in spe eine große Sorgenlast auferlegt. Wenn er könnte, würde er sich fragen: Wer kümmert sich um mich da draußen? Ist Mama gesund? Hat sie mich lieb? Gibt es einen Papa? Wenn ja, hat er mich auch lieb? Passe ich in ihre Lebensplanung? Können sie sich mich überhaupt leisten? Wo ist mein Platz? Wer kümmert sich um mich? Werde ich ausreichend und gesund ernährt? Haben Mama und Papa Zeit für mich? Oder wird Mama bald alles zu viel? Sind die da draußen in der Lage, sich anständig um mich zu kümmern? Werde ich Ängste entwickeln? Alles berechtigte Sorgen. Denn der Säugling begibt sich mit der Geburt in die einhundertprozentige Abhängigkeit von seinen Erziehungsberechtigten. Alleine ist er nicht überlebensfähig. Ohne das Rundum-sorglos-Paket eines vierundzwanzigstündigen All-inclusive-Support ist er dem sicheren Tod preisgegeben. Aus der Sicht des Säuglings herrscht eine unbedingte und umfassende Präsenzpflicht für sein Betreuungspersonal, auf dessen Zusammensetzung und Qualität er überhaupt keinen Einfluss hat. Wer würde sich da nicht die größten Sorgen machen?

Die erste Aufgabe der Erziehungsberechtigten besteht daher darin, dem Kind all diese Sorgen abzunehmen. Sie auf sich zu laden. Sie im günstigsten Falle nicht als Last, sondern als Liebe zu empfinden. Insofern sind kleine Kinder mit den größten Sorgen verbunden. Die ganze Entwicklung, das ganze Leben ihres Kindes vor Augen, sollten sich Eltern also tatsächlich die größten Sorgen machen. Noch keine der vielen Fragen ihres Kindes ist beantwortet. Die Optionen für seine Entwicklung noch vielfältig.

Wird das Kind älter, werden seine Sorgen weniger. Viele Fragen sind auf seinem Weg so oder so beantwortet worden. Der optionale Raum für seine weitere Entwicklung wird immer kleiner. In dem Maße, wie seine Selbstständigkeit zunimmt, schwindet die Sorge und wachsen die Zuversicht und Neugier. Eltern, die ihre Kinder auf diesem Weg begleiten, die Erziehung als eine Art Geleitschutz verstehen, wird es ähnlich ergehen. Schritt für Schritt werden sie durch die Entwicklung ihrer Kinder entlastet. Damit dies alles gelingen kann, brauchen Eltern vor allem Zuversicht und eine begleitende Neugier auf die Entwicklung ihrer Kinder.

Verbringen Sie daher von Anfang an so viel Zeit wie möglich mit Ihrem Säugling. Schenken Sie ihm dabei Körperkontakt und Nähe. Am besten tragen Sie ihn mit sich herum, wo immer Sie hingehen. Das ist mit modernen Tragevorrichtungen bequem möglich und ist die größte und zugleich preiswerteste Investition in die Zukunft Ihres Kindes. Ihre verlässliche körperliche Präsenz, die Zeit und Ruhe, die Sie Ihrem Kind entgegenbringen, sind eine wesentliche und grundlegende Bedingung für seine erfolgreiche und gesunde Persönlichkeitsentwicklung. Nur durch solche Bindungsangebote bieten Sie die nötigen Voraussetzungen für die Entwicklung eines ausreichenden Urvertrauens Ihres Kindes. Dieses Urvertrauen ist die Basis für die Entwicklung von Vertrauensfähigkeit als Grundlage einer guten sozialen Kompetenz in der Kleinkind- und Kindergartenzeit. Zeitdruck und Hektik sind jetzt Gift. Überlegen Sie es sich ruhig zweimal, wozu Sie eine Krabbelgruppe brauchen. Suchen Sie als Mutter oder Vater Kontakt zu anderen Eltern mit Säuglingen und Kleinkindern? Dann besuchen Sie sich. Natürlich mit den Kindern. Aber »soziale Happenings« am Wickeltisch und in der »Krabbelarena« sind für Ihre Kleinen wenig hilfreich. Kinder unter zwei bis drei Jahren bilden keine sozialen Gruppen. Dazu sind sie noch nicht in der Lage. Babys brauchen keine anderen Babys! Babys brauchen Eltern. In dieser Phase steht die Entwicklung der Emotionalität, der ganzen Gefühlswelt Ihres Babys oder Kleinkindes, auf dem Lehrplan. Und die lernt das Kind im engen Kontakt mit seinen erwachsenen Bezugspersonen und Erziehungsberechtigten, vorzugsweise seinen Eltern.

Zwischen null und drei Jahren müssen sich die Eltern also die größten Sorgen um ihre Kinder machen. Danach nehmen sie schon deutlich ab. Zwischen drei und sechs Jahren steht nämlich »soziale Kompetenz« auf dem Lehrplan der Persönlichkeitsentwicklung.

Der beste Klassenraum dafür ist die Familie, die günstigstenfalls von Vertretern mehrerer Generationen, also Mama und Papa, Omas und Opas und Geschwistern verschiedenen Alters bevölkert ist. Nachdem jedoch die Großfamilie als ausgestorben gilt und auch die klassische Zweigenerationenfamilie mit Mama und Papa und zwei bis drei Kindern schon Einzug in die soziologische Fossiliensammlung gehalten hat, braucht es jetzt zunehmend Räume für die Entwicklung der wichtigen Kernkompetenz »Sozialverhalten«. Solche Räume können Kindergärten sein, wenn sie gut gemacht sind. Leider müssen sie es zunehmend auch dann sein, wenn sie schlecht gemacht sind. Gut geführte Kindergärten können eine wertvolle Ergänzung zur elterlichen Erziehung von Kindern zwischen drei und sechs Jahren darstellen. In dieser Entwicklungsphase können Verhaltensweisen in Gruppen eingeübt und wertvolle Erfahrungen gesammelt werden, die in den Klein- und Kleinstfamilien mit nur noch einem Erziehungsberechtigten und ohne Geschwister nicht zu machen sind. Gleichzeitig können Kinder aus unterschiedlichen sozialen Schichten und ethnischen Gruppen und Kinder mit unterschiedlichen körperlichen und psychischen Fähigkeiten in Kontakt kommen. Hinzu kommt der Zugang zu einer Fülle von Natur- und Kulturerfahrungen, den bereitzustellen viele Familien aus den unterschiedlichsten Gründen nicht in der Lage sind. Wertvolle, unwiederbringliche Zeiten und Erlebnisräume, in denen die Eltern eher stören.

Gleichzeitig brauchen die Kinder jetzt ein großes Maß an Freiheit und unorganisierter Zeit, um die Welt zu entdecken. Das müssen sie spielerisch tun können. Das Spiel ist eine notwendige Kategorie für jede erfolgreiche Entwicklung. Spielen ist die Hauptaufgabe der Kinder. Im freien und ungezwungenen Spiel, begleitet von ihrer unbegrenzten Fantasie, entwickeln die Kinder ihre wertvollsten Persönlichkeitsstrukturen.

Eltern werden sich daher in erster Linie um die Qualität von außerfamiliären Erziehungs- und Betreuungsangeboten Sorgen machen. Eine Hauptsorge ist eine unkritische Abgabe von Kindern in zweifelhafte Betreuungsstrukturen. Zum Beispiel solchen, die einer Verschulung der Kindergartenzeit Vorschub leisten. In Zeiten des PISA-Schocks ist ein gesundes Misstrauen gegenüber bestimmten Formen von institutionalisierter Frühpädagogik im natürlichen elterlichen Interesse. Der Artikel 3 der UN-Kinderrechtskonvention sichert unseren Kindern zu, dass bei allen Maßnahmen, die sie betreffen, gleichviel ob sie von öffentlichen oder privaten Einrichtungen der sozialen Fürsorge, Gerichten, Verwaltungsbehörden oder Gesetzgebungsorganen getroffen werden, ihr Wohl ein vorrangig zu berücksichtigender Gesichtspunkt ist. Das heißt, Kindergärten und Krippen sind vorrangig für Kinder und deren Bedürfnisse zu betreiben und haben weder wirtschaftlichen noch politischen Interessen direkt oder indirekt zu dienen. Gleichwohl stellen nicht wenige frühpädagogische Erziehungs- und Betreuungskonzepte sowie die Qualitätsstandards für Kitas und Krippen einen Angriff auf die Kindheit dar. Insofern wird die Sorge der Eltern schon wieder etwas größer.

Später in der Schule dürfen sich die Eltern dann gerne Sorgen um die Qualität der schulischen Strukturen und Angebote und natürlich auch der Lehrer machen. Aber bitte nicht um die Hausaufgaben. Die müsste das Kind jetzt alleine bewältigen können. Da wo sich Eltern intensiv um die Hausaufgaben ihrer Kinder kümmern müssen, ist die Schule schlecht. Auch als Schüler ist der Mensch noch ein Kind. Zumindest bis zur Pubertät. Das wird leicht übersehen. Zu Recht spricht man vom Schulkind. Neben der Schule, die selbstverständlich nicht den ganzen Tag in Anspruch nehmen darf, brauchen Kinder weiterhin ausreichend freie und unbesorgte Zeit zum Spielen. Für Bewegung und Sport sowie zur Erholung und Wahrnehmung außerschulischer kultureller Angebote. Schulzeit ist Teil der Kindheit. Eine Zeit, in der die Persönlichkeit der Kinder ihren »Feinschliff« erfährt. Schule ist nicht Ausbildung oder gar Teil der Arbeitswelt. Die Sorge der Eltern gilt in dieser Zeit neben den schulischen Bildungszugängen auch weiterhin außerschulischen und familiären Entwicklungsräumen für ihre Kinder.

Spätestens mit der Pubertät ihres Kindes sind die Eltern dann alle Sorgen los. Ihr elterlicher Erziehungsauftrag ist beendet. Das Kind ist jetzt im biologischen Sinne erwachsen, wenn auch gelegentlich sehr anstrengend. Nichts Ungewöhnliches. Können doch auch die älteren Erwachsenen bisweilen ziemlich anstrengend sein. Nur haben sie in der Regel schon gelernt, mit Zugeständnissen und Kompromissen zu leben, verlorenen Träumen nicht länger nachzulaufen. Man könnte daher leicht dem Eindruck unterliegen, dass der Unterschied zwischen den jungen und den älteren Erwachsenen vornehmlich darin bestünde, dass die älteren irgendwie langweiliger seien. Jetzt können sie sich als pensionierter Erziehender und pensionierte Erziehende zurücklehnen und alle Bemühungen in diese Richtung getrost einstellen. Wenn Sie auch Ihren Job als Mama oder Papa nie wirklich loswerden können oder wollen, ist es jetzt an der Zeit, etwas beiseitezutreten und Ihren Kindern, den jungen Erwachsenen der nächsten Generation, Platz zu machen. Aber wie gesagt, es besteht kein Grund zur Sorge. »Et hätt noch immer jot jejange!«, wie der Kölner sagt. Zur Not gibt es ja noch die elterliche Hausordnung. Ein nicht zu unterschätzendes Privileg und wirksames Instrument gegen allzu große Machtgelüste der nächsten Generation.

Viele Eltern werden uns nicht zustimmen. Sie sagen, dass die Sorgen mit dem Alter der Kinder zunehmen. Kaum hat sich das Kind aus eigener Kraft aufgerichtet (mit einer Hand an der Wohnzimmergardine) und beginnt noch etwas wackelig zunächst auf den eigenen Füßen zu stehen und dann zu laufen, um sich aufzumachen, die Welt zu erobern (was für ein Moment!), da schleicht sich bei Mama und Papa auch schon die Sorge ein, es könne vielleicht hinfallen, sich gar wehtun. Keine Sorge, es wird hinfallen und es wird sich wehtun. Vielleicht wird es sich bloß erschrecken, wenn es unvermittelt wieder am Boden liegt. Es also nicht so läuft, wie es will. Na und? Versuch und Irrtum. Erinnern Sie sich? Das ist Teil des Spiels. Seien Sie keine Spielverderber. Halten Sie Ihr laufendes Kind nicht davon ab, hinzufallen. Achten Sie darauf, dass es nicht zu weich fällt. Natürlich sorgen Sie dafür, dass seine Stürze glimpflich verlaufen. Dass Treppen und Fenster gesichert sind, sich keine spitzen, kantigen und scharfen Gegenstände in den möglichen Einflugschneisen Ihres fallenden Kindes befinden. Versuchen Sie aber nicht, die Welt Ihres Kindes mit Watte auszupolstern. Machen Sie Ihrem Kind nichts vor. Eine solche Welt gibt es nicht. Viel wichtiger sind Ihr Trost, Ihre Nähe. Sie spenden Zuversicht und Sicherheit. Und den Mut, es wieder und wieder zu probieren. Versuchen Sie seine Gehversuche, nicht nur die ersten, als Verheißung und Beginn eines Abschieds zu sehen. Hindern Sie Ihr Kind nicht daran, in die Welt aufzubrechen, indem Sie es festhalten und am Fallen hindern. Akzeptieren Sie Ihre Rolle als Begleiter Ihres Kindes auf dem Weg in ein selbstbestimmtes, freies und vielleicht sogar glückliches Leben. Sie wollen doch nicht, dass sich Ihr Kind schon beim Laufenlernen die gleichen Sorgen macht wie Sie? Dass es sich fragt: »Was ist, wenn ich wieder falle?«

Damit wir uns die richtigen Sorgen, ob große oder kleine, zur rechten Zeit machen können, brauchen wir Antworten auf die Fragen: Wie entsteht unsere Persönlichkeit? Woher kommen unsere Wahrnehmungen, Gefühle, Gedanken, Wertvorstellungen und Verhaltensweisen? Anders gefragt: Wie entwickelt sich unser Gehirn und welche Rolle spielt dabei Erziehung? Wie könnte man sich einer Beantwortung dieser Fragen besser nähern als dadurch, die Kinder selbst zu fragen. Nur, wie befrage ich einen Säugling? Das wird unter dem Einsatz verschiedener wissenschaftlicher Methoden getan. So lassen sich auch Babys darüber »befragen«, wie es ihnen im Mutterleib ergangen ist und welche Erfahrungen sie dort gemacht haben, von denen sie jetzt als Säuglinge profitieren. Die Antworten müssen wir allerdings aus den Befunden der verschiedenen wissenschaftlichen »Befragungen« ziemlich umständlich herausinterpretieren. Wie viel einfacher wäre es doch, wenn wir mit den Probanden direkt kommunizieren könnten.

Ihre Bereitschaft zu einem fantasievollen Umgang mit Erziehung und Kindern voraussetzend, wollen wir Ihnen daher eine kleine Begebenheit nicht vorenthalten, die sich schon vor einigen Jahren zugetragen hat. Auch auf die Gefahr hin, dass Sie sich im Anschluss an die Geschichte vielleicht noch ein paar Sorgen über uns machen könnten. Wir gehen das Risiko gerne ein. Dennoch möchten wir es gerne Ihrer Fantasie überlassen, Vermutungen darüber anzustellen, wem von uns beiden diese denkwürdige Begegnung vergönnt war.

Damals ist also einem der Autoren dieses Buches ein etwas merkwürdiger Mann über den Weg gelaufen. Er stellte sich als Chris Clemenza vor, geboren 1936 in Connecticut. Die Begegnung ereignete sich in einer Boeing 747 in 12.000 Metern Höhe über dem Atlantik irgendwo zwischen New York und London. Herr Clemenza und der Autor saßen zufällig nebeneinander. Das Essen war wie immer auf diesem Flug und der Film langweilig. Zeit zum Plaudern oder Schlummern. Chris Clemenza entschied sich fürs Plaudern. Eigentlich wollte der Autor gerade einschlummern. Aber die Höflichkeit gebot ihm, seinen Plan fürs Erste aufzugeben. Er hatte auch gar keine Wahl. Herr Clemenza zupfte nämlich, wie um seine Rede durch gelegentliche Ausrufezeichen zu schmücken, dem schläfrigen Autor in unregelmäßigen Abständen am Hemdsärmel. Also dann Plaudern, dachte der Autor. Wie sich jedoch bald herausstellen sollte, war ihm lediglich die Rolle eines Zuhörers zugedacht. Herr Clemenza gab an, Kinderarzt zu sein. Er praktiziere aber schon seit längerer Zeit nicht mehr und habe sich seither aufs Schreiben verlegt. Na toll, das kann ja heiter werden, ein Kollege, dachte der Autor. Augenblicklich war sie wieder da, die Schläfrigkeit. Seine flüchtigen Gedanken umkreisten gerade die bizarre Situation eines Mittagsschläfchens in 12.000 Metern Höhe, als er durch den aufsteigenden Schlummernebel Herrn Clemenza sagen hörte, dass dieser seinerzeit die alte Papageiendame Polynesia dazu überredet habe, ihm die Sprache der Babys und Kleinkinder beizubringen. Herr Clemenza sah in das verdutzte Gesicht des Autors und bemerkte leicht ungehalten, ob er denn nicht zugehört habe. Seinen Vater kenne doch schließlich jedes Kind. »Ihren Vater?«, fragte der Autor. Doktor Dolittle, sie wissen schon, der mit den Tieren sprach. Selbstverständlich, Doktor Dolittle, nickte der Autor, ziemlich überzeugt, dass er schon eingeschlafen war und die Szene nur träumte. Das Decodieren der Babysprache sei allerdings nicht ganz leicht gewesen, fuhr Herr Clemenza fort. Wenn auch viel einfacher als die Sprache so mancher Tiere, zum Beispiel die der Schnecken und Fische, wie ihm sein Vater einmal erzählt habe. Natürlich, nickte der Autor. Er musste daraufhin Herrn Clemenza feierlich versprechen, die Dokumentation »Doktor Dolittle und seine Tiere« zu lesen. Komisch, dachte der Autor, hört sich an wie das Kinderbuch von Hugh Lofting. Aber er wollte jetzt nicht kleinlich sein. Außerdem war er viel zu müde für einen Einwand. Irgendwie war es dem alten Kauz jedoch gelungen, sein Interesse zu wecken, und er schaltete unbemerkt seinen kleinen digitalen Voice Recorder ein, um nichts zu verpassen, wenn er tatsächlich gleich einschliefe. Das tat er dann auch sofort. Die Müdigkeit war Sieger über das Ärmelzupfen. Als der Autor wieder aufwachte, war die Maschine längst gelandet und die meisten Passagiere schon ausgestiegen. Auch Herr Clemenza war nicht mehr auf seinem Platz. Er hat ihn nie wiedergesehen. Zum Glück war während der ganzen Zeit der Voice Recorder eingeschaltet. So ist die unglaubliche Geschichte von Chris Clemenza aufgezeichnet worden. Hören Sie mal rein: »Nachdem ich meine Lektionen bei Polynesia gelernt hatte, wollte ich natürlich gleich meine neuen Fertigkeiten anwenden. So kam es zu dem folgenden Interview mit Lukas.

Wie soll ich dich nennen?
  Lukas: Meine Eltern nennen mich Lukas. Allerdings erst seit meiner Geburt. Davor haben sie es offenbar nicht für nötig gehalten. Das hat mich damals sehr amüsiert.

Verrätst du mir auch, wie alt du bist?
  Lukas: Na klar. Ich bin eineinhalb Jahre alt.

Also gut, Lukas. Es heißt ja »Kleine Kinder, kleine Sorgen – große Kinder, große Sorgen«.
  Lukas: Großer Käse! Es muss genau umgekehrt heißen: »Kleine Kinder, große Sorgen« und »Keine Kinder, keine Sorgen« [*Lukas quietscht vergnügt*].

Wie soll ich das denn verstehen?
  Lukas: Ist doch ganz einfach. Alles, was euch Erwachsenen selbstverständlich erscheint, muss sich bei mir erst mühsam entwickeln. Und das geht nicht irgendwie von selbst. Da kann jede Menge schiefgehen. Vor allem dann, wenn die äußeren Bedingungen, die ihr mir bietet, nicht gut genug sind. In den ersten Wochen, Monaten und Jahren entwickeln sich bei mir die entscheidenden Dinge. Deshalb solltet ihr euch in dieser Zeit auch die größten »Sorgen« um mich machen.

Also direkt nachdem du auf die Welt gekommen bist ...
  Lukas: Das müsst ihr euch unbedingt abgewöhnen: »auf die Welt kommen« sagen und »Geburt« meinen. Meine Geburt

war nichts im Vergleich zu dem, was in den ersten Tagen und Wochen bei mir in Mamas Bauch abging. Die Geschichte fängt nun mal ganz am Anfang an.

Nun, eigentlich wollte ich ja nur ein paar authentische Eindrücke über die Entwicklung des kindlichen Gehirns sammeln.
Lukas: Ich hab nicht um das Gespräch gebeten [*Lukas schmollt*].

Das war doch nicht so gemeint, Lukas. Dann leg mal los.
Lukas: Also gut. Sofort nachdem Papas Samenzelle und Mamas Eizelle ein Team geworden sind, hab ich angefangen, mich zu teilen. So ist aus mir in wenigen Tagen ein ganz ansehnliches Zellhäufchen geworden. Ich hieß damals übrigens »Embryo« und mein Hauptjob bestand darin, dafür zu sorgen, dass alle meine Organe zur richtigen Zeit am richtigen Platz angelegt wurden, und jeden Tag gigantisch zu wachsen.
In meiner dritten Lebenswoche bildete sich die Anlage meines Zentralnervensystems. An ihrem vorderen Ende entstanden in meiner vierten Woche drei große Bläschen. Diese »Hirnbläschen« bildeten die ersten sichtbaren Stadien meines Gehirns. Ich war gerade mal fünf Wochen alt, als es mit meinem Gehirn dann so richtig abging. Schon jetzt nahm es etwa die Hälfte meiner gesamten Körpergröße ein. Die Zellschicht, die die Hohlräume der Bläschen auskleidet, hatte es wirklich in sich. Hier befanden sich meine Stammzellen, aus denen fast alle meine Nervenzellen entstehen sollten. Bereits zwei Wochen vorher fingen diese Zellen an, sich wie wild zu teilen. Inzwischen brachte ich es auf eine satte halbe Million neuer Nervenzellen pro Minute. Das bedeutete rund 720 Millionen neue Nervenzellen am Tag.
Wahnsinn, oder?

Warum bloß diese Eile? Schließlich hattest du doch noch jede Menge Zeit. Es blieben dir noch acht Monate bis zur Geburt.

Lukas: Ehrlich gesagt, habe ich die ganze Hektik anfangs auch nicht verstanden. Mit acht Wochen sah ich dann schon fast so aus wie ihr. Nur kleiner eben. Alle meine Organe waren angelegt. Nach meiner zwölften Woche hieß ich dann »Fötus«. Mein neuer Name bedeutete: Alles war da und musste nur noch wachsen. Ich war schon fünf Zentimeter groß und wog stattliche zehn Gramm.

Und dann das: Etwa nach der Hälfte meiner Zeit in Mamas Bauch kam die Massenproduktion meiner Nervenzellen unvermittelt zum Erliegen. Mit viereinhalb Monaten besaß ich unvorstellbare einhundert Milliarden davon in meinem Gehirn. Von wenigen Ausnahmen abgesehen, kamen allerdings seither keine neuen Nervenzellen mehr hinzu. Im Gegenteil, ein großer Teil von ihnen ist im Laufe meiner frühen Entwicklung wieder zugrunde gegangen.

Fragt sich nur, wozu du diese ungeheure Menge an Nervenzellen so früh schon brauchtest.

Lukas: Eigentlich waren es ja noch keine richtigen Nervenzellen. Eher eine Art kleiner Vorläuferzellen. Diese machten sich bald nach ihrer Entstehung auf den Weg, um in die verschiedensten Regionen des Gehirns auszuwandern. An ihren Bestimmungsorten angekommen, begannen sie sich äußerlich stark zu verändern und zu richtigen Nervenzellen zu werden, so wie ihr sie alle kennt.

Aber das Entscheidende war, dass meine Nervenzellen jetzt anfingen miteinander Kontakt aufzunehmen. Dieses Knüpfen von Kontakten ist der entscheidende Vorgang bei der Entwicklung meines Gehirns und wird mich wohl noch über Jahre hinweg beschäftigen.

Woher wissen denn all die vielen Nervenzellen so genau, mit welchen anderen sie wie Kontakt aufnehmen müssen?

Lukas: Das wissen sie nicht. Brauchen sie auch nicht. Von entscheidender Bedeutung sind die Aktivitäten der beteiligten Nervenzellen. Diese sind in ihrer Summe ein Spiegelbild der jeweiligen Umweltbedingungen, die sich ständig in den Aktivitätsmustern meines Gehirns abbilden. Sie sind die Veranlassung dafür, dass sich das ganze Kontaktspektrum laufend um-, ab- und neu aufbaut. So gelingt es meinem Gehirn, frühe Erfahrungen, die sich ihm über alle meine Sinne mitteilen, in entsprechend angepasste Netzwerke von Nervenzellen umzusetzen. So passt sich mein Gehirn ständig den Anforderungen an, die an mich gestellt werden.

Eine beruhigende Vorstellung! Dann kann ja eigentlich nichts schiefgehen.

Lukas: Von wegen! Von alleine läuft da gar nichts. Auf die richtigen Anregungen von außen kommt es an. Allein in meiner Großhirnrinde müssen über zehn Milliarden Nervenzellen verschaltet werden. Und jede meiner Nervenzellen nimmt im Schnitt Kontakt mit 10.000 bis 15.000 anderen Nervenzellen auf. Das bedeutet: 10.000 bis 15.000 neue Anschlüsse [*Synapsen – Anm. der Aut.*] für einhundert Milliarden neue Mitbewohner. Da müssen gleichzeitig eine gigantische Menge von Strippen gezogen werden. Ich denke, ich leiste auf diesem Gebiet mehr als alle Telekommunikationsunternehmen auf der ganzen Welt zusammen.

Übertreibst du da nicht etwas?

Lukas: Überhaupt nicht! Obwohl ich also in einer einzigen Sekunde immerhin rund zwei Millionen neue Kontakte geknüpft habe, war mir klar, dass ich mit diesen ganzen Verschaltungen bis zu meiner Geburt auf keinen Fall fertig werden würde. Ich würde mit dem Verbindungsaufbau zwischen meinen Nervenzellen mindestens bis zu meinem zweiten Lebensjahr beschäftigt sein. In dieser Zeit wuchsen die anfangs eher mickrigen Ausläufer [*Dendriten – Anm. der Aut.*] meiner Nervenzellen zu beachtlichen Baumkronen heran, um Platz für alle kontaktsuchenden Ausläufer anderer Nervenzellen zu bieten. Der größte Teil des gesamten Wachstums der Nervenzellen in meiner Großhirnrinde findet allerdings erst nach meiner Geburt statt. Entsprechend nahm die Zahl der Anschlüsse in meiner Großhirnrinde im ersten Jahr hier draußen rasant zu. Dadurch wuchs mein Gehirn mit atemberaubender Geschwindigkeit. Bei meiner Geburt brachte mein Gehirn rund vierhundert Gramm auf die Waage. In den ersten elf Monaten hier draußen habe ich mein Gehirngewicht bereits auf etwa 850 Gramm verdoppelt. Bei meiner Einschulung werde ich eure 1.400 Gramm dann fast eingeholt haben.

Wenn, wie du sagst, in den ersten neun Monaten deines Lebens ein so überdurchschnittlich hohes Gewicht auf die Entwicklung deines Gehirns gelegt wurde, warum warst du dann nach deiner Geburt ein so völlig hilfloser Nesthocker? Ohne Ganztagsbetreuung wärst du doch jetzt noch völlig aufgeschmissen.

Lukas: Ihr habt natürlich recht. Auf den ersten Blick könnte man denken: Die Nachwuchsfrage hätte die Evolution bei uns Menschen doch irgendwie eleganter hinbekommen können. Aber, lasst euch nicht täuschen. In Wirklichkeit ist meine völlige Abhängigkeit eine ganz besonders pfiffige Strategie. Ein Trick, könnte man meinen. Offensichtlich ist die Entwicklung meines Gehirns darauf ausgerichtet, mir nach meiner Geburt sofort möglichst gute Startbedingungen zu bieten. Aber wofür? Denn meine bisherige Entwicklung zielte tatsächlich nicht darauf ab, dass ich mich nach der Geburt so schnell wie möglich eigenständig zurechtfinden sollte. Vielmehr war ich zur Bewältigung des ganzen Alltagskrams von Anfang an dringend auf tatkräftige Unterstützung angewiesen. Von dieser Unterstützung hängen alle meine weiteren Entwicklungschancen ab. Tatsächlich sollte ich zunächst nichts weiter tun, als mich in erster Linie um die komplexe Weiterentwicklung meines Gehirns zu kümmern.

Warum dann noch weiterentwickeln? Es hätte doch längst alles fertig sein können.

Lukas: Eben nicht. Das Zauberwort heißt: Lernen. Um mich später erfolgreich verhalten zu können, brauche ich mehr als nur Masse und Gewicht. Meine Persönlichkeitsmerkmale bilden sich erst langsam nach meiner Geburt aus. Und zwar im Lichte der Umwelt, in die ich mich hineinentwickle. Eine der wichtigsten Aufgaben meines Gehirns besteht ab jetzt darin, zu lernen, »das Richtige zu wollen«! Dazu brauche ich neben Gedächtnisleistungen, gedanklichen Konzepten, und der Fähigkeit, Bewertungen vorzunehmen, vor allem meine Gefühle. Die sind nicht angeboren, sondern müssen nach und nach gelernt werden. Es wird für mich überlebenswichtig sein, die Auswirkungen und Konsequenzen meiner Handlungen richtig einschätzen zu können. Ihr nennt das »soziale Kompetenz«. Je besser ich lerne, mein Gegenüber und dessen Bedürfnisse richtig einzuschätzen, und je mehr ich meine eigenen Gefühle und Wünsche im Griff habe, umso erfolgreicher werde ich mich später in meinem sozialen Umfeld zurechtfinden und behaupten können. Dabei entwickeln sich meine Gefühle Schritt für Schritt durch ständiges Üben. Diese »soziale Entwicklung« ist dabei an eine anhaltende Umbautätigkeit meiner Nervenzellnetze gebunden.

Immer mehr Eltern wollen ihre Kinder immer früher fördern. Auch in der Hoffnung, sie so besser auf den Konkurrenzkampf in einer zunehmend globalisierten Erwerbsgesellschaft vorzubereiten.

Lukas: Eltern müssen natürlich wissen, was sie ihren Kindern mitgeben möchten: Bestimmte Fakten und Fertigkeiten oder eher die allgemeine Fähigkeit, das Leben in seiner Fülle zu meistern? Andererseits haben Eltern auch das Recht, zu wissen, zu welchem Zeitpunkt in der Entwicklung ihrer Kinder welche ihrer Bemühungen überhaupt sinnvoll sind. Was immer sie tun, eines darf dabei unter keinen Umständen vernachlässigt werden: die Entwicklung meines Gefühlslebens. Tatsächlich zählen meine Fähigkeiten, Gefühle zu erzeugen und zu steuern sowie Gefühlsäußerungen wahrzunehmen und zu bewerten, zu den wichtigsten und komplexesten Leistungen meines Gehirns überhaupt. Dazu bin ich allerdings zunächst gar nicht und in den ersten zwei Jahren nach der Geburt nur sehr unzureichend in der Lage. Danach werden sich allmählich die für die Steuerung meiner Gefühle zuständigen Nervenzellnetze entwickeln. Eine zentrale Rolle spielt dabei mein Frontalhirn. Seine Entwicklung ist eine ziemlich aufwendige und langwierige Geschichte, die mich über meine gesamte Kindheit und Jugend hinweg beschäftigen wird und die sehr eng mit der Entwicklung meiner Persönlichkeit verknüpft ist. Dagegen fangen meine Langzeitspeicher für abrufbares Faktenwissen, auf das die Erwachsenen ja so großen Wert legen, erst mit etwa sechs Jahren an zu funktionieren. Wie ihr seht, habe ich in den nächsten Jahren Wichtigeres zu tun als über meine zukünftige Rolle in einer globalisierten Erwerbsgesellschaft nachzudenken.

Der »Trick«, wie du das nennst, scheint also darin zu bestehen, dass die Entwicklung deines Gehirns in die Zeit nach der Geburt hinein verzögert wird, um so optimale Anpassungsprozesse zu ermöglichen?

Lukas: Richtig! Eine echte Erfolgsstrategie eben. Doch die hat ihren Preis: meine Abhängigkeit von eurer Betreuung. Doch ohne eure Liebe geht die Strategie nicht auf. Sie ist der Schlüssel zum Erfolg.

Wie ging es dann in deinem Gehirn weiter?
Lukas: Ich konnte gerade mal laufen, da begann die Verknüpfungsdichte in den Rindenfeldern meines Gehirns rasant abzunehmen. Jeden Tag verliere ich dort jetzt etwa zwanzig Milliarden Anschlüsse und ein Ende ist nicht in Sicht. Wie ich höre, soll das bis in meine Jugendzeit so weitergehen. Als Erwachsener werde ich dann gerade noch etwas mehr als die Hälfte der Verknüpfungen zwischen meinen Nervenzellen besitzen, über die ich als Einjähriger verfügt habe. Eine rasante Talfahrt also. Die frisch geknüpften Netzwerke in meinem Frontalhirn bleiben übrigens auch nicht verschont. Hier wird die Abnahme allerdings erst beginnen, wenn ich etwa sieben Jahre alt bin. Ausgerechnet während meiner Schulzeit wird sich also die Verknüpfungsdichte in meinem Gehirn nachhaltig verringern.

Das hört sich ziemlich beängstigend an.
Lukas: Ist es aber nicht. Ihr könnt ganz beruhigt sein. Mein Gehirn wird sich nicht in seine Bestandteile auflösen. Es ist wie in der Bildhauerei. Es entstehen Strukturen durch Reduktion von Masse. Der Bildhauer entfernt Überflüssiges und legt so die in dem Rohling verborgene Skulptur frei. In meinem Falle mein Gefühlsleben und meine Persönlichkeitsmerkmale. Deren Entwicklung ist an die dramatische Abnahme der Verknüpfungsdichte meiner Nervenzellnetze gekoppelt. Während dieses entwicklungsbedingten Umbaus bilden sich diejenigen Verbindungsmuster heraus, die die Grundlage für meine Persönlichkeit darstellen. Klasse statt Masse eben.

Lukas, ich bin tief beeindruckt. Du und deine Altersgenossen scheinen tatsächlich Großartiges zu leisten. Es ist nun also an uns Erwachsenen, euch nicht zu enttäuschen.

> Lukas: Genau! Meine gesammelten Empfindungen und Erfahrungen schreiben sich gewissermaßen in die Feinabstimmung meiner Nervenzellnetze ein. Dabei prägen mich diese frühen Erfahrungen viel stärker als alle späteren Belehrungen zusammen. Auch wenn ich mich an die einzelnen Ereignisse später gar nicht mehr erinnern kann, weil mein »Langzeitgedächtnis« erst mit etwa sechs Jahren zu funktionieren beginnt, haben sie sich doch tief in mein Gefühlsleben eingegraben. Dieses »emotionale Gedächtnis« wird dann später mein gesamtes Erleben und Verhalten prägen.

Lukas, ich bedanke mich für das Gespräch und wünsche dir noch eine erfolgreiche und vor allem heitere weitere Entwicklung.

> Lukas: Ebenfalls!«

Unglaublich! Lukas' Namen habe er abgeändert, um dessen Identität nicht preiszugeben, sagte Herr Clemenza noch. Auch die näheren Umstände des Gespräches mit Lukas wolle er im Dunklen lassen. Schließlich gelte es, seine weitere Entwicklung nicht zu gefährden, was ein öffentlicher Rummel um seine Person ohne Zweifel zur Folge gehabt hätte. Möglichen Skeptikern gestehe er gerne zu, dass sie das Interview selbstverständlich auch für fiktiv ansehen könnten. Das mache ihm überhaupt nichts aus.

Wir werden also nie erfahren, wo das Gespräch mit Lukas stattgefunden hat und wer Lukas wirklich ist. Seine etwas hochnäsige Attitüde könnte vermuten lassen, dass er ein Zögling der »92nd Street Hebrew Association for Young Men and Young Women Nursery School« in der Upper East Side von Manhattan ist. Mit eigenem Pressesprecher, der natürlich das Interview einschließlich der Honorarfrage mit Herrn Clemenza vorher abgesprochen hat. Allerdings deuten seine inhaltlichen Auslassungen doch eher in eine andere Richtung. Vielleicht wohnt Lukas ja gar nicht in Manhattan, heißt auch wirklich Lukas, und lebt mit seiner Schwester Lena den ganzen Tag zu Hause bei seinen Eltern. Vielleicht ganz in Ihrer Nähe? Wir werden es nicht mehr klären können, zumal auch das einzigartige Tondokument in Form der Audiodatei inzwischen verloren gegangen ist. Gelöscht. Wahrscheinlich durch eine Unachtsamkeit des Autors überspielt. So müssen wir uns mit dem Gedächtnisprotokoll dieses denkwürdigen Interviews von Herrn Clemenza zufrieden geben. Wie dem auch sei, das Gespräch mit Lukas hat vieles von dem, was wir bisher von den wissenschaftlichen Befunden haben ableiten können, bestätigt.

Wie alle Kinder ist Lukas ein lernbegieriges und auf wunderbare Weise an seine Umwelt anpassungsfähiges Wesen. Er entwickelt sein emotionales Erleben und sein Sozialverhalten in Wechselwirkung mit seiner unmittelbaren Umwelt. Diese Entwicklung ist daran gebunden, dass sein kindliches Gehirn mit der Zeit bestimmte Strukturen anlegt, um darüber dann bestimmte Funktionen aufnehmen zu können. Dabei formen vor allem die in den ersten sechs Lebensjahren gesammelten Erfahrungen in individueller Weise die neuronalen Netze in Lukas' Gehirn. Auf diese Weise passen sich seine Fähigkeiten früh an die besonderen Ansprüche seiner sozialen Umgebung an. Bei der Gehirnentwicklung fällt also nichts einfach so vom Himmel. Jeder von uns hat vielmehr die Möglichkeit und zugleich die Verantwortung, sich positiv fördernd in die (Gehirn-)Entwicklung unserer Kinder einzumischen.

Die kindliche Entwicklung ist in einem hohen Maße störanfällig. Durch eine lieblose und aggressive Umgebung prägen sich antisoziale Verhaltensmuster ein, die bei dauerhaftem Einüben ein ganzes Leben lang stabil bleiben können. Jedes fünfte Kind in Deutschland zeigt deutliche Auffälligkeiten in seinem Gefühlsleben und/oder sozialen Verhalten. Jedes zehnte Kind leidet an einer fachärztlich behandlungsbedürftigen psychischen Störung. In den ersten Lebensjahren verpasste Entwicklungschancen lassen sich später nicht mehr nachholen. Der Schaden an der Persönlichkeitsentwicklung eines jeden betroffenen Kindes und der sozialen Gemeinschaft als Ganzes ist enorm.

Damit ihre Entwicklung erfolgreich und glücklich verlaufen kann, brauchen Kinder vor allem Liebe. Eine Binsenweisheit, meinen Sie? Tatsächlich leben wir in einer Gesellschaft, in der Kinder zunehmend nicht mehr als Geschenk, sondern als soziales Risiko wahrgenommen werden. Viele Erwachsene glauben, dass Kinder ihrer beruflichen Laufbahn, gesellschaftlichen Mobilität, Selbstverwirklichung und der Befriedigung ihrer materiellen Bedürfnisse im Wege stehen. Andere nehmen Elternschaft als Glück wahr. Natürlich. Auch wenn man das nicht jeden Tag gleichmäßig spürt. Und wer möchte schon sein Glück verlieren? Wer möchte seinen Hauptgewinn nicht behalten wollen? Eltern sagen gerne stolz: »Seht her, das ist unser Kind!« Das Wort »unser« ist ein Possessivpronomen, ein »besitzanzeigendes« Fürwort also. Es gehört mir! Natürlich wissen wir, dass kein Mensch einem anderen gehören kann. Mit der scheinbaren Besitzanzeige »unser Kind« kann also nur eine Zuordnung gemeint sein: »Es gehört zu mir.« Ihr Kind steht unter Ihrem Schutz. Nur zu, machen Sie sich in aller Ruhe die größten Sorgen darum. Vom ersten Tag an.

Macht Essen groß und stark?

»DU MUSST ALLES aufessen, sonst gibt es morgen kein schönes Wetter!« Schlechtes Wetter findet das kleine Kind natürlich doof. Und wer möchte daran auch noch schuld sein? Also stopft der Kleine die Portion notgedrungen in sich hinein. Und wenn das Wetter dann trotzdem einmal schlecht werden sollte, hat halt ein anderes unartiges Kind irgendwo auf der weiten Welt seinen Teller nicht aufgegessen. So einfach könnte Erziehung sein. Wenn da nicht das Kind wäre. Das sieht bald nicht mehr ein, weltweit der einzige Depp zu sein, der auf diese fiese elterliche Finte hereinfällt und so das Fehlverhalten all der anderen ausbaden muss. Dieser offenbare Mangel an Solidarität wird zuerst schmerzlich empfunden und dann in Trotz umgesetzt. »Ich mag aber nicht!« Es kann ja nicht wissen, dass die Hälfte seiner Altersgenossen unter fünf Jahren in Südostasien und jedes dritte Kind, das in einem Land südlich der Sahara lebt, mangelernährt sind. Dass Jahr für Jahr sechs Millionen Kinder an den Folgen von Mangelernährung sterben. Das ist mehr als die Hälfte aller Todesfälle von unter fünfjährigen Kindern aus den sogenannten Entwicklungsländern. Wie gerne hätten diese Kinder für ein schönes Wetter gegessen. Dann noch dieser Satz: »Iss schön auf und denk dran, die armen Kinder in Afrika haben nicht so viel wie du.« Werden die, wenn ich aufesse, auch alle satt, fragt sich das Kind vielleicht. Das Wetter wird nicht besser und das Kind bleibt standhaft: »Nein, meine Suppe ess ich nicht!« Die Folgen sind bekannt. »Iss, damit du groß und stark wirst«, beharren die Eltern. Ich bin stark genug, denkt das Kind. »Nein, ich esse meine Suppe nicht!« Das zwingt die Eltern dazu, nachzuladen: »Es wird gegessen, was auf den Tisch kommt!« So geht Erziehung natürlich auch. Unser Kleiner hat jetzt keine Wahl mehr. Will er nicht verhungern, muss er sich das Essen notgedrungen einverleiben. Angebote zur Selbstentwicklung der Geschmacks- und Genusswelt im Gehirn? Pustekuchen! Ein vielversprechender Einstieg in die spannende Vielfalt unserer Esskultur sieht anders aus. »Na bitte, es geht doch. Hat's geschmeckt?« »Nein!«

Alles nur eine Frage des Geschmacks? Essen ist zwar mehr als bloße Nahrungsaufnahme. Im Ernstfall gilt jedoch: »Erst kommt das Fressen, dann kommt die Moral.« Ohne Nahrungsaufnahme macht Essen ja keinen Sinn. Um sich zu entwickeln und seine Lebensfunktionen aufrechtzuerhalten, muss sich der Mensch Energie und Nährstoffe einverleiben. Essen ist gewissermaßen die natürliche Methode zur Nahrungsaufnahme. Das ist nichts Außergewöhnliches. Die meisten Tiere tun dies auch. Dazu haben sie eine unüberschaubare Vielfalt von Verhaltensweisen und Strategien entwickelt. Fressen ist das Kerngeschäft tierischer Organismen. Bei uns Menschen ist das nicht anders. Zunächst braucht der Mensch Energie und Nährstoffe. Alle anderen Betätigungsfelder, jede Form von Kultur, sind das Ergebnis einer gesicherten Ernährung. Umgekehrt dienten schon die ersten kulturellen Errungenschaften, wie der Faustkeil und die Handhabung des Feuers, der Nahrungsbeschaffung und Qualitätsverbesserung der Nahrungszufuhr. Ein sicherer und verlässlicher Zugang zu den geeigneten Nahrungsressourcen war der ursprüngliche Zweck von Anpassungsprozessen der beginnenden Kulturevolution der frühen Menschengruppen. Für uns Menschen ist Essen von Anfang an nicht nur eine physiologische Notwendigkeit, sondern auch eine wichtige kulturelle Kategorie.

In der modernen, durch Naturferne und Urbanisierung geprägten Massengesellschaft laufen viele sicher geglaubte Kenntnisse und Fertigkeiten Gefahr, in Vergessenheit zu geraten. Davon bleibt unsere Ess- und Ernährungskultur nicht verschont. Auf die Frage, wo denn wohl die Milch herkomme, kommt die Antwort mit heller Kinderstimme: »Aus dem Kühlschrank.« »Und vorher, wo war sie da?«, fragen wir hoffnungsvoll. »Na, im Kühlregal bei Aldi.« Wir haben nicht mehr den Mut, die Kuh in Betracht zu ziehen, die wahrscheinlich lila und für die Schokolade zuständig ist. Tatsächlich scheint es nicht mehr zum Allgemeinwissen zu gehören, wo unsere Lebensmittel eigentlich herkommen und woraus sie bestehen. Käse ist halt Käse. Es gibt Hunderte von Sorten, und ich nehme den, der mir schmeckt. Fertig. Wozu muss ich wissen, was drin ist oder wie er hergestellt wird? Ich kann ja auch keinen PC zusammenbauen und benutze ihn trotzdem. Das ist in einer arbeitsteiligen Gesellschaft doch völlig normal. Dank der modernen Lebensmittelindustrie gibt es alles fertig abgepackt. Eine Zubereitung entfällt weitestgehend. Essen wird zur Nebensache und darf vor allem nicht mehr so viel Zeit in Anspruch nehmen. Gegessen wird schnell und billig. Die Zeit brauchen wir für die Arbeit und die Hobbys. Der Snack für Zwischendurch muss reichen. Wir glauben der Werbung, die verspricht: »Der exotische Knabberspaß bringt Ihnen verbrauchte Energie schnell zurück. Ideal für zwischendurch und unterwegs.« Von Nährstoffen keine Rede. Was wir brauchen ist Energie aus Zucker für noch mehr Arbeit und Spaß. Guten Appetit?

Kinder haben ein Recht auf eine ausgewogene und ausreichende Ernährung. Die Eltern haben die Aufgabe, dieses Recht umzusetzen. Eine nicht immer leichte Aufgabe. Aber mündige Eltern lassen sich nicht entmutigen. Vor allem nicht entmündigen. Eltern wollen wissen, welche Lebensmittel für ihre Kinder gut sind. Sie wollen wissen, was drin ist. Eltern wissen, dass ihr Kind ist, was es isst. Und Eltern ärgern sich über Etikettenschwindel und Verführungsversuche von Lebensmittelherstellern. Wenn Eltern das Recht ihrer Kinder auf eine natürliche, ausgewogene und ausreichende Ernährung wirklich ernst nehmen, haben sie viel zu tun.

Die Ernährung Ihrer Kinder beginnt in der Schwangerschaft. Was Sie essen, »isst« auch Ihr Kind. Seinen kompletten Energie- und Nährstoffbedarf bezieht das Kind in Ihrem Bauch aus Ihrem Blut. Jeden Bissen und jeden Schluck nehmen Sie für sich und Ihr Kind ein. Aber Vorsicht! Sie müssen jetzt nicht die doppelte Menge essen. Das Kind holt sich von Ihnen, was es braucht. Das sind vor allem Nährstoffe. Der Energiebedarf Ihres Kindes hält sich dagegen in Grenzen. Nur etwa 250 kcal benötigen Sie zusätzlich. Diesen Bedarf decken Sie locker mit einem Käsesandwich und etwas Obst.

Etwas Aufmerksamkeit verdient dagegen die Zusammensetzung Ihrer Nahrung. Sie und Ihr Kind benötigen jetzt Lebensmittel mit einem hohen Nährstoffgehalt und einem niedrigen Energiegehalt. Selbstverständlich achten Sie noch mehr als schon zuvor auf eine optimale Hygiene im Umgang mit Ihren Lebensmitteln und darauf, dass Sie sich möglichst keine Schadstoffe einverleiben. Lebensmittelinfektionen und schadstoffbelastete Nahrung gefährden die Gesundheit Ihres Kindes schon im Mutterleib erheblich. Sie essen daher Vollkornprodukte, Obst und Gemüse, das frisch und sehr gut gewaschen sein muss, Fleisch und Geflügel, immer mager und gut durchgegart. Gekochter Schinken darf es auch sein. Wenn Sie Fisch mögen, nehmen Sie mageren Fisch, wie Kabeljau oder Seelachs, den Sie wieder gut durchgaren. Bei Milchprodukten bevorzugen Sie jetzt die fettarmen Varianten. Vermeiden sollten Sie alle Produkte, die nicht ganz durchgegart sind, und alle rohen Speisen, auch wenn's schwerfällt. Hier besteht ein erhöhtes Risiko einer Infektion für Ihr Kind. Also bitte keine weichen oder rohen Eier, kein Weichkäse, Schafskäse oder Ziegenkäse. Meiden Sie unbedingt, wenn Sie es nicht schon immer getan haben, wofür zumindest einer der Autoren Verständnis hat, die Sushi-Bar. Warten Sie mit Thunfisch und Räucherfisch bis nach der Schwangerschaft. Natürlich sind auch rohes und nicht vollständig durchgegartes Fleisch tabu. Dazu gehören Tatar, Salami und Mettwurst, genauso wie das leckere Filetsteak blutig oder medium.

Tun Sie schließlich sich und Ihrem Kind noch einen großen Gefallen: Essen Sie nicht zu viel. Eine übermäßige Nahrungszufuhr erhöht die Wahrscheinlichkeit, dass Sie einen Schwangerschaftsdiabetes ausbilden. Das wäre für Sie nicht gut und auch nicht für Ihr Kind. Es ist bekannt, dass das spätere Essverhalten Ihres Kindes während der Schwangerschaft »programmiert« wird. Ein anhaltendes Überangebot an Nährstoffen in Ihrem Blut führt dazu, dass sich das Essverhalten des Kindes auf einen großen Bedarf einstellt. Das begünstigt Übergewicht, Diabetes und Herz-Kreislauf-Erkrankungen im späteren Leben Ihres Kindes. Also kein falscher Ehrgeiz. Ihr Kind bekommt genug ab, wenn Sie bei ganz normalen Portionen bleiben. Stattdessen sollten Sie viel trinken, am besten soviel Sie können. Zwei Liter sollten es über den Tag verteilt schon sein. Aber natürlich keinen Alkohol. Auch keine kleinen Mengen. Kein Gläschen Sekt mit der Freundin. Kein kleines Bierchen. Nichts! Die Gefahren, die auch von geringen Mengen Alkohol für die Entwicklung Ihrer Kinder ausgehen, werden noch immer unterschätzt. Die Hälfte aller Schwangeren gibt an, regelmäßig oder gelegentlich Alkohol zu trinken. Wenn Sie nicht dazu beitragen wollen, dass Ihr Kind eine verminderte Intelligenz und eine psychische Störung entwickelt, gehören Sie bitte zu den anderen fünfzig Prozent. Wie Sie sehen, ist die Ernährung Ihres Kindes, solange es noch in Ihrem Bauch wohnt, eigentlich ganz einfach. Alles geht von selbst. Sie achten nur auf Menge und Qualität der Nahrung. Essen Sie jetzt mit viel Genuss. Wenn Ihnen dabei auch mal eine kleine Sünde in Form eines Stückchens fettiger Nuss-Nougat-Torte oder einer Currywurst mit Pommes über den Weg läuft: halb so schlimm. Nur keinen Stress! Aber lassen Sie es nicht zur Gewohnheit werden.

Nach der Geburt wird alles anders. Und Ihnen wird unmittelbar körperlich bewusst, dass Sie zu der Wirbeltierklasse der Mammalia gehören. Deren gemeinsames Merkmal ist das Säugen des Nachwuchses. Dazu stellt die Mutter in speziellen Drüsen Milch her, die den Kindern in einem komplexen wechselseitigen Geflecht von Verhaltensbereitschaften aktiv zur Verfügung gestellt wird. Im engeren Sinne gehört der Mensch als Mitglied der Ordnung der Primaten zu den höheren Säuretieren, den Plazentatieren. Sie werden auch als »echte Säugetiere« bezeichnet. Deren gemeinsames Merkmal ist die Plazenta, ein Organ, das sich im Zuge der Schwangerschaft aus Teilen des Keims und der mütterlichen Uterusschleimhaut zu einer außerordentlich leistungsfähigen Verbindung zwischen der Mutter und dem Embryo entwickelt. Über dieses Organ werden dem Embryo alle Energie- und Nährstoffe, Sauerstoff und alle sonstigen erforderlichen Vitalstoffe zugeführt, die er für seine Entwicklung und zum Leben im Mutterleib benötigt. Auf diese Weise ist es den hoch entwickelten Säugetieren und mit ihnen dem Menschen gelungen, dass die Jungen beziehungsweise die Kinder in einem sehr viel weiter entwickelten Stadium geboren werden, als das zum Beispiel bei den Beuteltieren der Fall ist, die ja auch zu den Säuretieren gehören. Nun gut, die Plazenta ist nun für Sie und Ihr Baby Geschichte. Ihr Kind ist abgenabelt, die Plazenta überflüssig und als sogenannte Nachgeburt inzwischen auch schon abgestoßen. Nun hängt unter natürlichen Umständen das weitere Gedeihen Ihres Kindes davon ab, dass Sie es säugen. Deshalb heißt es ab jetzt auch Säugling. Das ist ein ziemlich komplexer Vorgang, an dem sowohl die Mutter als auch der Säugling aktiv beteiligt sind. In der Regel klappt das ganz automatisch. Eine ganze Reihe von Vorerfahrungen des Babys aus seiner Zeit im Mutterleib und Reflexen sorgen dafür, dass Sie und Ihr Baby zusammenkommen, Ihr Kind den Weg zu ihrer Brust findet und sie annimmt. Dieses Stillen ist ein ganz elementarer Vorgang, der vordergründig die Versorgung des Babys sicherstellt. Tatsächlich knüpft sich an diesen Vorgang, ohne den ein Säugling (!) unter natürlichen Bedingungen keine Überlebenschance hat, quasi für »umsonst«, ohne Mehraufwand, eine ganze Reihe zusätzlicher Prozesse, die für die weitere Entwicklung des Menschen außerordentlich wichtig sind. Besonders mit Blick auf seine spätere emotionale und soziale »Fitness«. Die Weltgesundheitsorganisation, WHO, bringt die Bedeutung der Brusternährung auf den Punkt: »Stillen ist ein wesentlicher Bestandteil des Fortpflanzungsprozesses, die natürliche und optimale Art, einen Säugling zu ernähren, und eine einzigartige biologische und emotionale Basis für die Entwicklung des Kindes.«

Der Mensch ist das einzige Säugetier, das in der Lage ist, diesen elementaren Vorgang zu substituieren. Das Baby kann auch dann überleben, wenn es künstlich ernährt wird. Mit sogenannter Muttermilchersatznahrung oder künstlicher Säuglingsnahrung. Ein Segen für die Mütter, die aus körperlichen oder gesundheitlichen Gründen nicht in der Lage sind, ihr Baby zu stillen. Das betrifft rund zwei Prozent der Frauen. Für alle anderen Mütter ist eine künstliche Ernährung ihres Babys nicht erforderlich. Dennoch treffen Frauen, die stillen könnten, die Entscheidung, dies nicht zu tun. Manche aus Sorge, sie könnten ihre Figur ruinieren, manche aus beruflichen Gründen. Andere finden es einfach bequemer, mit der Flasche zu füttern. Der Anteil dieser gesunden stillfähigen Frauen beträgt etwa zwanzig Prozent. Diese Entscheidung ist sehr weitreichend und beeinflusst die weitere Entwicklung des Kindes nachhaltig. Eine Entscheidung für eine nicht artgerechte Ernährung eines Säuglings greift tief in grundlegende Prozesse der Persönlichkeitsentwicklung ein. Laut Schätzungen der WHO sterben jährlich mehr als 1,5 Millionen Säuglinge, weil sie nicht gestillt werden. Aus Sorge um diese Kinder verabschiedete die WHO schon im Jahre 1981 einen internationalen Kodex zur Förderung des Stillens. Dieser Kodex ist ein Verhaltenskodex und kein Verkaufsverbot von Muttermilchersatznahrung. Allerdings sieht er eine rigide Einschränkung der Werbung für solche Produkte vor. Besonders in Krankenhäusern und Gesundheitszentren darf für diese Produkte nicht mehr geworben werden. Es dürfen keine kostenlosen Proben abgegeben werden. In Deutschland ist seit 1994 das Säuglingsnahrungswerbegesetz (SNWG) in Kraft. Darin heißt es: »Es ist verboten, Werbung für Säuglingsanfangsnahrung oder Folgenahrung zu betreiben, die darauf gerichtet ist, vom Stillen abzuhalten; die andere als sachbezogene und wissenschaftliche Informationen enthält; diese dürfen nicht den Eindruck erwecken oder darauf hindeuten, dass Flaschennahrung der Muttermilch gleichwertig oder überlegen ist.«

Muttermilch ist die natürliche und beste Nahrung für einen Säugling! Die mit dem Stillen verbundene Zuwendung der Mutter zum Kind, ihre intensive Präsenz befriedigt das Bedürfnis der Kinder nach Nahrung und Nähe zur Mutter gleichermaßen. Der so eingeleitete und unterhaltene Bindungsprozess ist die Voraussetzung für eine erfolgreiche Entwicklung des Kindes in eine gesunde und glückliche Zukunft. Die WHO empfiehlt daher, dass Babys während der ersten sechs Monate ausschließlich gestillt werden sollten. Das beinhaltet, dass Babys außer Muttermilch keine andere zusätzliche Nahrung oder Flüssigkeiten gegeben werden sollten. Also auch kein Wasser und kein Tee. Wenn nach sechs Monaten hinzugefüttert wird, was nicht unbedingt erforderlich ist, sollte mindestens bis zum zweiten Geburtstag weiterhin gestillt werden. Längere Stillzeiten sind nichts Unnatürliches, solange das Bedürfnis danach bei Mutter und Kind vorhanden ist. Überlässt man den Zeitpunkt des Abstillens dem Kind, tut es das natürlicherweise in einem Alter zwischen fünf und sieben Jahren. Im weltweiten Durchschnitt werden Kinder etwas länger als vier Jahre gestillt. In Deutschland beträgt die durchschnittliche Stilldauer etwas weniger als sieben Monate. Nur etwa neun Prozent der Mütter stillen länger als zwölf Monate.

Was immer Sie tun, lassen Sie sich nicht verunsichern. In der Muttermilch ist alles enthalten, was Ihr Baby benötigt. Auch im Sommer, wenn es draußen heiß ist, brauchen Sie keine zusätzliche Flüssigkeit zu verabreichen. Die Muttermilch stillt nicht nur den Hunger, sondern löscht auch den Durst. »All inclusive!« Auch Schwankungen in den Abständen zwischen den Stillphasen sind kein Grund zur Verunsicherung. Das ist völlig normal. So geben kürzer werdende Abstände einen Hinweis auf einen Wachstums- und Entwicklungsschub des Babys und nicht darauf, dass die Milch nicht mehr ausreicht. Eine Hauptsorge der Mutter gilt häufig der Frage: »Bekommt mein Baby auch genug? Nimmt es ausreichend an Gewicht zu?« Vorsicht ist bei jedem Vergleich mit sogenannten »Normalverläufen« geboten, die auch auf Messungen von künstlich gefütterten Babys beruhen. Eine geringfügige Abnahme des Babys in den ersten Tagen nach der Geburt ist völlig normal. Das kann bis zu zehn Prozent des Geburtsgewichts ausmachen. Das ist zu erwarten. Das Baby muss abwarten, bis bei der Mutter die Milch einschießt. In dieser Zeit reicht die Vormilch (Kolostrum) der Mutter völlig aus. Darauf ist es vorbereitet. Es hat noch im Mutterleib genug Fettreserven angelegt, um diese Zeit zu überbrücken. Wenn dann die Milch angekommen ist, kann's losgehen. Auch jetzt gilt: Immer cool bleiben. Es gibt keine verbindlichen Zuwachsraten. Also bitte nicht schon jetzt sagen: »Die Brust muss leer getrunken werden, damit du groß und stark wirst.« Das macht das Baby von ganz alleine. Es weiß, wann es Hunger hat und wann es satt ist. Es holt sich das, was es braucht. Sie sind einfach immer da. Service all around the clock! Schwankungen bei der Gewichtszunahme sind natürlich und zu erwarten, da das Baby Phasen von Wachstums- und Entwicklungsschüben durchlebt, in denen es sich dann nach Bedarf bei Ihnen bedienen darf. Nur abnehmen sollte das Baby jetzt nicht mehr. Die wöchentliche Gewichtszunahme während des Stillens liegt in einem Bereich zwischen 100 und 250 Gramm.

Aber die Muttermilch macht die Babys nicht nur groß und schwer, sondern auch fit, widerstandsfähig und gesund. Die Brust-ernährung ist die Eintrittskarte in eine gute und gesunde körperliche und psychische Entwicklung des Kindes. Schon die Vormilch der ersten Tage verleiht dem Baby vom ersten Tag an einen Schutz-schild gegen Infektionen. Mit der Vormilch erhält das Baby alle mütterlichen Antikörper in höchster Konzentration verabreicht. So sind gestillte Babys weniger häufig krank als künstlich ernährte Säuglinge. Dazu trägt auch eine durch die Antikörper bedingte ge-sunde Darmflora bei. Darüber hinaus enthält die Muttermilch freie Aminosäuren wie das Taurin, das bei der Entwicklung des Gehirns eine wichtige Rolle spielt. Taurin muss das Baby über die Mutter-milch zusätzlich aufnehmen, weil es diese Aminosäure selbst nicht in ausreichendem Maße herstellen kann. Mit der Muttermilch nimmt das Baby außerdem weiße Blutkörperchen der Mutter auf, die die Abwehrkräfte des Säuglings stärken. Die Vormilch erleich-tert die Umstellung der Ernährung des Babys von Plazentaversor-gung auf Brustversorgung. Sie ist gut verdaulich, ohne den Verdau-ungstrakt zu sehr zu belasten, der sich jetzt auf die Aufnahme und

Verdauung von Nahrung vorbereiten muss. So begünstigt die Vormilch, die ja nur in sehr geringen Mengen aufgenommen wird, das Ausscheiden des sogenannten Kindspechs, was einer Gelbsucht vorbeugt. Diese frühzeitige sanfte »Impfung« mit der Vormilch senkt das Risiko erheblich ab, dass das Kind Allergien entwickelt. Gestillte Kinder erliegen weitaus seltener dem plötzlichen Kindstod und erkranken seltener an Glutenunverträglichkeit (Zöliakie) und Diabetes. Beides echte Volkserkrankungen mit hohem allgemeinem Gefährdungsgrad. Außerdem schützt Stillen vor Übergewicht im Kindesalter und darüber hinaus. Daher gibt es einen Zusammenhang zwischen der Dauer der Brusternährung und der Wahrscheinlichkeit, an Übergewicht zu erkranken. Je länger die Babys voll gestillt werden, umso geringer die Wahrscheinlichkeit.

Aber auch für die Mutter »lohnt« sich das Stillen. Beim Stillen wird im Körper der Mutter das Hormon Ocytocin ausgeschüttet. Dieses Hormon führt dazu, dass sich die Mutter wohlfühlt, und fördert so die Bindung zwischen ihr und dem Baby nachhaltig. Ganz nebenbei unterstützt dieses Hormon die Rückbildung der Gebärmutter. Außerdem stellt Stillen eine wirksame Vorsorge gegen Brustkrebs und Osteoporose dar. Auch hier gibt es einen Zusammenhang zwischen der Dauer des Stillens und der Absenkung des Erkrankungsrisikos. Je länger die Mutter stillt, umso geringer das Risiko.

Wenn Sie so wollen, ist Stillen also eine einfache und natürliche Form von Erziehung, wenn wir akzeptieren, dass Erziehung die Gestaltung von Räumen für eine Selbstbildung der Persönlichkeit Ihres Kindes ist. Bei der Frage: Stillen oder nicht Stillen, nehmen Sie ganz entscheidenden Einfluss auf die Entwicklung Ihres Kindes. So groß wird der Einfluss später nie mehr sein. Bestimmte nachhaltige Persönlichkeitsmerkmale, die zum Beispiel auf eine unzureichende Bindungsfähigkeit zurückzuführen sind, werden sich später Ihren Erziehungsbemühungen ganz oder teilweise entziehen. Jetzt im ersten Lebensjahr Ihres Kindes stellen Sie die Weichen. Jetzt entwickelt sich das Fundament, auf dem die weitere Entwicklung des Kindes beruhen wird.

Idealerweise erhält Ihr Baby ab dem sechsten bis siebten Lebensmonat zusätzlich zur Brusternährung als Ergänzung eine Beikost, die im Wesentlichen aus Brei besteht. Diese Beikost soll auf die Umstellung auf festere Nahrung vorbereiten und einen zusätzlichen Bedarf an Nähr- und Mineralstoffen abdecken. Ein optimaler Babybrei enthält ausreichend Fett, Eisen, Vitamin C, Kohlenhydrate und Ballaststoffe. Die zahlreichen Geschmacksvarianten bieten dem Baby einen Einstieg in die Welt der kulinarischen Genüsse. Besonders dann, wenn sich die Mutter dafür entscheidet, ganz auf diese Breikost umzustellen und ihr Baby abzustillen, ist zu bedenken, dass Säuglinge wegen ihres Wachstums sehr viel mehr Energie pro Kilogramm Körpergewicht verbrauchen als Erwachsene. Daher sollte der Fettanteil ihrer Nahrung bis zu fünfzig Prozent betragen. Auch der Eiweißbedarf ist höher als bei Erwachsenen. Nicht jedoch der Zuckerbedarf. Es ist die Zeit, in der das Baby die ersten Zähne bekommt. Besser gesagt, in der die ersten Zähne durchbrechen. Das geschieht im Alter zwischen sechs und zehn Monaten. Zunächst erscheinen die Schneidezähne im Unterkiefer und dann die im Oberkiefer. In der ersten Hälfte des zweiten Lebensjahres kommen dann die ersten Mahlzähne dazu, gefolgt von den Eckzähnen in der zweiten Hälfte des zweiten Lebensjahres. Im Laufe des dritten Lebensjahres treten dann die zweiten Mahlzähne auf den Plan. Das heißt, in der Zeit, in der Sie dem Baby Breikost verabreichen, verfügt es schon über die ersten und zweiten Schneidezähne und vielleicht auch schon den ersten Mahlzahn. Es steigt der Bedarf an festerer Konsistenz. Für eine gute Entwicklung des Gebisses ist es wichtig, dass die Zähnchen etwas zu beißen haben. Und zwar nicht nur einen Beißring, der allerdings sehr hilfreich sein kann. Vor allem dann, wenn das Baby unter dem Zahnen zu leiden hat. Verwenden Sie schadstofffreie Beißringe, die Sie im Kühlschrank (nicht im Gefrierfach) aufbewahren. Die Kühlung verschafft dem Baby Linderung, die Blutgefäße ziehen sich zusammen, der Schmerz lässt nach. Neben dem Kauen ist eine ausgewogene Ernährung für die Entwicklung gesunder und widerstandsfähiger Zähne ganz wichtig. Für die Entwicklung eines gesunden Kiefers und Gebisses benötigt das Baby eine ausreichende Versorgung mit Calcium und Vitamin D. Außerdem muss ausreichend Fluor in der Nahrung enthalten sein. Dieses Spurenelement härtet den Zahnschmelz und erhöht die Widerstandsfähigkeit der Zähne gegenüber Kariesbakterien und Säuren. Eine ausgewogene Ernährung sichert in der Regel diesen Bedarf ab. Um ganz sicherzugehen, empfiehlt sich bei Säuglingen im ersten Lebensjahr eine zusätzlich Prophylaxe mit Vitamin D und Fluor.

Spätestens jetzt werden Sie sich der Frage stellen: Babykost aus dem Gläschen vom Supermarkt oder selbst gemacht? Für manche eine Frage der Bequemlichkeit, für andere eine Frage der Ideologie. Was ist besser? Wie mache ich es richtig? Was ist am praktischsten für mich? Solche und ähnliche Fragen sind rauf und runter diskutiert worden. Am Ende entscheiden Sie. Tatsache ist, dass Babygerichte aus der industriellen Fertigung auf den ersten Blick zwei unschlagbare Vorteile haben: Sie sind schnell angerichtet und im Glas auf Vorrat lange haltbar. Die Auflagen für Hersteller von Babykost sind hoch und werden in der Regel eingehalten. Dazu zählen vor allem Hygienevorschriften. Babygerichte aus industrieller Fertigung, ob mit oder ohne Biosiegel, sind in aller Regel keimfrei, eine wichtige Bedingung für eine gesunde Ernährung Ihres Babys. Das Resümee: Babynahrung aus dem Supermarkt ist ungefährlich. Aber ist sie auch gut und ausreichend? Ein Preis für die keimfreie Herstellung ist der Vitaminmangel durch intensives Erhitzen. Außerdem ist der Fettanteil in Brei aus dem Glas oft zu gering. Das Baby wird nicht satt. Mit acht Gramm Fett pro Mahlzeit wären Sie auf der sicheren Seite. Manche Gläschen enthalten aber nur wenig mehr als ein Gramm Fett. Fertiggerichte für Babys enthalten zudem oft zu wenig Eisen und Vitamin C. In der Regel sind Babygerichte aus industrieller Fertigung also für eine ausschließliche Ernährung ungeeignet, weil unvollständig.

Dann doch lieber selber machen? Für eine gesunde, ausreichende und vollwertige Ernährung mit Beikost bedarf es nicht viel. Sie ist viel einfacher, als viele glauben. Die einzige wirklich nützliche Investition ist die Anschaffung eines Pürierstabes, der eigentlich in jede Küche gehört. Auch in eine ohne Baby. Oder wie machen Sie Ihre Brokkolicremesuppe? Frisches Gemüse wird geputzt, gewaschen, gekocht und zerkleinert. Die Garzeiten sind relativ kurz. Blumenkohl und Brokkoli: weniger als zehn Minuten; Möhren: weniger als fünfzehn Minuten; Kartoffeln: weniger als zwanzig Minuten. Dann Abgießen und Pürieren. Fertig! Jetzt noch etwas Butter unterpürieren. Das macht jede Mahlzeit zu einem vollwertigen Genuss. Zwei Teelöffel reichen als Tagesration völlig aus. Anstatt der Butter können Sie natürlich auch Rapsöl oder Kürbiskernöl verwenden. Vermeiden Sie sogenannte Trans-Fettsäuren. Aber das tun Sie vermutlich ohnehin bereits, denn die lauern in vielen Fast-Food-Produkten, in fetten Brotaufstrichen, frittierten Produkten, Snacks und ähnlichen Leckereien. Diesen Trans-Fettsäuren werden nachteilige Wirkungen auf die Fettwerte im Blut nachgesagt und sie sollen das Risiko der Entwicklung einer Herz-Kreislauf-Erkrankung erhöhen. Simple Kreationen sind der Renner. Da kann das Baby die verschiedenen Geschmacksrichtungen erfahren und unterscheiden lernen. Ein guter Anfang sind Möhren pur. Ihr Baby wird sie lieben. Später kann man Kartoffeln und anderes Gemüse einzeln oder auch gemischt anbieten. Ist das Baby an die Beikost gewöhnt, kommt auch Fleisch dazu. Natürlich wieder schön püriert! Von einer rein veganen und vegetarischen Ernährung Ihres Babys ist abzuraten. Fleisch enthält hochwertige Eiweiße und Vitamine sowie Eisen. Fleisch, egal von welchem Tier, sollte mehrmals wöchentlich in keinem Brei fehlen. Fettfrei und gut durchgegart sollte es sein. Dreißig Gramm Fleisch pro Tag sind eine optimale Ration. Obst kann von Anfang an dabei sein. Ab dem sechsten bis siebten Monat alleine oder unter den Gemüsebrei püriert. Einhundert Gramm sind für einen Säugling die ausreichende Tagesration. Das entspricht einem bis zwei Stückchen Obst.

Der angeblich hohe Zeitaufwand für die Zubereitung von selbst gemachtem Brei ist ein Mythos. Eigentlich geht es schnell. Aber Zeit sollte keine Rolle spielen. Denn der Aufwand dient nicht nur der Ernährung Ihres Babys. Sie treffen damit eine umfassende Vorsorge für eine gesunde Entwicklung Ihres Kindes. Da sollte es auf ein paar Minuten nicht ankommen, oder? Wichtig ist, dass Sie immer frische Produkte verwenden, keinen Brei auf Vorrat kochen, aufbewahren und wieder aufwärmen. Das begünstigt eine Verkeimung der Speisen und birgt so erhebliche Gesundheitsrisiken für das Baby. Wenn Sie zum Beispiel einmal unerwartet mit dem Baby verreisen müssen und die Umstände es nicht erlauben, dass Sie den Brei selbst herstellen, nehmen Sie einfache Babymenüs im Gläschen aus dem Lebensmittelgeschäft Ihrer Wahl mit und peppen Sie diese mit Fett und Vitaminen auf. Damit lassen sich solche Situationen stressfrei und ohne schlechtes Gewissen ganz gut überbrücken. Abgesehen davon ist industriell gefertigte Babynahrung eigentlich überflüssig. Lassen Sie sich bloß nicht einreden, Babynahrung aus dem Gläschen sei gesünder oder vollwertiger als die von Ihnen selbst gemachte. Lassen Sie bei der Zubereitung Ihrer Fantasie freien Lauf. Auf einige Zutaten sollten Sie dabei jedoch auf jeden Fall verzichten: Salz, Zwiebeln, Kräuter und Gewürze sind überflüssig. Natürlich verwenden Sie keinen Zucker. Sie mischen auch keine Kuhmilch, keinen Käse, keinen Joghurt unter den Brei. Vollkornprodukte und Nüsse gehören jetzt ebenfalls noch nicht auf den Speisenplan. Der Verzehr von Nüssen kann die Entwicklung von Allergien begünstigen. Daher sollten Sie Ihren Kindern Nüsse bis zum Ende des zweiten Lebensjahres vorenthalten. Ihr Baby wird sie nicht vermissen. Das Gleiche gilt für Eier. Wegen der Gefahr einer Salmonelleninfektion verbietet sich eine Verabreichung von rohen Eiern von selbst. Fisch und Meeresfrüchte haben in Babybrei nichts verloren. Sie sind zwar wertvolle Jod- und Eiweißlieferanten, können aber Allergien auslösen und gehören daher erst ab dem zweiten Lebensjahr auf den Speisenplan.

Irgendwann, vielleicht schon zu Beginn des zweiten Lebensjahres werden Sie bemerken, dass sich Ihr Kind zunehmend für das zu interessieren beginnt, was die Erwachsenen essen. Sein Interesse wird umso größer sein, je größer seine Erfahrung mit den verschiedenen Breisorten gewesen ist. Langsam ist jetzt die Umstellung auf die Erwachsenenkost abgeschlossen. Was nun?

Mit etwas Glück und Ihrem Zutun hat Ihr Kind jetzt die besten Voraussetzungen für einen Eintritt in die Kultur des Essens entwickelt. Was es jetzt braucht, sind weiterhin gute Angebote und Erfahrungen auf diesem Gebiet. Also Erziehung in allen Belangen des Essens und Trinkens. Durch eine fantasievolle Ansprache all seiner Sinne und Ihre Vorbildfunktion können Sie die Entwicklung Ihres Kindes in eine reichhaltige und spannende Esskultur lenken. Sie bereichern das Leben Ihres Kindes und dessen Zukunft, wenn Sie schon früh beginnen, Essen als Erlebnis, als eine Bereicherung des Lebens zu vermitteln. Es müssen dazu nicht jeden Tag Ausflüge in die kulinarische Hochkultur unternommen werden. Aufgeklärte Ernährung und selbstbestimmtes Essen als Erziehungs- und Bildungsziel.

Ihre Aufgabe ist es natürlich auch weiterhin, die Nahrungsmittel bereitzustellen. Sie behalten Ihre Rolle als Bindeglied zwischen den guten Nahrungsressourcen und Ihrem Kind. Sie achten auf eine ausreichende Versorgung mit Nähr-, Energie- und Ballaststoffen. Sie setzen Ihrem Kind nicht bloß irgendetwas vor. Sie nehmen es mit in die große und bunte Welt des Essens, vom Einkauf bis zum Abwasch. Damit bieten Sie Ihrem Kind einen reichen Erfahrungsraum zur Entwicklung all seiner Sinne, seines Sehens, Fühlens, Riechens, Schmeckens und Hörens. Sie sagen Ihrem Kind nicht, es solle etwas aufessen. Sie fragen Ihr Kind, ob es schmeckt. Sie bieten Varianten an. Sie fördern so die Kritikfähigkeit Ihres Kindes. Geschmack ist eine mächtige Kategorie bei der Entwicklung des menschlichen Belohnungssystems. Genuss als Lohn der Mühe.

Zum Essen gehört Vorbereitung. Dazu braucht man Kenntnisse und Erfahrungen. Dadurch, dass Sie Ihrem Kind ganz selbstverständlich vorleben, dass Sie sich für das Essen und alles, was mit seiner Vorbereitung zu tun hat, Zeit nehmen, machen Sie ihm ein außerordentlich großes Geschenk. Sie bieten Ihm die Chance, zu erfahren, dass es sich lohnt, auf die Belohnung, den Moment des Genusses, zu warten. Darauf hinzuarbeiten. Sich der Mühe der Vorbereitung zu unterziehen. Eine Fähigkeit, die ihm nicht nur bei der Nahrungszubereitung und dem Essen von Nutzen sein wird. Eine gut entwickelte Impulskontrolle ist die Eintrittskarte in eine hoch entwickelte soziale Kompetenz. Ein hohes allgemeines Erziehungsziel. Auf dem Feld der Esskultur lässt sich das schon früh üben. Der Übergang von einer ungesteuerten reflexhaften Gier nach augenblicklicher Befriedigung des Hungers zu einem kontrollierten, zielorientierten Aufwand. Diente das augenblickliche Stillen des Hungers und aller anderen Bedürfnisse Ihres Babys auch der Entwicklung eines gesunden Urvertrauens als Voraussetzung für eine gute Vertrauensfähigkeit, muss das Kind jetzt zunehmend lernen, akute Bedürfnisse zu beherrschen, seine Befriedigung zu kultivieren. Die Art und Weise sowie das Ausmaß, in dem ihm dies gelingt, sind ganz entscheidend für seine spätere soziale Kompetenz. Später, wenn Ihr Baby längst groß geworden und in die Pubertät gekommen ist, beruht auch die Entwicklung eines erfolgreichen Sexualverhaltens auf dieser Grundlage.

Alles, was wir schnell und hastig erledigen, hat nichts mit Genuss zu tun. Durch Ihren sorgsamen Umgang mit den Ausgangsprodukten und bei der Zubereitung der Speisen signalisieren Sie Ihren Kindern die Bedeutung des Essens. Kinder können schon sehr früh lernen, woraus ihre Nahrung besteht. Vom Getreide zum Brot. Sie lassen sie mitmachen. Beim Einkaufen und in der Küche. Irgendetwas gibt es immer zu tun. Für jedes Alter. Nicht nur in der Weihnachtsbäckerei. Kochen ist kreativ. Kochen fördert die Fantasie: Was ist, wenn ich anstatt Pfeffer den Chili nehme? Mal ausprobieren! Kochen ist ein ganzes Universum voll sinnlicher Erfahrungen. Eine Welt voller Geheimnisse und Überraschungen. Ein Paradies für Kinder. Sich mit den Nahrungsprodukten und deren Zubereitung zu beschäftigen heißt die Welt entdecken. Und das tun Kinder am liebsten.

Kochen Sie für Ihre Kinder und mit Ihren Kindern gegen den Einheitsgeschmack der Lebensmittelindustrie an. Natürlich ist die Zeit manchmal knapp. Vielleicht zu knapp für eine selbst gemachte Mahlzeit. Spezielle Fertigprodukte sind schnell zur Hand. Das Essen ist rasch erledigt. Aber solche Mahlzeiten sind minderwertiger als selbst gemachtes Essen. Natürlich sollten Sie auch mal »sündigen« dürfen. Kontrastverstärkung! Pommes sind ja nicht per se schlecht. Meist nur schlecht gemacht. In ekligem Fett, aber eben verdammt lecker unter all dem Ketchup und der fetten Mayonnaise. Ab und zu ist dagegen nichts einzuwenden. Nur sollten die Ausflüge in das kulinarische Parterre nicht zu oft unternommen werden.

Der Nährwert von industriell gefertigten sogenannten Kinderlebensmitteln ist im Vergleich zu gesunder Alltagskost für Kinder in der Regel miserabel. Kinder brauchen keine Extrawürste. Fertiggerichte für Kinder sind eigentlich überflüssig. Vielmehr kann man sie als Angriff auf die Esskultur verstehen. Ein Bereitstellen von Fertignahrung suggeriert den Kindern früh, dass Essen mühelos zu haben ist. Immer schnell und sofort. Ein Depp, wer Aufheben darum macht. Wer so seine frühen Erfahrungen sammelt, wird auch später solchen Produkten treu bleiben. Die Kindergehirne entwickeln sich nach den Vorgaben eines industriellen Einheitsgeschmacks.

Die Lebensmittelindustrie ist eine Schlüsselindustrie. Sie repräsentiert den viertgrößten Industriezweig in Deutschland. Niemand erwartet, dass eine so mächtige Industrie aus reiner Nächstenliebe handelt. Die Produktion und der Vertrieb von Nahrungsmitteln sind ein riesiges Geschäft. Der Umsatz der Branche betrug im Jahre 2008 ungefähr 155 Milliarden Euro. Das sind sechs Prozent des Bruttoinlandsproduktes. In den 6.000 Betrieben der Ernährungsindustrie arbeiten mehr als 500.000 Menschen. Es geht um Einflussnahme auf den Verbraucher. Kinder sind ein echter Wachstumsmarkt. Sie müssen ja schließlich essen, damit sie groß und stark werden. Und sie sollen essen, damit die Hersteller industrieller Lebensmittel groß und stark werden. Rund 2,6 Millionen Kinder werden in Kindertagesstätten täglich mit Essen versorgt. Bundesweit gibt es 25.000 größere Kindertagesstätten und Kindergärten.

Im Jahre 2009 hat das Bundesverbraucherministerium Leitlinien für die Ernährung von Kindern in Kitas veröffentlicht. Darin heißt es in einem Geleitwort der zuständigen Ministerin: »In der Kindheit erlerntes richtiges Ernährungs- und Bewegungsverhalten trägt zu einem guten Gesundheitszustand im ganzen künftigen Leben bei.« Besser kann man es nicht zusammenfassen. Die Frage ist nur, was ist ein »richtiges« Ernährungsverhalten? Hier hat der Spitzenverband der Lebensmittelwirtschaft verständlicherweise seine eigenen Vorstellungen. Die hat er dann auch in diese Leitlinien einbringen dürfen. Einen kleinen Einblick in das Gezerre um die Geschmacksknospen unserer Kinder vermittelt die nachfolgende Pressemitteilung.

Hilfe von der Lobby

Bei der Zusammenstellung neuer Qualitätsstandards für die Verpflegung in Kindertagesstätten, die Bundesernährungsministerin Ilse Aigner Ende April vorstellte, hat die Lebensmittelindustrie kräftig nachgeholfen. In einem internen Rundschreiben vom 29. April berichtet der Spitzenverband der Lebensmittelwirtschaft (BLL), wie er im Gespräch mit Experten des Ministeriums sowie der Deutschen Gesellschaft für Ernährung (DGE) »zahlreiche Inhalte richtigstellen bzw. verbessern« konnte. So sei es gelungen, die vorgesehene Ausgrenzung von Schmelzkäse und Mayonnaise, Geschmacksverstärkern, künstlichen Aromen und Süßstoffen wieder streichen zu lassen. Als »ideologisch und erzieherisch« kritisiert der BLL zudem die Aussagen, von der die DGE nicht abrückte: »Kinderlebensmittel und Süßigkeiten gehören nicht in die Brotdose.« In der Ernährungspsychologie sei anerkannt, dass Verbote einzelner Produkte kontraproduktiv seien, argumentiert der BLL, dessen Präsident Theo Spettmann für Südzucker arbeitet. Die DGE, die die Kriterien im Regierungsauftrag erarbeitet hatte, begründet die Anhörung des BLL damit, die »Gegebenheiten des Marktes und das Verbraucherverhalten in unsere Überlegungen einzubeziehen«. Thilo Bode von der Verbraucherorganisation Foodwatch kritisiert dagegen: »Ministerin Aigner brüstet sich, für gesunde Ernährung in Kitas zu sorgen – tatsächlich schützt sie die Profitinteressen der Nahrungsmittelindustrie auf Kosten der Kleinsten.«

(DER SPIEGEL 23/2009)

Die Hersteller von sogenannten »Kinderfertigprodukten« machen auf ihren Etiketten oft Versprechungen, die einer näheren Prüfung nicht standhalten. Aus einem Gemisch von Imitaten, Aromen und bunter Werbung versuchen Teile der Lebensmittelindustrie unsere Kinder in eine Welt von Geschmacksillusionen zu entführen. Hochwertige Rohstoffe und frische Zutaten sind teuer. Industriell verarbeitete Lebensmittel, die sogenannten Convenience-Produkte, werden daher häufig aus billigen Rohstoffen erzeugt und dann mit Aromen und Geschmacksverstärkern aufgepeppt. Das senkt die Herstellungskosten. Das Ergebnis ist ein Massenprodukt. Der Anteil der Aromenindustrie am Gesamtumsatz der Lebensmittelindustrie beträgt mit zehn Milliarden Euro etwa sieben Prozent. Aromastoffe simulieren den natürlichen Geschmack von echten Früchten oder anderen Nahrungsbestandteilen. Wenn auf einem Joghurtbecher mit Bildern von dicken, roten Erdbeeren mit dem »natürlichen Aroma der Erdbeere« geworben wird, sollten Sie bei Ihrer Kaufentscheidung berücksichtigen, dass »natürlich« nicht bedeuten muss, dass der Geschmack durch Aromen erzeugt wird, die aus Erdbeeren gewonnen werden. Natürliche Aromen werden industriell aus natürlichen Grundstoffen hergestellt. So kann der Erdbeergeschmack aus dem Joghurtbecher mit den vielen Erdbeerbildern ohne Erdbeerfrüchte aus Abfallholz erzeugt worden sein. Holz ist ein natürlicher Rohstoff. Alles völlig legal. Nur das Kind hat nichts gemerkt. Es sieht die Bilder, spürt den Geschmack und ist ein neuer Fan von fruchtlosen Kinderjoghurts. In der Regel werden die Aromen in hohen Dosen zugesetzt. Die Konzentrationen können das Fünfhundertfache der natürlichen Konzentration erreichen. Diese Überdosierung führt häufig dazu, dass vielen Kindern beim Verzehr der natürlichen Lebensmittelvarianten schlecht wird. Auf die scheinbar unerschöpfliche »Fantasie« der Lebensmittelindustrie soll hier nicht weiter eingegangen werden. Dazu finden Sie zahlreiche Informationen auf dem Buchmarkt und im Internet.

Lassen Sie sich nicht entmündigen. Machen Sie sich Ihr eigenes Bild. Prüfen Sie genau die Etiketten. Wenn Sie einmal zur Not Fertignahrung brauchen, versuchen Sie, ein Produkt zu finden, das nicht mehr als fünf Zutaten hat. Dann sind Sie auf sicherem Gelände. Viel Erfolg bei der Suche. Sie bestimmen, was Ihre Kinder essen. Die Folgen einer ungesunden Ernährung haben Ihre Kinder und Sie zu tragen.

Jedes fünfte Kind in Deutschland leidet unter Fettleibigkeit. Übergewicht ist eine Ursache für schwerste Folgeerkrankungen, wie Herz-Kreislauf-Erkrankungen und Diabetes. Als Hauptursache gelten falsche Ernährung und Bewegungsarmut. Viele Eltern erliegen den Versprechungen der Werbung und ernähren ihre Kinder mit speziellen Kinderprodukten in der Annahme, sie so am besten zu versorgen. Ein großer Irrtum. Gerade in den zahlreichen bunten sogenannten Kinderlebensmitteln verbergen sich allzu oft die Übeltäter in Form von zu viel Fett, Zucker und Kalorien. Unter dem Strich sind normale selbst gekochte Speisen besser und gesünder als industriell gefertigte Kindernahrung.

Die Richtschnur für eine gute Ernährung Ihrer Kinder ist eine gesunde Mischkost. Sie basiert auf wenig Zucker, Süßem und Fett, mäßigen Mengen an Milch, Milchprodukten, Fisch, Fleisch und Eiern, aber reichlich Gemüse, Obst und Getreide. Nehmen Sie einmal Ihre Küchenwaage und wiegen darauf fünfundzwanzig Gramm Zucker ab. Dieses kleine Häufchen ist die empfohlene Tagesdosis für ein Grundschulkind. Nun schauen Sie mal auf die Etiketten der Fertigprodukte für Kinder, wie Cerealien und irgendwelcher Kinderjoghurts. Schnell kommen bei einem vorwiegenden Konsum von Fertigprodukten für das Kind 125 Gramm Zucker und mehr pro Tag zusammen. Fazit: Nur wenige der sogenannten Kinderprodukte sind für Kinder wirklich geeignet.

Eine gute Adresse für praktische Informationen zur richtigen Kinderernährung ist das »Forschungsinstitut für Kinderernährung« (FKE) in Dortmund. Dort stehen Ihnen viele nützliche Tipps rund um die Ernährung von Säuglingen und Kindern zur Verfügung. Gute praktische Tipps und Rezepte rund um eine kindgerechte Ernährung finden Sie zum Beispiel in »Familie in Form«, einem Kochbuch von Dagmar von Cramm (Stiftung Warentest, 2. Auflage, 2009), und zahlreichen weiteren Publikationen.

Was immer Sie tun, versuchen Sie nach Möglichkeit, die Vorlieben Ihres Kindes zu berücksichtigen. Bieten Sie Alternativen an. Die Akzeptanz einer natürlichen und gesunden Ernährung entwickelt sich nicht unter Zwang. Was nützt es Ihnen und dem Kind, wenn das Brot für die Schulpause im Mülleimer landet? Zu einer gesunden Mischkost führen viele Wege. Lassen Sie Ihrer Fantasie freien Lauf. Wichtig ist nur, was unter dem Strich herauskommt.

Essen ist eine heilige Sache. Das tut man nicht mal so nebenbei. Erwachsene, die auf der Straße »beiläufig« ein Sandwich verdrücken, sind schlechte Vorbilder. Essen ist keine Nebenbeschäftigung, keine lästige Zeitverschwendung. Da tut man nicht gleichzeitig noch etwas anderes. Zum Beispiel Zeitung lesen. Zugegeben eine verzeihliche Sünde, wenn man alleine frühstückt. Aber der Vater hinter der Zeitung und der Rest der Familie oder das Kind alleine für sich am Tisch. Das geht gar nicht. Essen vor dem Fernseher ist eigentlich nur in Notfällen zulässig. Dazu zählen Fußballübertragungen. In der Regel gilt: Alleine vor dem Fernsehen Essen in sich reinstopfen macht extra dick. Die einzig wirklich zulässige Beschäftigung während des Essens ist Konversation. Das gemeinsame Essen, ob in der Familie oder unter Freunden, ist ein soziales Ereignis ersten Ranges. Da wird nicht still vor sich hingemampft. Das Essen mit anderen zu teilen ist eine ganz ursprüngliche Form des sozialen Miteinanders. Gemeinsam um die gleiche Feuerstelle zu hocken, die Beute gerecht aufteilen zu können, dazu gehört soziale Kompetenz. Eine gute Erziehungsarbeit eben. Bei Tisch teilt man sein Essen und »sich mit«. Die Kulturgeschichte der Menschen ist wahrscheinlich zu großen Teilen eine Geschichte der sozialen Esskultur. Da gehören die Kinder von Anfang an dazu und nicht an den »Katzentisch« mit Kinderessen verbannt. Na dann: Guten Appetit!

Macht fernsehen dumm?

WENN SIE NICHT gerade zu der Minderheit der ein bis zwei Prozent fernsehfreier Haushalte gehören und Kinder haben, sollten Sie ein Problem haben. Dürfen meine Kinder fernsehen, und wenn ja, was, wie oft und wie lange? Nicht wenige Eltern haben ein solches Problem nicht. Nicht weil sie zu den Fernsehverweigerern gehören, sondern weil für sie ein Leben ohne Fernsehen gar nicht vorstellbar ist. Fernsehen ist für viele zu einem festen Bestandteil des Tagesablaufs, ja des Lebens geworden. Da kann es leicht passieren, dass man gar nicht mehr merkt, dass die Flimmerkiste, die ja nicht mehr flimmert und auch keine Kiste mehr ist, sondern als ziemlich flaches Hightechgerät die Tiefe mancher Programmbeiträge simuliert, den ganzen Tag über eingeschaltet ist. Vom Frühstücksfernsehen bis zu den Spätnachrichten. Ein Fernsehkonsumverhalten auf diesem Niveau lässt keinen kritischen Umgang mit diesem Medium erwarten. Zu dieser Gruppe werden Sie nicht gehören. Sonst hätten Sie nicht das vorliegende Buch aufgeschlagen und sich bis zu diesem Kapitel vorgelesen.

Die offizielle Einführung des Fernsehens in Deutschland im Jahre 1954 ist nicht nur mit Begeisterung aufgenommen worden. Nicht wenige sahen darin eine Bedrohung für die abendländische Kultur. Bei genauer Begutachtung der heutigen Programme ist man bisweilen geneigt, diesen Stimmen rückwirkend recht zu geben. Wie dem auch sei, nach fast sechzig Jahren deutscher Fernsehgeschichte hat sich das Fernsehen als das Leitmedium der Massenkommunikation, weit vor dem Hörfunk und den Tageszeitungen, fest etabliert. Ein mächtiges Medium, das seine audiovisuellen Botschaften über eine nahezu unübersehbare Fülle von terrestrischen und satellitengestützten Programmen rund um die Uhr in nahezu jedes Wohnzimmer überträgt. Sendeschluss und Testbild als Abschaltsignale sind Relikte aus der Fernsehsteinzeit.

Unsere Kinder wachsen heute in einer Mediengesellschaft auf. Früher oder später werden sie mit dem Leitmedium Fernsehen in Kontakt kommen. Es ist nur natürlich, dass Kinder in der Realität aufwachsen, in die sie sich hineinentwickeln müssen. Das war vor der Einführung des Fernsehens nicht anders. Insofern ist eine fernsehabstinente Erziehung keine gute Lösung. Es sei denn, Sie verfügten über gesicherte Erkenntnisse darüber, dass das Fernsehen in allernächster Zukunft abgeschafft werden soll. Davon ist allerdings nicht auszugehen. Sie werden sich daher mit dem Medium Fernsehen, mit seinen besonderen Chancen und Risiken für Kinder, wohl oder übel näher beschäftigen müssen. Wenn Sie es ernst meinen mit der Fernseherziehung, werden Sie gerne die erforderliche Zeit aufwenden, um Ihre Kinder mit diesem einflussreichen Medium vertraut zu machen. So wie bei der Ernährung Ihres Kindes, wo Sie sich nicht scheuen, ein paar Regeln einzuhalten und etwas mehr Zeit und Sorgfalt in die Vorbereitung der Speisen zu investieren, um eine gesunde körperliche und psychische Entwicklung sicherzustellen, werden Sie auch hier bereit sein, Regeln aufzustellen, deren Einhaltung durchzusetzen und Ihr Kind verantwortlich zu begleiten. Denn ein ungeschützter und unbehüteter Kontakt zu dem Medium Fernsehen bietet für Kinder ernste Risiken. Sie schicken Ihr Kind ja auch nicht nachts alleine zum Spielen in den Wald. Schließlich weiß man nie, wer sich da im Dunklen so herumtreibt.

Den Superstar Ihrer Kinder zwischen drei und fünf Jahren werden Sie vielleicht kennen. Schon aufgrund seiner gigantischen Vermarktung führt an ihm kein Weg vorbei: Bob der Baumeister! Bobs Merchandising-Produkte decken eine beeindruckende Palette ab. Da finden Sie alles, was Ihr Kind begehren soll: Gürteltaschen, Trinkflaschen, Brotdosen, Kinderteller, Trinkgläser, Bestecke, Wecker, Platzmatten, Fahrradhelme, Fahrradhandschuhe, Sonnenschutzrollos, Müslischalen, Bettwäsche, Kinder-Nackenpolster, Rücksäcke, Bücher, Spiele, Wandsticker, und, und, und. Alle Produkte mit dem Konterfei von Bob dem Baumeister. Nicht zu vergessen alle Figuren aus der Sendung, allen voran Bob & Wendy und der Schmusebob mit Taschenlampe, gefolgt von dem ganzen Fuhrpark an Baumaschinen aus Metall und Plüsch, von »Baggi« bis »Buddel«.

Bob der Baumeister läuft in Deutschland auf SuperRTL als Animationsfernsehserie für Kinder zwischen drei und sechs Jahren. Bob führt einen Bauhof in einem kleinen Dorf mit Namen Bobhausen. Ständig gibt es irgendwo etwas zu reparieren. Es müssen Leitungen verlegt und Löcher gestopft werden. Da ist der pfiffige Baumeister in seinem Element. Für Bob den Baumeister gibt es kein Problem, das sich nicht beheben lässt. Gemeinsam mit seinen Freunden Heppo dem Kran, Mixi dem Zementmischer, Rollo der Dampfwalze, Buddel der Raupe und vielen anderen ist er nicht zu stoppen. Alle Probleme und Aufgaben lösten Bob der Baumeister und seine fröhliche Gang mit viel Zuversicht und Tatendrang. In Bobs Welt zählen Respekt, Freundschaft, Verantwortungsgefühl und Teamgeist. Auf die immer gleiche Frage »Können wir das schaffen?« kennt die ganze Gang stets nur eine Antwort: »Ja, wir schaffen das!« Der Schlüssel zu dem überwältigenden Erfolg von Bob und seiner pfiffigen Baumaschinen-Gang liegt darin, dass sie die Vorschulkinder da abholen, wo sie sind. Sie geben ihnen alles, was sie jetzt brauchen. Die kleinen Abenteuer sind spannend und nicht zu lang. Die Kinder erleben, dass sich Konflikte lösen lassen, wenn man gemeinsam als Team in sozialer Verantwortung agiert. Das sind genau die Themen, an denen die Kinder in diesem Alter ihre emotionalen und sozialen Kompetenzen entwickeln. Mit diesen Qualitäten hat Bob der Baumeister seit seinem ersten Auftritt als »Bob the Builder« 1999 in Großbritannien einen Siegeszug um die ganze Welt angetreten. Bob als Global Player. Kinder aus mehr als 250 Ländern verfolgen die Abenteuer von Bob dem Baumeister in mehr als 45 Sprachen. Allein in Großbritannien sind seit Bobs Debüt mehr als fünf Millionen Bücher und zweieinhalb Millionen Videos mit seinen Geschichten verkauft worden. Weltweit ist mit der Vermarktung von Bob dem Baumeister mehr als eine Milliarde Euro umgesetzt worden. Der Titelsong der Serie »Can we fix it?« schaffte es im Jahre 2000 für zwei Wochen auf Platz 1 der Charts in England und verwies »Stan« von Eminem auf Platz 2. Kein Wunder, bei dem Text: »Mein Tee ist kalt geworden. Ich frage mich, warum ich überhaupt aufgestanden bin«, rappt Eminem. Da ist Bob der Baumeister aus anderem Holz geschnitzt. Er singt: »Ja, wir schaffen das!« Bob der Baumeister ist der wahre Held der Vorschulkinder, der beliebteste Bauarbeiter der Welt!

Davon können Politiker nur träumen. Siegen lernen heißt von Bob dem Baumeister lernen. Das wird sich auch Barack Obama gesagt haben, als er sich anschickte, die Nummer eins der USA zu werden. Vielleicht hat er sich zusammen mit seiner jüngeren Tochter Sasha in einer ruhigen Stunde zwischen den Jahren 2007 und 2008 eine Folge von »Bob the Builder« im Fernsehen angesehen. Möglich wäre es. Tochter Sasha zählte damals mit ihren sechs Jahren noch zum Zielpublikum von Bobs lustiger Bande aus Bobhausen. Vielleicht war Barack Obama am Beginn der Vorwahlen zur Präsidentschaftswahl von 2008 doch etwas nervös und gar nicht mehr so sicher, ob er sich gegen Hillary Clinton im Kampf um die Präsidentschaftskandidatur der Demokraten würde durchsetzen können. Was macht Bob den Baumeister so erfolgreich bei den Kids? Ist es die Zuversicht, die er ausstrahlt? Schließlich macht er es den Kindern vor. Er kann alles in Ordnung bringen, er kann alles reparieren. Er ist Bob der Baumeister. Was, wenn sich Mr Obama gedacht hat: »Ich mach's wie Bob?« Sasha und ihr Papa hätten dann das berühmte Baumeister-Lied in der englischen Originalfassung gehört: »Can we fix it? Yes we can!« Yes we can? Nachdem am 8. Januar 2008 die erste Vorwahl in New Hampshire an Hillary Clinton gegangen war, zog sich Mr Obama den Blaumann an und legte mit seiner berühmten New Hampshire Primary Speech den Grundstein für seinen Sieg im November. Als »Obama der Baumeister« zündete er ein wahres Feuerwerk von Yes-we-cans: »... Yes, we can heal the nation. Yes, we can repair this world. Yes, we can ... « Bob der Baumeister hätte es nicht besser sagen können. Tochter Sasha war hingerissen und unterstützte ihren Papa nach Kräften. »Vote for Daddy!«, rief sie dem Wahlvolk zu. Bob for President! So viel zu der Macht des Fernsehens.

Ziemlich schlau von Mr Obama, oder? Macht Fernsehen also doch eher klug als dumm? Das liegt ganz bei Ihnen. Wegweisend die Antwort des großen deutschen Literaturkritikers Marcel Reich-Ranicki: »Im Zweifel macht das Fernsehen die Klugen klüger und die Dummen dümmer.« Also, seien Sie klug und beteiligen Sie sich an der Fernseherziehung Ihrer Kleinen. Aber wie? Wenn das Fernsehen möglicherweise doch klug macht, ist es dann nicht besser, ich biete es meinem Kind so früh wie möglich an? Man hört ja viel von der besonderen Bedeutung der ersten Jahre für die Entwicklung des Kindes. Nicht, dass ich mir später Vorwürfe machen muss, weil ich entscheidende Entwicklungszeiten meines Kindes verpasst habe, »ungefördert« habe verstreichen lassen. Macht Fernsehen mein Baby klug? »Yes, we can«, hören wir aus dem Land der »ungeahnten« Möglichkeiten. Nur ist es diesmal nicht die Stimme von Bob dem Baumeister, sondern die eines ganzen Chores von Betreibern und Befürwortern des Babyfernsehens. Seit 2006 ist in den USA »BabyFirstTV« am Markt. Das Programm ist kostenpflichtig, wird rund um die Uhr übertragen und richtet sich an Babys ab einem Alter von sechs Monaten und Kleinkinder bis zu drei Jahren. Inzwischen verbreitet BabyFirstTV seine Programmangebote in zahlreichen Sprachen, unter anderen auch in Deutsch. BabyFirstTV ist eine Antwort darauf, dass in den USA knapp siebzig Prozent der unter zweijährigen Kinder jeden Tag Fernsehen und Videos konsumieren. Knapp dreißig Prozent der Babys und Kleinkinder haben einen Fernseher in ihrem Zimmer stehen. Nach Aussagen der Macher von BabyFirstTV sei es daher wichtig, sichere und werbefreie Programme mit angemessenen Inhalten anzubieten. BabyFirstTV sieht sich als Beschützer dieser Fernsehgemeinde mit hohem pädagogischem Auftrag. Dieses Bezahlfernsehen für Babys von Unitymedia wirbt mit dem Slogan »Sehen Sie, wie Ihr Baby aufblüht«. Auf den Internetseiten von BabyFirstTV erhalten die Eltern aufschlussreiche Informationen über den Nutzen des Fernsehens für Babys und Kleinkinder im Allgemeinen:

»Bei verantwortungsvoller Nutzung kann das Medium Fernsehen der Entwicklung Ihres Kindes viele positive Impulse geben. So wurden beispielsweise beträchtliche Verbesserungen im gesprochenen Vokabular von Kleinkindern auf altersgerechte Fernseh-Lernprogramme zurückgeführt. Pädagogisch konzipiertes Fernsehen kann auch die Erfahrungswelt Ihres Kindes erweitern, indem dem Kind eine Vielfalt an fantasievollen Bildern und Vorstellungen nahegebracht wird, welche die Erlebnisse im Alltag ergänzen.«

Unter der gleichen Adresse unterstreichen die Macher von BabyFirstTV die vermeintlichen Vorteile von BabyFirst für Ihr Baby. Dort heißt es, BabyFirst sei ein »brandneues pädagogisches Werkzeug« und könne »die Bindung zwischen Eltern und ihrem Baby bereichern und ihnen neue Möglichkeiten für gemeinsames Spielen und Lernen eröffnen«. Sie bieten Inhalte für unterschiedliche Tageszeiten an, wobei »Tagesprogramme fesseln und unterhalten, während Nachtprogramme dabei helfen, Ihr Baby zu beruhigen und auf den Schlaf einzustimmen«. Weiter heißt es dort, dass ein farbcodierter Programmführer den Eltern helfe, sich über den pädagogischen Wert eines jeden Abschnittes zu informieren. Dabei stünde zum Beispiel die gelbe Blume für »kreatives Denken« und die orangefarbene Blume für »soziale Fertigkeiten«. Die grüne Blume stünde für »das Wunderland der Sinne«. Die Macher von BabyFirstTV gehen davon aus, dass sich die Eltern ihr Programm gemeinsam mit den Babys anschauen, wodurch eine Interaktion zwischen den Eltern und ihren Babys angeregt werde. Wenn Sie, liebe Eltern, jetzt vielleicht denken, wir erlaubten uns hier auf Ihre Kosten einen kleinen Aprilscherz, müssen wir Sie leider beunruhigen. Überzeugen Sie sich selbst: www.babyfirsttv.com.

Über die möglichen Motive von Anbietern eines Fernsehens für Babys möchten wir nicht spekulieren. Viel lieber würden wir Sie fragen, wie es Ihnen bisher gelungen ist, der Entwicklung Ihrer Kinder positive Impulse zu gegeben. Deren Fantasie und Vorstellungskraft anzuregen. Mit welchen überholten pädagogischen Werkzeugen Sie die Bindung zwischen Ihnen und Ihrem Baby gefördert haben. Welche Möglichkeiten für gemeinsames Spielen und Lernen Ihnen bisher zur Verfügung standen. Wie es Ihnen ohne Fernsehen gelungen ist, die Aufmerksamkeit Ihres Babys zu erregen, es mit Ihrem eigenen Tagesprogramm zu fesseln und zu unterhalten. Was Sie tun, um Ihr Baby zu beruhigen und auf den Schlaf einzustimmen. Unsere Neugierde würde sich im Besonderen auch darauf richten, wie es Ihnen bisher gelungen ist, Ihr Baby in das Wunderland der Sinne zu entführen. Die Vorstellung, wie Sie mit dem Buch in der Hand über unsere albernen Fragen den Kopf schütteln, macht uns glücklich. Dann gehören Sie nicht zu den Eltern der ungefähr siebzig Prozent aller amerikanischen Babys und Kleinkinder, die ihre Tage vor den Fernsehgeräten verbringen müssen. Nicht zu den Eltern, die jetzt mit ruhigem Gewissen behaupten können, dass sie ihren Kindern die allerfeinste Bildung angedeihen lassen, wenn sie sie als Babys vor dem Fernseher parken, um sich selbst mit anderen Dingen zu beschäftigen.

Am 1. Oktober 2008 um 17.10 Uhr meldete sich Loewenmama2405 bei netmoms mit der folgenden Frage:

»*Es ist nun nicht so, dass ich mein Kind vor den Fernseher*
setzen möchte oder so, aber mir fällt immer wieder auf,
dass sie vom Fernseher total fasziniert zu sein scheint.
Meine Kleine ist jetzt 4 Monate. Gestern Abend ca. 22.30 Uhr
z. B. ist sie wieder schreiend wach geworden und war kaum
zu beruhigen, geschweige denn zum Einschlafen zu bewegen.
Also hab ich sie zu uns aufs Sofa geholt.
Immer wieder geht ihr Blick Richtung Fernsehbild, auch wenn ich
versuche sie wegzudrehen und mit Reden, Singen, Spielzeug etc.
abzulenken. Mein Mann hat schon gesagt: ›Lass sie doch ein bissel
schauen, dann schreit sie wenigstens nicht‹ – ich weiß nicht recht!

Was haltet ihr davon? Weiß jemand vielleicht,
ob es Erkenntnisse über evtl. Schäden gibt?
Liebe Grüße
Stefanie«

Drei Minuten später antwortete Janina83:

»Ich habe den Fernseher immer an!«

Nach einer weiteren Minute kam die Antwort von Knabber1982:

»Mir geht es ähnlich, Leon ist auch total vom Fernseher fasziniert.
Glaube nicht, dass er schon versteht, was da abgeht.
Er findet wahrscheinlich nur das Flimmern toll …«

Über die Zukunft des bezahlten Baby-Fernsehens brauchen wir uns also in Deutschland keine Sorgen zu machen. Unsere Sorge gilt vielmehr Leon und seinen Altersgenossen. Die Frage ist doch, was ein Baby und Kleinkind bis zum Alter von drei Jahren braucht, um sich gut zu entwickeln. Womit beschäftigt sich ein Baby eigentlich, wenn es nicht gerade fernsieht?

In den ersten Wochen und Monaten nach der Geburt interessiert sich ein Baby nur für das, was innerhalb der Reichweite seiner Ärmchen liegt. Es kann allerdings über diese Distanz hinaus Geräusche wahrnehmen. So weiß es zum Beispiel, dass seine Mama in der Nähe ist, wenn sie mit ihm spricht. Ein Baby kann zunächst nur sehr unvollkommen und nicht räumlich sehen. Alles wird wie durch Milchglas betrachtet wahrgenommen. Gesichter und Gegenstände erkennt es nur in einem Radius von zwanzig Zentimetern. Sein ganzes Verhalten ist auf Naherkundung ausgerichtet. Alles andere würde auch keinen Sinn ergeben. Ein Baby ist völlig hilflos und auf die All-inclusive-Versorgung durch die Bezugspersonen angewiesen. Wozu sollte sich ein Baby für etwas interessieren, das außerhalb seines Wirkradius liegt? Es kann weder krabbeln noch laufen. Es ist ganz und gar davon abhängig, getragen zu werden. Im Idealfall tut das die meiste Zeit über die Mama, die ja auch für das Stillen verantwortlich ist. Diese Hauptperson in seinem Leben kann ein Baby perfekt erkennen. Dazu reichen seine Fertigkeiten völlig aus. Mehr muss es zunächst gar nicht können. Alle Einflüsse, die von weiter weg auf das Baby treffen, werden im Wesentlichen als Störungen wahrgenommen.

In diesem geschützten Raum, auf Armeslänge zur Mama, finden die ersten grundlegenden Entwicklungsschritte nach der Geburt statt. In dieser Zeit entwickeln sich seine Sinnessysteme an den entsprechenden Signalen seiner Umwelt weiter. In dieser Zeit ist es Babys Hauptjob, eine feste Bindung zu seinen Bezugspersonen aufzubauen. Das ist in erster Präferenz die Mama oder die Person, die einfach immer da ist. Da darf das Baby natürlich nicht wählerisch sein. Mithilfe seiner Mama und allen anderen nachgeordneten Bezugspersonen muss es dem Baby jetzt gelingen, ein gutes Urvertrauen zu entwickeln. Dazu braucht es Zeit, Aufmerksamkeit und nachhaltige Verlässlichkeit dieser Bezugspersonen. Das Baby muss jetzt die Erfahrung sammeln können, dass es darauf hoffen darf, dass seine Bedürfnisse immer pünktlich und ausreichend erfüllt werden. Mit anderen Worten, es braucht jetzt alle Liebe der Welt, Schutz und Ruhe. Dabei spielen Hautkontakt und Wärme eine ganz wesentliche Rolle.

Der Mensch ist von Geburt an ein Tragling. Erst mit anderthalb Jahren kann ein Baby in etwa so gut sehen wie ein Erwachsener, das heißt, Farben unterscheiden, die Augen zielgerichtet bewegen und alle Dinge in seinem Gesichtsfeld in seiner Räumlichkeit wahrnehmen. Das muss es dann auch so langsam können, weil große Veränderungen anstehen, die das Leben der Familie ziemlich auf Trab bringen werden. Krabbeln konnte das Baby schon eine Weile.

Es hat sich auch schon selbst aktiv von der Mama entfernt. Das tut es jetzt zu seinem großen Vergnügen immer häufiger und bringt so die Mama immer wieder dazu, nach ihm zu sehen. Diese »Versteckspielchen« sind ganz wichtig. Dahinter stecken dramatische Umwälzungen in seinem gar nicht so kleinen Gehirn. Jetzt entwickelt sich dort die Grundlage für das wichtige Arbeitsgedächtnis, oder Kurzzeitgedächtnis. Das hat das Baby vorher noch gar nicht benötigt. Ohne eigene Mobilität hat es immer sofort seine Stimme erhoben und Mama hat jede Serviceleistung augenblicklich erbracht. Es hat gelernt, sich darauf zu verlassen. Die neue Mobilität, erst das Krabbeln und dann, nach einem bis anderthalb Jahren, das Laufen, macht es erforderlich, dass das Baby mithilfe seines großartigen Gehirns die Leistung erbringen muss, zu wissen, dass die Mama auch dann in der Nähe ist, wenn es sie weder sehen, hören noch riechen kann. Dazu braucht es ein funktionierendes und intaktes Arbeitsgedächtnis. Dafür ist über weite Strecken sein Stirnhirn zuständig. Dieses Gedächtnis sorgt auch dafür, dass das Baby den Plan, von einem Zimmer ins nächste zu krabbeln, überhaupt erst fassen und dann erfolgreich umsetzen kann. Auf seinen Exkursionen muss das Baby ständig »wissen«, dass es noch beschützt wird. Hin und wieder versichert es sich der Anwesenheit seiner Mama, indem es ruft. Wenn Mama um die Ecke schaut und mit ihm spricht, ist eine weitere Übungseinheit für das Gehirn des kleinen Babys abgeschlossen. Aus Urvertrauen entwickeln sich so Selbstvertrauen und Vertrauen. Das braucht das Baby jetzt an der Schwelle zum Aufbruch in die Welt. Spätestens, wenn es Laufen kann, will es hinaus, um die Welt zu entdecken. Das sind erst das nächste und dann alle anderen Zimmer in der Wohnung oder im Haus. Es folgen alle erreichbaren Schränke. Der Entdeckungseifer kennt keine Grenzen. In diesem Spiel, das es dann auch außerhalb des Hauses fortsetzt, entwickelt das Kleinkind unter ständiger Einforderung des Rundum-sorglos-Paketes Mama und Papa alle seine

Sinne. Das Entwicklungs- und Lernziel der ersten drei Lebensjahre ist emotionale Kompetenz.

In dieser Zeit interessiert sich das Kind ausschließlich für sich. Es ist egoistisch, liebeshungrig und eifersüchtig. Über soziale Kompetenzen braucht ein Kleinkind unter drei Jahren noch nicht zu verfügen. Es ist voll und ganz damit beschäftigt, seine Vertrauensfähigkeit und seine Gefühlswelt zu entwickeln. Dazu braucht es keine gleichaltrigen Kameraden. Die würden jetzt nur stören. Es braucht keine Animationen aus fernen Welten, jenseits der intimen Welt um Mama und Papa und ihn. Es braucht keine fremden Fantasiebilder. Es ist gerade dabei, seine eigenen zu erschaffen. Das Baby ist im Dauereinsatz. Alle Sinne arbeiten und entwickeln sich auf Hochtouren. Auf Aktion folgt Reaktion. Anschauen alleine reicht nicht aus. Tasten, Sehen, Hören, Schmecken und Riechen gehören zusammen. Nur so entwickelt das Gehirn Konzepte der Welt, in der das Baby und das Kleinkind leben. Während dieser Zeit braucht es Schutz, Versorgung und Liebe. Erst eine gut entwickelte Gefühlswelt, emotionale Sicherheit und Vertrauensfähigkeit richten später das Interesse des Kleinkindes auf soziale Interaktionen jenseits seiner Beziehung zu Mama und Papa und den anderen bekannten erwachsenen Bezugspersonen. Erst mit zwei bis drei Jahren will es mit anderen Kindern zusammen sein und mit ihnen spielen.

Jetzt wird das nächste Lernziel ins Visier genommen: soziale Kompetenz. Dazu braucht das Kind Kontakte zu anderen Kindern. Soziale Kompetenz will gelernt werden. Ein langer Prozess, der andauert, bis das Kind eingeschult wird. Mama und Papa braucht das Kind natürlich weiterhin. Das Kind fängt jetzt an, sich für die Welt da draußen zu interessieren. In dieser Zeit muss es ihm gelingen, seine Ängste zu bewältigen, sich mit der Welt der Erwachsenen zunehmend bewusster zu arrangieren. Es muss lernen, mutig und mit Zuversicht in gleichaltrigen sozialen Gruppen zu agieren. Da können natürlich Vorbilder hilfreich sein. Abgucken, was geht. In dieser Zeit darf Bob der Baumeister auftreten. Vorher werden Bob und seine lustige Baumaschinentruppe nicht verstanden. Mehr noch, sie würden stören. Störungen der Entwicklung von Babys und Kleinkindern haben, genauso wie im positiven Sinne die erfolgreichen Lerneinheiten in dieser Zeit, nachhaltige Folgen.

Kinder, die während der ersten drei Lebensjahre ferngesehen haben, entwickeln bis zur Einschulung häufiger Verhaltensauffälligkeiten als andere Kinder. Schon eine Stunde Fernsehen pro Tag in diesem Alter erhöht die Wahrscheinlichkeit, eine Verhaltensstörung zu entwickeln, um zehn Prozent. Die Gefährdung der Kleinsten durch Fernsehen ist nicht immer leicht zu vermitteln. Kommen die Sendungen für die ganz Kleinen doch scheinbar harmlos und niedlich daher. Tatsächlich ist es oft weniger der Inhalt einer Sendung, der zur Gefährdung führt, als vielmehr die Tatsache, dass das Fernsehen die wichtigen Interaktionen zwischen dem Baby und seinen Bezugspersonen unterbricht. Fernsehen stört die Entwicklung Ihres Babys und Kleinkindes. Es gibt einen direkten Zusammenhang zwischen der Dauer des Fernsehkonsums von Babys und Kleinkindern und einer Störung des Spracherwerbs. Kleinkinder entwickeln und lernen Sprachkompetenz in der direkten Kommunikation mit den Eltern. Eine gute Sprachkompetenz ist neben einer guten emotionalen Kompetenz eine wesentliche Voraussetzung für den Erwerb einer guten sozialen Kompetenz in der Vorschulzeit. Störungen des Spracherwerbs stellen somit eine erhebliche Gefährdung für die gesunde Entwicklung der Persönlichkeit Ihres Kindes dar. Viele Eltern sind dagegen der Meinung, dass Fernsehen für Babys und Kleinkinder nützlich sei und der Bildung diene. In den USA glauben dies ungefähr dreißig Prozent der Eltern. Dem amerikanischen Vorbild folgend setzen inzwischen auch deutsche Eltern schon ihre Jüngsten immer häufiger vor den Flachbildschirm. Inzwischen zählen in Deutschland rund zwanzig Prozent der einjährigen und sechzig Prozent der zweijährigen Kinder zu den regelmäßigen Konsumenten von Fernsehsendungen. Trübe Aussichten!

Aufgrund des hohen Gefährdungspotenzials von Fernsehen für Kinder unter drei Jahren hat sich das als kinderfreundlich geltende Frankreich für die radikale Methode entschieden. Dort ist die Ausstrahlung von Programmen für diese Altersgruppe über das Fernsehen seit 2008 verboten. Für ältere Kinder ist für alle Sendungen ein Warnhinweis der französischen Medienbehörde vorgeschrieben, der darauf hinweist, dass Fernsehen die Entwicklung von Kindern behindern kann. Natürlich wissen wir, dass Verbote nichts nützen, wenn die Einsicht fehlt. Wir bauen daher viel lieber auf Ihre Erziehungskompetenz. Wenn Sie Interesse an der Gestaltung guter Rahmenbedingungen für eine gesunde Entwicklung Ihrer Kinder haben, werden Sie von ganz alleine gemerkt haben, dass Kinder unter drei Jahren vor der Flimmerkiste nichts verloren haben. Folglich werden die Kleinsten dort auch nichts finden. Alles, was Ihre Babys und Kleinkinder suchen und brauchen, können nur Sie ihnen bieten.

Macht Fernsehen also doch dumm? Dass diese Frage so einfach nicht zu beantworten ist, haben Sie längst bemerkt. Eine Laisserfaire-Haltung bei der Fernseherziehung ist jedenfalls nicht zu empfehlen. Es macht aber auch keinen Sinn, das Fernsehen zu verteufeln. Viel besser ist es, wenn Sie Ihren Kindern und sich selbst klare Regeln vorgeben. Mit der Hilfe eines solchen kleinen häuslichen Regelwerks werden Sie für Ihre Kinder den größten Nutzen aus dem Medium Fernsehen ziehen und das Gefährdungspozential deutlich verringern können. Dabei ist ein entspanntes Verhältnis zum Fernsehen hilfreicher als ein starres Beharren auf einmal aufgestellte Regeln. Angesichts der Attraktivität vieler Programme für Kinder haben Sie gar keine Chance, einen radikalen Anti-Fernseh-Standpunkt durchzusetzen. Eher verlieren Sie Ihre Kinder an dieses Medium. Viel besser ist es, wenn Sie sich gemeinsam mit ihnen den Herausforderungen und Verlockungen stellen und Ihre Kinder verantwortungsvoll an das Fernsehen heranführen. Nur unter Ihrer Begleitung können Ihre Kinder eine gute Fernsehkompetenz entwickeln. Dann wird der eine oder andere »Ausrutscher« auch besser zu verkraften sein.

Die »Fernsehtauglichkeit« Ihrer Kinder ist vor allem eine Frage des Alters. Für Kinder unter drei Jahren macht Fernsehen keinen Sinn. Babys und Kleinkinder sind nicht in der Lage, aus dem Fernsehen irgendeinen Nutzen zu ziehen. Im Gegenteil. Fernsehen stellt eine ganz erhebliche Gefährdung dar. Erst ab einem Alter von drei Jahren sind Kinder überhaupt imstande, zu verstehen, was Fernsehen ist. Jetzt beginnen sie damit, ihre Fantasiewelten zu erfinden. Zunehmend entwickeln sie jetzt die Fähigkeit, zwischen Fantasie und Realität zu unterscheiden. Es beginnen die »Als-ob-Spiele«. Holzklötze werden zu Menschen und Tieren. In dieser Entwicklungsphase versteht ein drei- bis vierjähriges Kind, dass das Sandmännchen eine Fiktion ist. Ihr Kind wird es lieben. Ganz wichtig ist, dass das Fernsehen nicht zur Hauptbeschäftigung wird. Daher sollten Drei- bis Sechsjährige höchstens eine halbe Stunde am Tag vor dem Fernseher zubringen. Schulkinder zwischen sechs und zehn Jahren können es schon mal auf eine Stunde Fernsehkonsum pro Tag bringen. Ältere Kinder bis zu einem Alter von dreizehn bis vierzehn Jahren sollten ihren Medienkonsum, der dann möglicherweise noch eine Beschäftigung mit Computer und Spielkonsole mit einschließt, auf höchstens neunzig Minuten pro Tag beschränken.

Eine wesentliche Voraussetzung für die Durchsetzung und Steuerung solcher oder ähnlicher Zeitregeln ist natürlich, dass Kinder bis zu einem Alter von dreizehn bis vierzehn Jahren über keinen unbeaufsichtigten Zugang zu einem Empfangsgerät verfügen. In einer guten Fernseherziehung sind daher Fernsehgeräte im Kinderzimmer tabu. Da ist natürlich der Stress vorprogrammiert, zumal dann, wenn die älteren Kinder bei Freunden andere »Regeln« vorfinden als daheim. Auch Oma und Opa werden Ihre Regel vielleicht etwas anders auslegen als Sie. Viele andere mischen in der Fernseherziehung mit, vom Kindergarten bis zur Schule. Lassen Sie sich nicht frustrieren. Regelverletzungen sollten nicht jedes Mal dramatisiert werden. Vielleicht stellt der Papa während der Fußballweltmeisterschaft die Regeln für Direktübertragungen vorübergehend sogar ganz außer Kraft. Daran geht die Welt nicht unter.

Wichtig ist, dass Sie mit Ihren Kindern, den kleinen und den großen, nicht nur beim Fußballgucken im Gespräch bleiben. Die jüngeren Kinder brauchen Ihre Begleitung beim Fernsehen. Sie wollen das Gesehene, das sie noch wirklich erleben, sofort verarbeiten und kommunizieren. Ihre Präsenz hilft dabei enorm und kann das Fernseherlebnis für die Kleinen zu einem Gewinn machen. Natürlich wird das Fernsehgerät nicht als »Babysitter« verwendet. Natürlich läuft die Kiste (oder Flachmann) nicht so nebenbei, während sich Kinder unter zehn Jahren allein in der Nähe aufhalten. Idealerweise ist vorher besprochen worden, was wann wie lange angesehen wird. Fernsehen ist ein echter Eltern-Kind-Termin. Da wird sich nicht gleichzeitig noch etwas anderes vorgenommen. Ältere Schulkinder zwischen zehn und dreizehn Jahren brauchen, in dem Maße, wie deren Fernsehkompetenz entwickelt ist, diese elterliche Begleitung zunehmend immer weniger. Aber auch ältere Kinder lieben es, bestimmte Sendungen in Gesellschaft zu sehen. Unschlagbar die Liveübertragung des Endspiels in der Champions League.

Fragt man Jungen und Mädchen zwischen sechs und dreizehn Jahren, womit sie sich in der Freizeit am liebsten beschäftigen, stehen »Freunde treffen« und »Draußen spielen« ganz oben. Erst an dritter Stelle gefolgt von »Fernsehen«. Tatsächlich gibt aber nur etwa die Hälfte der Befragten an, jeden oder fast jeden Tag Freunde zu treffen und draußen zu spielen. Die meiste Zeit geht für

Hausaufgaben und Lernen für die Schule drauf. Mehr als siebzig Prozent aller Jungen und Mädchen zwischen sechs und dreizehn Jahren geben an, dass sie täglich fernsehen. Mit gleicher Häufigkeit ein Buch zu lesen, das nichts mit der Schule zu tun hat, könnten nur fünfzehn Prozent der Befragten behaupten. Werden Kinder aus dieser Altersgruppe allerdings gefragt, worauf sie am wenigsten verzichten wollen, ist die Antwort eindeutig: Siebzig Prozent der Befragten können sich ein Leben ohne Fernsehen nicht vorstellen. Nur acht Prozent von ihnen haben ein ähnlich inniges Verhältnis zu Büchern.

Das Fernsehen ist also eine mächtige Realität, an der Sie nicht vorbeikommen. Bei dem Reizthema Fernsehen sind Sie daher gut beraten, Ihre elterliche Erziehungskompetenz voll zur Geltung zu bringen. Ihr voller Einsatz wird sich lohnen. Trotz oder gerade wegen der Löchrigkeit Ihres Regelwerks. Sie bestimmen, was Ihre Kinder im Fernsehen zu sehen bekommen. Ihr Verhalten und Ihr Vorbild beim Umgang mit dem Medium Fernsehen haben einen erheblichen Einfluss auf die Persönlichkeitsentwicklung Ihrer Kinder. Zum Beispiel darauf, ob sie als Heranwachsende Gewaltdarstellungen als berauschend oder abstoßend wahrnehmen. Ob sie es gelernt haben werden, zwischen Fiktion und Realität gut zu unterscheiden, oder eher dazu neigen, Fantasie und Wirklichkeit ineinanderfließen zu lassen. Das ist eine Erziehungsarbeit, die Ihnen niemand abnimmt.

Natürlich haben Eltern nicht immer die Zeit und vielleicht auch nicht immer die Lust, sich so umfassend über die Fülle der Fernsehangebote für ihre Kinder zu informieren, wie das nötig wäre. Sie haben schulpflichtige Kinder und wissen nicht, wer »Sponge Bob« und »Kim Possible« sind? Dann haben Sie allerdings Nachholbedarf. Gute Tipps finden sowohl Neulinge als auch alte Hasen bei www.flimmo.de. Dieses Informationsportal wird von dem gemeinnützigen Verein »Programmberatung für Eltern e.V.« herausgegeben. Mitglieder dieses Vereins sind Institutionen, zu denen alle vierzehn Landesmedienanstalten sowie das Internationale Zentralinstitut für Jugend- und Bildungsfernsehen (IZI) gehören. Hier finden Sie Anregungen und Informationen für Ihre tägliche Fernseherziehung. FLIMMO bietet Grundlagen zum Thema Kinder und Fernsehen und viele praktische Tipps zu den laufenden Programmangeboten im Deutschen Fernsehen. Alle Angebote der öffentlich rechtlichen und der privaten Sender werden laufend aktuell bewertet und beschrieben. Sie erhalten die Möglichkeit, sich über jede einzelne Kindersendung ausführlich zu informieren. So können Sie mitreden und vielleicht noch besser entscheiden, was gut oder weniger gut für Ihre Kinder ist. Ein Besuch des Fachportals lohnt sich. Schon nach ein paar Klicks wissen Sie, wer Sponge Bob ist.

Und Sie wissen, warum zum Beispiel Disneys Kim Possible nicht ganz unproblematisch ist. Vor allem für Mädchen. Kim Possible ist die mit Abstand beliebteste Figur der Mädchen im Alter zwischen sechs und zwölf Jahren. Bei Jungen muss sie sich gemeinsam mit dem rosaroten Panther mit Platz 5 begnügen. Bei ihnen ist Sponge Bob weit vor Bart Simpson der absolute Spitzenreiter. Kim Possible folgt mit ihrer unnatürlichen Wespentaille und ihren extrem langen Beinen dem Trend einer wachsenden Sexualisierung der weiblichen Trickfilmheldinnen. Kim agiert wie James Bond, löst knifflige Fälle und ist dabei nicht zimperlich. Alle wollen wie Kim sein. Enges Top, lange Haare und dann diese Figur. Eine Figur aus der Welt der Männerfantasie aus der japanischen Manga-Tradition mit grotesk überzeichneten Proportionen. Die Botschaft ist einfach und klar: Will ich so erfolgreich und cool sein wie Kim, muss ich auch so schlank sein wie sie. Das Gefährdungspotenzial für Mädchen mit labilem Selbstwertgefühl und einer problematischen Einstellung zum eigenen Körper ist hoch. Durch Gewichtsabnahme wollen sie ihrer Heldin nacheifern. Oft der Einstieg in gefährliche

Essstörungen und eine lange Karriere der Magersucht. Diese Gefährdung ist umso größer, je weniger es den Eltern gelingt, durch eine Begleitung ihrer Tochter alternative Attraktivitätsmodelle, wie zum Beispiel Freundschaften und Lernerfolge, zu vermitteln.

Verantwortungsbewussten Eltern, die ihre Kinder vor dem Fernseher nicht alleine lassen, sie begleiten, sie in ihrem Selbstwertgefühl bestärken wollen, um solche Einflüsse erst gar nicht wirksam werden zu lassen, wird es jedoch nicht immer leicht gemacht. Ein Beispiel: In der Programmvorschau auf www.tvtoday.de vom 26. Januar 2010 wurde auf die Folge »Gehirnakrobatik« der Serie »Disneys Kim Possible« hingewiesen. Mit großem Bild von Kim in Actionpose. Sendebeginn um 13.45 Uhr auf SuperRTL. Etwa ein Drittel der Vorschauseite nahm ein Werbebanner ein. Nichts Ungewöhnliches. Man beachtet so etwas schon gar nicht mehr. Sollte man aber. Mit den Worten »Das darf doch wohl nicht wahr sein!« beginnt auf dieser Seite die Beschreibung der Handlung der Folge. Wir würden diesen Satz viel lieber auf die Werbeanzeigen bezogen wissen. Dort wurden in mehreren Anzeigen Mittel und Verfahren zur Gewichtsabnahme wie dieses beworben:

1 kleiner Bauch Trick:
Ein bisschen Bauchfett lösen Sie
Je Tag durch diesen Komischen Trick
www.fettverbrennen.net

Vielen Eltern wird die zeitliche Parallelität eines veränderten Körperbildes von Mädchen in den Medien und der Zunahme der Magersuchterkrankungen von Frauen schon aufgefallen sein. Eltern haben viel Fantasie. Und man braucht nicht viel davon, um sich auf die Vorstellung einzulassen, wie die Macher dieser Werbung zusammen mit den Herstellern und Vertreibern der beworbenen Produkte und Verfahren zusammensitzen. Vielleicht sind die Macher der Trickfilmserie gleich mit von der Partie. Vertreter der Onlineprogrammzeitschriften dürfen in dieser Fantasie natürlich auch nicht fehlen. Ohne große Anstrengungen können sich besorgte Eltern vorstellen, wie sich eine solche virtuelle Versammlung ausmalt, wie eine ins Unerreichbare gesteigerte körperliche Attraktivität die Bereitschaft junger Mädchen steigert, diesem Ideal nachzueifern, sich ihr im körperlichen Erscheinungsbild anzunähern. Koste es, was es wolle. Links das Bild von Kim und rechts die Lösung. Die Verheißung des wahren Glücks:

8 Kilo weg in 12 Tagen
Neu: Die Original
Zitronensaft-Kur,
Fett-Killer Nr. 1, jetzt
Als Kapsel!
www.zitronensaft-Schlankkur.at

[aus dem Werbebanner zum Sendehinweis von Kim Possible »Gehirnakrobatik« auf SuperRTL um 13.45 Uhr am 26. Januar 2010 in www.tvtoday.de/programm]

Wahrscheinlich alles nur Zufall. Ausgeburt einer allzu lebhaften Elternfantasie. Wer sollte denn ein Interesse daran haben, mit der Gesundheit Ihrer Kinder zu spielen? Den ganzen Tag mit Kindern leben hat Folgen. Fantasie ist ansteckend. Die werden Sie allerdings brauchen, um gemeinsam mit Ihren Kindern auch die Abenteuer von Kim Possible entspannt und gesund zu überstehen.

Sind Computer gefährlich?

STELLEN SIE SICH vor, Sie hörten Ihr Kind sagen: »Mit dieser neuen supergeilen Triple Head Edition kriegst du die ultimative Surround Gaming-Experience. Drei Monitore gleichzeitig! Da hast du die ganze Action um dich herum mit dreimal so viel Spiele-Content im Visier. Du sitzt tatsächlich im Cockpit. Die feindlichen Raketen fliegen dir nur so um die Ohren. Alles in Echtzeit. Wow!« Und Sie hätten keinen blassen Schimmer, wovon eigentlich die Rede ist? Dann hätten Sie ein echtes Problem. Ihr Kind hätte längst einen eigenen Computer in seinem Zimmer und könnte damit viel besser umgehen als Sie. Auch im Internet wäre es schon zu Hause und bewegte sich dort regelmäßig wie selbstverständlich. Und auf die Frage, was Ihr Kind da so treibe und welche Spiele es spiele, könnten Sie nur mit Achselzucken antworten? Dann wäre es für einen gemeinsamen »pädagogischen« Ausflug mit Ihrem Kind auf die

Seite www.internet-abc.de definitiv zu spät. In diesem Fall hätten Sie ziemlich viel verschlafen.

Doch keine Sorge! Wenn Sie heute Kinder haben, die jünger als sechs Jahre alt sind, gehören Sie zu der ersten Elterngeneration, die als Kinder zwischen sechs und vierzehn Jahren selbst Erfahrungen mit Computern und dem Internet haben sammeln können. Das Durchschnittsalter der Frauen, die in Deutschland ihr erstes Kind bekommen, liegt bei sechsundzwanzig Jahren. Das heißt, dass die Frauen, die im Jahr 2010 ihr erstes Kind bekommen, selbst die Jahrgänge um 1984 repräsentieren. Nehmen wir an, diese Frauen haben gleichaltrige männliche Partner, dann hatten die Eltern der in 2010 geborenen Kinder ihre eigenen Kinderjahre von sechs bis vierzehn Jahren zwischen 1990 und 1998 verlebt. Da waren die PCs längst in den Kinderzimmern angekommen und das Internet erlebte seine Sturm-und-Drang-Zeit. Nach der gleichen Rechnung erlebten die Eltern der heute sechsjährigen Kinder ihre eigene Kindheit von sechs bis vierzehn Jahren zwischen 1984 und 1992. Diese Eltern werden damals noch nicht in den Genuss des Internets gekommen sein, wohl aber schon das eine oder andere Computerspiel gespielt haben. Viele dieser heute zweiunddreißigjährigen Eltern, besonders die Papas, werden sich noch sehr gut daran erinnern, wie sie sich als Zwölfjährige die Nächte mit »Super Mario« und dem »Defender of the Crown« auf ihrer legendären C64 oder Amiga 500 um die Ohren gehauen haben. In den Achtzigerjahren des letzten Jahrhunderts waren solche Spiele Kult und gefährdeten damals die Nachtruhe der Eltern von heute so, wie deren Nachfolger jetzt die Nachtruhe ihrer eigenen Kinder gefährden. Die sechsundzwanzig- bis fünfunddreißigjährigen Mamas und Papas wissen also ganz genau, wovon sie reden, wenn sie am Abend ins Kinderzimmer kommen und sagen: »Nur noch zehn Minuten, dann ist Schluss für heute!« Anders die Eltern der heute Vierzehn- bis Neunzehnjährigen. Sie gehören zu den Jahrgängen 1965 bis 1970 und haben ihre eigenen Kinder- und Schuljahre zwischen 1971 und 1984 verlebt. Von Computer und Internet keine Spur. Man fragt sich, was die damals den ganzen Tag getrieben haben. Während diese Eltern in Erinnerungen an ihre Baumhaus- und Schnitzeljagdzeit schwelgten, tauchten ihre Kinder relativ ungeschützt durch elterliche Vorerfahrungen in eine Welt von Computerspielen und Internetangeboten ein, die sich während der letzten Jahre mit Lichtgeschwindigkeit von Vorläufern wie »Barbarian« und »Blue Max« entfernt hatten. Den Eltern dieser Generation sind in den zurückliegenden Jahren daher großer Einsatz und Mühe abverlangt worden, um überhaupt Schritt zu halten mit ihren Kindern.

Die Eltern der heutigen Vorschulkinder bilden die erste Elterngeneration, die die Chance hatte, sich im Umgang mit dem Computer und auf ihren Ausflügen ins Internet zu sozialisieren. Die erste Generation, die über früh erworbene Kompetenzen auf diesem Gebiet verfügt. Damit haben die heutigen Vorschulkinder erstmalig die Chance, vorurteilsfrei und verantwortungsvoll mit den Chancen und Risiken dieser immer noch so genannten Neuen Medien und Plattformen vertraut gemacht zu werden. Wie beim Fernsehen erfordern die Computer- und Interneterziehung viel Zeit und Begleitung. Ihre Präsenz und Kompetenz sind auf diesem Gebiet der Erziehung heute gefragter denn je.

Spätestens nach der Einschulung werden Sie Ihre Kinder im Umgang mit Computer und Internet begleiten. Hier gilt das Gleiche wie beim Fernsehen. Lassen Sie sich nicht das Heft aus der Hand nehmen. Schauen Sie genau hin. Schon im Kindergarten und sogar in Krippen kommen Computer als Lern- und Spielgeräte zum Einsatz. Sie sind jetzt gut beraten, Ihre volle Erziehungskompetenz zum Wohle Ihrer Kinder zum Einsatz zu bringen. Das erfordert natürlich Kraft und Zeit. Die werden Sie angesichts der Bedeutung dieser Medien und Plattformen für die Entwicklung Ihres Kindes gerne aufbringen. Vor allem sind Sie aufgerufen, Schritt zu halten, die Entwicklungen und Trends auf diesem Gebiet zu verfolgen. Das wird Ihnen nicht schwerfallen. Noch nie hatte eine neue Generation von Schulkindern die Chance, von Eltern geführt zu werden, die über eigene Sozialisierungserfahrungen im Internet und im Umgang mit Computern verfügen. Hoffnungsvolle Voraussetzungen für eine erfolgreiche Computererziehung.

Ja, Computer sind gefährlich. Der Umgang mit ihnen kann zu Rückenleiden und Augenproblemen führen. Besondere Gefahren gehen von dem Kabelsalat aus, der sich zwangsläufig durch die Installation eines heimischen PCs mit seinen vielen Peripheriegeräten ergibt. Da kommt es zu Stürzen mit Muskel- und Gelenkzerrungen. Auch Kopfverletzungen sind keine Seltenheit. Einer amerikanischen Studie zufolge wurden zwischen den Jahren 1994 und 2006 in den USA 78.000 Patienten in Krankenhäusern behandelt, die sich Verletzungen bei Unfällen mit Computern zugezogen hatten. Besonders gefährdet sind Kleinkinder unter fünf Jahren und Senioren über sechzig. Also genau die Altersgruppe, die den PC am wenigsten benutzt. In den meisten Fällen sind die Verletzungen jedoch relativ harmlos. Ein besonders schwerer Fall war dagegen der eines sechsjährigen Jungen, der ein Getränk in einen Computer gegossen hatte, woraufhin er sich schwere Verbrennungen zuzog. Fazit: Nicht mit Flüssigkeiten in der Nähe von Computern hantieren und die Kabel sorgfältig verlegen! Und schon sind die Hauptgefahrenherde im Umgang mit Computern beseitigt. Zudem kann Entwarnung gegeben werden. Die Zahl der Unfälle im Umgang mit Computern und deren Zubehör ist erfreulicherweise rückläufig, seitdem sich der Gebrauch von Flachbildschirmen durchgesetzt hat. An denen kann man sich nur noch schwerlich verheben, sie sind im wahrsten Sinne des Wortes »kinderleicht« geworden. Kinderleicht ist allerdings auch der Gebrauch von Computern mit Internetzugang. Und darüber machen sich im Besonderen Eltern weiterhin berechtigte Sorgen, die ihre Zöglinge davor bewahren möchten, im Internet und während nächtelanger LAN-Partys die Nacht zum Tag werden zu lassen. Oder sich »verbotene Sachen« anzusehen.

Knapp neunzig Prozent der Haushalte in Deutschland mit Kindern zwischen sechs und dreizehn Jahren verfügen über mindestens einen Computer. Kinder wachsen heute mit Computern auf. Sie erfahren von Anfang an, dass der Computer zum Haushalt gehört wie der Kühlschrank, die Waschmaschine und der Fernseher. Zunächst also nichts Besonderes. Wenn Kinder in diesem Alter einen Computer benutzen, dann ist dies in der Regel der PC oder Laptop von Mama und Papa. Aber schon etwa ein Viertel von ihnen verfügt über ein eigenes Gerät im Kinderzimmer. Dabei ist das Nutzungsprofil in dieser Zeit sehr altersabhängig. Erst- und Zweitklässler benutzen den Computer eher selten. Etwa die Hälfte der Sechs- bis Siebenjährigen hat noch gar keinen Zugang. Mit zunehmendem Alter nimmt die Attraktivität von PC und Laptop rasant zu. Bei fünfundneunzig Prozent der Kinder zwischen zwölf und fünfzehn Jahren ist der Computer fester Bestandteil des alltäglichen Lebens geworden. Wer heute Zugang zu einem Computer hat, nutzt auch das Internet. Das gilt natürlich auch für Kinder. Folgerichtig verfügen nahezu alle Haushalte, in denen sich mindestens ein Computer befindet, auch über einen Internetzugang. Das sind etwa neunzig Prozent aller Familien in Deutschland. Die Nutzung des Computers durch Kinder zwischen sechs und dreizehn Jahren spiegelt in etwa das Nutzungsprofil des Internets durch diese Kinder wieder. Immerhin zwanzig Prozent der Sechs- bis Siebenjährigen haben schon Ausflüge ins Internet unternommen. Zwischen acht und neun Jahren kann das schon die Hälfte aller Kinder von sich behaupten. Der Anteil der Kinder, die das Internet nutzen, nimmt mit dem Alter stetig zu. Knapp neunzig Prozent der Dreizehnjährigen nutzen das Internet regelmäßig.

Die Frage, die Sie wohl am meisten interessieren mag ist: »Was treiben meine Kinder bloß so lange vor dem PC?« Ihr Verdacht, dass sie vor dem Computer das tun, was sie am liebsten tun, ist berechtigt. Richtig, spielen! Spielen ist das gute Recht unserer Kinder. Jedes Kind kann sich auf die UN-Kinderrechtskonvention berufen, die ihm dieses Recht ausdrücklich zusichert. Ein Menschenrecht. Fünfzig bis sechzig Prozent der Kinder spielen mindestens einmal pro Woche gemeinsam mit anderen Kindern oder alleine zu Hause am Computer. Aber der Computer in den Kinderzimmern ist längst nicht mehr nur ein Spielgerät. Zwischen vierzig und fünfzig Prozent der Kinder zwischen sechs und dreizehn Jahren nutzen den Computer, um sich mit Lernprogrammen zu beschäftigen, die Hausaufgaben oder andere Arbeiten für die Schule zu erledigen und im Internet zu surfen. Ein Drittel aller Kinder nutzt Textverarbeitungsprogramme und kommuniziert per E-Mail. Jungen und Mädchen zeigen deutliche Unterschiede in ihren Schwerpunkten beim Umgang mit dem Computer. Während die Jungen häufiger spielen und im Internet surfen, nutzen die Mädchen den PC deutlich häufiger für Schularbeiten und zum Schreiben und Malen. Wenn sich Ihr Kind so oder so ähnlich verhält, liegt es also voll im Trend der Zeit. Der Zeitaufwand für die Beschäftigung mit dem Computer und dem Internet ist allerdings altersabhängig und individuell sehr verschieden. So steigt zum Beispiel der Anteil der Kinder, die jeden oder fast jeden Tag am Computer spielen, zwischen dem sechsten und dreizehnten Lebensjahr von vier Prozent auf zweiundzwanzig Prozent an. Zugleich geht in diesem Zeitraum der Anteil der Kinder, die nie am Computer spielen, von sechzig auf vierzehn Prozent zurück. Zwischen diesen beiden Gruppen entwickelt sich eine recht stabile Mehrheit von Kindern, die einmal bis mehrmals pro Woche am Computer spielen. Die Gruppe umfasst etwa dreißig bis vierzig Prozent der Sechs- bis Neunjährigen und etwa die Hälfte aller Zehn- bis Dreizehnjährigen. Mit Beginn der Pubertät hat sich ein Jahrgang dann deutlich aufgestellt: Ein Viertel spielt nie oder nur ganz selten und ein Viertel sehr intensiv. Die Hälfte eines Jahrgangs bewegt sich mit ihrem Spielverhalten irgendwo dazwischen. Die bilden die größte Gruppe der moderaten Computernutzer. Die täglichen Spielzeiten schwanken zwischen dreißig Minuten und mehreren Stunden. Gespielt wird nicht nur am Computer, sondern auch an Spielkonsolen, wie zum Beispiel der Playstation.

Ein regelmäßig auftretender Streitpunkt zwischen Eltern und Kindern ist die Frage: Wie lange sollte mein Kind am Computer spielen? Die meisten von Ihnen können ganz gelassen bleiben. Die Mehrheit Ihrer Kinder verhält sich unproblematisch. Haben Sie allerdings den Eindruck, Ihr Kind könnte bald zu der Gruppe der Intensivspieler gehören, sollten Sie Ihre Erziehungskompetenz früh und konsequent voll zur Entfaltung bringen. Das betrifft im Übrigen auch alle anderen Eltern, wenn es, unabhängig von der Zeit, die sich Ihre Kinder mit dem Computer und dem Internet beschäftigen, um die Inhalte geht, mit denen Kinder in Spielen und auf Internetplattformen konfrontiert werden. Hier sind die Eltern aufgerufen, ihre Kinder nicht alleine und unbeaufsichtigt zu lassen. Beim Umgang Ihrer Kinder mit dem Computer und dem Internet gelten ähnliche Regeln wie beim Umgang mit dem Medium Fernsehen. Allerdings ist der Anspruch, den eine gute Computer- und Interneterziehung an die Eltern stellen, deutlich höher. Insbesondere bei jüngeren Kindern sollten Sie sich unbedingt deren Passwort geben lassen, mit dem sie sich im Computer anmelden. Auf diese Weise können Sie – bei begründetem Verdacht! – hin und wieder einmal danach sehen, was Ihr Kind in den letzten Tagen so alles angeklickt hat.

Zum Glück haben die Eltern der Kinder, die jetzt kurz vor dem Eintritt in die wunderbare Welt des Internets und der Computerspiele stehen, die Eltern der heute unter Sechsjährigen, schon selbst die Chance gehabt, sich während ihrer eigenen Kindheit mit Computer und Internet zu beschäftigen. Das ist sicherlich nicht ohne Einfluss auf deren spätere elterliche Erziehungskompetenz geblieben. Vielleicht ist es das Verdienst dieser »neuen« Eltern, dass der Anteil der sechs- bis siebenjährigen Intensivspieler zwischen 2006 und 2008 um mehr als die Hälfte, von neun auf vier Prozent, zurückgegangen ist. Trotz einer scheinbaren Allgegenwärtigkeit von Computer und Internet kommt der Beschäftigung unserer Kinder mit den digitalen Medien bei Weitem nicht der Stellenwert zu, der sich in der öffentlichen Wahrnehmung festgesetzt hat. Kinder zwischen sechs und dreizehn Jahren geben an, dass die Beschäftigung mit dem Computer nach Fernsehen und Sporttreiben nur im Mittelfeld der liebsten außerschulischen Beschäftigungen rangiert.

Wichtige Signale für die elterliche Erziehung gehen vom Kaufverhalten ihrer Kinder aus. Kinder in Deutschland haben eine beeindruckende, von ihren Eltern unabhängige Kaufkraft. Die etwas weniger als sechs Millionen Sechs- bis Dreizehnjährigen verfügen über rund sechs Milliarden Euro. Zweieinhalb Milliarden Euro davon sind Taschengeld und Geldgeschenke. Der Rest schlummert auf dem Sparbuch. Ein dicker Batzen, um den sich die Werbewirtschaft kümmert. Und wer, denken Sie, macht das Rennen? Natürlich, die Süßwarenindustrie. Tatsächlich geben unsere Kinder den größten Teil dieser zweieinhalb Milliarden (!) Euro für Süßigkeiten und Speiseeis aus, während sie kaum bereit sind, sich an Ausgaben für Computerspiele zu beteiligen. Die Ausgaben für Computer- und Konsolenspiele bilden das Schlusslicht auf der kindlichen Einkaufsliste. Tatsächlich beziehen die Kinder ihre Computerspiele in erster Linie über ihre Eltern. Eine ganz komfortable Ausgangsbedingung für Ihre Erziehungsarbeit. Sie schlagen zwei Fliegen mit einer Klappe: Sie machen Ihr Kind glücklich und behalten die Kontrolle über die Spielinhalte. Denn darum wird es bei der Begleitung Ihres Kindes in die Computer- und Internetwelt in erster Linie gehen: Mit welchen Inhalten wird Ihr Kind dort konfrontiert. Es sind vor allem die Inhalte, die die Entwicklung Ihres Kindes erheblich beeinflussen können. Hier ist Ihre Führung gefragt. Sie können punkten, wenn Sie von Anfang an dabei sind und es bleiben. Die Kontrolle über den Konsum von Süßigkeiten haben Sie längst verloren. Da hilft nur noch Zähneputzen. Dabei geben die meisten Eltern schon ihr Bestes. Aus leidvoller Erfahrung wissen sie, dass sich Prophylaxe lohnt. Niemand möchte sein Kind mit Zahnschmerzen erleben. Da ziehen Mama und Papa alle Register. Ihr Einfallsreichtum kennt keine Grenzen, um schon die ganz Kleinen zu begeisterten Zähneputzern zu machen. Tatsächlich mischen die meisten von ihnen auch bei der Auswahl der Computerspiele mit, solange sie das können. Etwa sechzig Prozent aller Eltern entscheiden bei der Anschaffung entweder alleine oder zumindest mit. Andererseits gibt jedes fünfte Kind zwischen sechs und dreizehn Jahren an, dass es sich die Spiele ohne Mama und Papa aussucht.

Der Umgang mit Computer und Internet birgt Chancen und Risiken. Früher oder später wird sich auch Ihr Kind mit diesen Medien auseinandersetzen müssen. Schon in vielen Kindergärten sind sie im Einsatz. Spätestens in der Schule wird der Umgang mit Maus und Tastatur erfahren. Auf weiterführenden Schulen wie dem Gymnasium wird vorausgesetzt, dass Ihr Kind zu Hause über einen Internetzugang verfügt. Einen verantwortungsvollen und sicheren Umgang mit den digitalen Medien sollte Ihr Kind daher rechtzeitig von Ihnen lernen. Sie legen die Basis für eine gute Medienkompetenz Ihres Kindes. Das Resultat Ihrer Bemühungen hängt ganz entscheidend von Ihrem eigenen Standpunkt gegenüber den digitalen Medien ab. Kinder lernen in erster Linie durch Abgucken und Nachahmen. Eltern sind das erste große Vorbild ihrer Kinder. Das spielt beim Umgang mit Computer und Internet eine ebenso große Rolle wie beim Umgang mit dem Fernsehen. Sicher verfügen Sie über ein eigenes gefestigtes Profil bei der Nutzung aller möglichen modernen digitalen Kommunikations-, Informations- und Unterhaltungsmedien. Sicher gehören Sie nicht zu der Generation der »Silver Surfer«, die sich gerade in Workshops von der Idee begeistern lassen, dass fleißiges Googeln geistig länger fit halten soll. Wahrscheinlich registrieren Sie als moderner Informationsarbeiter nicht mehr bewusst, dass Sie fünfzigmal am Tag Ihre Mails checken, achtzigmal mit Ihrem Instant-Messaging-Programm Nachrichten versenden und etwa vierzig verschiedene Webseiten besuchen. Zwischendurch, im Zug oder in der Vielflieger-Lounge, jonglieren Sie wie selbstverständlich mit Laptop, iPhone und BlackBerry, um sich Videos anzuschauen, ein wenig auf Facebook abzuhängen, dann wieder Textnachrichten ins Handy einzugeben, ein bisschen zu twittern und an Ihrer aktuellen Powerpoint-Präsentation zu arbeiten. Sie haben sich daran gewöhnt, sich jederzeit an jedem Ort Informationen zu beschaffen, zu arbeiten, zu kommunizieren, sich unterhalten zu lassen, zu shoppen und Reisen zu buchen. Vielleicht hat Sie die digitale Welt schon so umschmeichelt, dass Sie nichts dabei finden, während eines Geschäftsessens mitten im Satz den Blick von Ihrem Gesprächspartner abzuwenden, um ziemlich unauffällig, wie Sie meinen, unter den Restauranttisch zu schielen und ganz kurz mit Ihrem BlackBerry online zu gehen. Zwischendurch haben Sie noch jede Menge Zeit, um zu fotografieren. Besonders beliebt auf Familientreffen und Wiedersehensfeiern. Jeder fotografiert jeden, wie dieser gerade jeden fotografiert, um sich dann später Oma und Opa und die alten Schulkameraden auf den digitalen Fotos anzuschauen: »Sieh bloß, der Bernd war auch da!« Wo ist das Problem? Das Problem ist, dass diese ganze digitale Welt mit all ihren schönen und weniger schönen Seiten gerade wie ein Tsunami auf Ihre Kinder zugerast kommt. Da sollten Sie ein paar Schutzmaßnahmen in Erwägung ziehen. Flucht ist keine Lösung. Das wissen Sie schon. Wellenbrecher, Dämme und Schutzräume müssen jetzt her, die Ihre Kinder im Laufe der nächsten Jahre nach und nach wieder unbeschadet verlassen können.

Eine wesentliche Voraussetzung für die Entwicklung einer guten Medienkompetenz Ihres Kindes ist die Bereitstellung von Rahmenbedingungen für eine gute ganzheitliche Entwicklung in den ersten Lebensjahren. So hat Ihr Kind die Möglichkeit, seine Persönlichkeit frei zu entwickeln. Es steht dann mit seinen sechs Jahren fest auf beiden Füßen, weiß, was es will, freut sich des Lebens und ist allen Anforderungen gewachsen. Wenn alles gut gelaufen ist, ist es jetzt kontaktfreudig und will die Welt entdecken. Es verfügt über alle notwendigen emotionalen und sozialen Kompetenzen sowie die erforderlichen kognitiven Fähigkeiten und eine gehörige Portion Neugierde, um alle Höhen und Tiefen auf seiner Entdeckungsreise gut zu verkraften. Dabei verlässt sich Ihr Kind ganz selbstverständlich auf Ihre Begleitung und Ihren Schutz. Die wird es brauchen, bis es seine Erziehung mit der Pubertät für alle erkennbar für beendet erklären wird. Dieses Kind wird die digitalen Medien Computer und Internet als Ergänzung und Bereicherung erleben und sie nicht für das wahre Leben halten. Die größte Unterstützung erfährt Ihr Kind dabei durch Ihr Verhalten im häuslichen Umfeld. Wenn Sie am Abend nach Hause kommen und alle Ihre Handys, BlackBerrys, Organizer, Laptops und iPhones ausschalten, sich nicht gleich vor Ihren heimischen PC setzen, um Daten abzugleichen und zu aktualisieren, den Fernseher auslassen, sich stattdessen einfach Zeit für Ihr Kind nehmen, wird es sich das gut merken. Bei Anzeichen von digitalen Entzugserscheinungen fragen Sie Ihren Arzt oder Apotheker. Oder Sie beginnen mit der Internet- und Computererziehung Ihres Kindes. Ihr Einsatz wird sich in mehrfacher Hinsicht auszahlen. Denn eines ist sicher: Nach einer kompetenten Einführung und unter Ihrer verantwortlichen Begleitung schaden Computer der Entwicklung Ihres Kindes nicht.

Tatsächlich macht Kindern der Umgang mit Computern Spaß. Er fordert die Aufmerksamkeit, gibt der Kreativität breiten Raum und lässt der Fantasie freien Lauf. Vor dem Computer zeigen sich Kinder in der Regel hoch motiviert. Vor allem deshalb, weil sie am

Geschehen aktiv teilnehmen können. Sie können eingreifen, indem sie selbst bestimmen, was als Nächstes geschieht und mit welcher Geschwindigkeit einzelne Lernschritte ablaufen. Die meisten guten Programme für Kinder geben Rückmeldungen, die dem Kind bescheinigen, dass es erfolgreich war, oder vorschlagen, es noch einmal zu versuchen. Alles sehr zeitnah. Das unterstützt die Entwicklung eines guten Selbstwertgefühls und die Lernbereitschaft. Man kann sagen, bei guter Führung machen Computer schlau! Zumindest scheint der Zugang von Kindern zwischen sechs und fünfzehn Jahren zu den digitalen Medien die schulischen Leistungen positiv zu beeinflussen. Besonders eindrucksvoll ist dieser Effekt, wenn Kinder Onlinelernprogramme verwenden. Um diesen Nutzen ziehen zu können, müssen Kinder allerdings über eine ausreichende digitale Kompetenz verfügen. Kinder, die Computerspiele intensiv nutzen, erbringen deutlich schlechtere schulische Leistungen als Kinder, die dies eher mäßig tun. Natürlich können auch die besten Lernprogramme nicht das wahre Leben ersetzen. Zu einer guten digitalen Kompetenz gehört daher auch, dass das Kind gelernt hat, den Computer wieder auszuschalten. Denn für eine gute Entwicklung ist es auch nach der Einschulung wichtig, alle seine Sinne weiterhin in der realen Welt zu trainieren. Das können die besten Lernprogramme nicht leisten. Außerdem unterbricht jede Beschäftigung mit dem Computer zusätzlich zu den übrigen täglichen Unterbrechungen durch Schlafen, Duschen, Lesen und Fernsehen, die sozialen Interaktionen mit den Eltern, Geschwistern und Freunden. Das ist auf Dauer schlecht für die Persönlichkeitsentwicklung. Die Beschäftigung mit dem Computer darf auf keinen Fall der Einstieg in den sozialen Rückzug werden. Außerdem unterbricht das Sitzen vor dem PC, wie in der Schule und vor dem Fernseher, oft über Stunden den natürlichen Bewegungsdrang der Kinder. Gesundheitsgefährdungen, denen Sie von Anfang an mit klaren Regeln begegnen sollten. Ihre Kinder brauchen viel Zeit, um möglichst an der frischen Luft in freier Natur mit anderen Kindern spielen und Sport treiben zu können. Tatsächlich tun das die meisten Kinder immer noch am liebsten. Dazu brauchen sie allerdings Gelegenheiten und Möglichkeiten. Hier helfen eindeutige zeitliche Beschränkungen der Computernutzung. Besonders wenn die Kinder noch klein sind. Sie tun Ihrem Kind und sich dabei den größten Gefallen, wenn Sie bei diesem Thema nicht jedes Mal von Neuem anfangen zu diskutieren und zu verhandeln. Fordern Sie diese Vorgaben konsequent ein. Natürlich kennen Sie Ihr Kind am besten. Auch hängen das Wohl und Wehe Ihres Kindes nicht von der einen oder anderen Minute mehr oder weniger ab. Allerdings sollte man von den folgenden Richtlinien nicht zu weit abweichen: zwanzig bis dreißig Minuten bei Grundschulkindern und sechzig Minuten bei Schulkindern zwischen zehn und dreizehn Jahren. Wir alle wissen, dass es bei den älteren Kindern auch mal schnell zwei Stunden werden können. Je konsequenter Sie in den ersten Jahren sind, umso unbedenklicher werden solche Ausrutscher. Sind Ihre Kinder dann älter als vierzehn Jahre, können Sie eh nur darauf bauen, in den Jahren zuvor Ihr Bestes gegeben zu haben. Die konsequente Durchsetzung Ihrer Regeln erleichtern Sie sich nicht dadurch, dass Sie Ihren Kindern gestatten, über einen eigenen Computer, womöglich mit Internetzugang, im Kinderzimmer zu verfügen. Sie gestatten ja auch kein eigenes Fernsehgerät bis zu einem Alter von zwölf Jahren. Die notwendigen Absprachen einer Nutzung des Familien-PCs erleichtern das Einhalten der Regeln ungemein.

Manche Kinder zeigen schon früh Interesse an Computern. Ihr Kind gehört nicht dazu? Keine Panik, es verpasst nichts. Auf keinen Fall sollten Sie Ihr Kind bedrängen. Es gibt durchaus geteilte Meinungen darüber, wann man mit der Computererziehung anfangen soll. Die einen plädieren dafür, die Kinder so früh wie möglich, am besten schon im Alter von drei Jahren im Kindergarten, an die neuen Medien heranzuführen. Medienkompetenz als frühpädagogisches Ziel. Andere raten von einem zu frühen Kontakt von Kindern mit dem Computer ab und warnen vor den negativen gesundheitlichen Folgen einer Unterbrechung des natürlichen Bewegungs- und Forschungsdrangs von Drei- bis Sechsjährigen. Die Einschätzungen eines solchen möglichst frühen Kontaktes zu den digitalen Medien reichen daher von »Segen für die Frühpädagogik« bis zu »Körperverletzung«. Wie so oft liegt die Wahrheit irgendwo dazwischen. Einerseits ist es völlig natürlich, dass Kindern in der Schule Kulturwissen auf der Höhe der Zeit vermittelt wird. Dazu gehört auch der Umgang mit den sogenannten Neuen Medien. Dazu ist ein sechsjähriges Kind in der Regel nicht zu jung. Andererseits ist zu berücksichtigen, dass Kinder ein Recht darauf haben, dass sich ihre Persönlichkeiten frei entfalten können. Dazu gehört, dass wir Eltern berücksichtigen müssen, was Kinder in ihren jeweiligen Entwicklungsphasen wirklich brauchen. Kinder sind keine kleinen Erwachsenen! Niemand wird vernünftigerweise einen Säugling oder ein Kleinkind vor einen Computer setzen. Später, zwischen drei und sechs Jahren, braucht ein Kind Menschen, mit denen es sich beschäftigen kann. Gleichaltrige und ältere. Jedes Kind braucht diese Zeit, um seine sozialen Kompetenzen zu entwickeln. Das lernen die Kinder nicht am Computer. Es besteht eher die Gefahr, dass die Entwicklung des Kindes gestört wird, dass wertvolle Zeit für interaktives soziales Lernen gestohlen wird. Was soll ein Kind mit der Erfahrung anfangen, dass es von einem Computer gelobt wird, wenn es irgendeine Aufgabe richtig gelöst hat? Dass Menschen nicht so wichtig sind?

Die neuen Medien verführen viele Erwachsene und Pädagogen zu der Vorstellung, man könne bestimmte Lernphasen von Kindern vorverlegen, um Zeit zu nutzen für eine vorgezogene Bildung. Unter dem PISA-Schock beginnen viele mit Experimenten, denen die Kinderzeit zum Opfer fällt. Tabellenkalkulation für vierjährige Kindergartenkinder kann man mit gutem Recht als einen Angriff auf die gesunde Entwicklung des Kindes ansehen. Nicht weil Tabellenkalkulationen an sich etwas Ungesundes wären. Nur die Hoffnungen, die manche Pädagogen daran knüpfen, sind völlig unbegründet. Die theoretischen Erfahrungen, die Kindergartenkinder mit dem Computer und den Programmen machen, finden keinen Zugang zum Langzeitgedächtnis, weil es erst mit Eintritt in die Schule im Alter von fünf bis sechs Jahren seine Funktion aufnimmt. Was bleibt, sind die verpassten Zeiten für Wärme, Nähe und Liebe durch uns Erwachsene und verpasste Zeiten für Spiel und Sport mit Gleichaltrigen.

Dank Ihrer Hilfe schaffen es die meisten Kinder, mit dem Computer verantwortungsvoll umzugehen. Trotz eines beachtlichen Gefährdungspotenzials haben es die Onlinespiele und Konsolen nicht geschafft, das klassische Spielverhalten zu verdrängen. Über neunzig Prozent der Sechs- bis Neunjährigen und mehr als achtzig Prozent der älteren Kinder spielen weiterhin Gesellschaftsspiele. Solches Spielverhalten ist Ausdruck eines ausgeprägten Bedürfnisses nach sozialer Interaktion. Deshalb haben Kinder ein ausgeprägtes Bedürfnis, von ihren Erfahrungen am Computer zu erzählen. Eine gute Gelegenheit, um mit Ihrem Kind diese Erfahrungen gemeinsam zu verarbeiten und so den Bezug zwischen den virtuellen Spielwelten und der Realität aufrechtzuerhalten. Natürlich wollen Kinder frei spielen. Sie nehmen, was sie finden. Die nötige Fantasie bringen sie auf. Die kindliche Fantasie wirkt im Verborgenen, treibt ihr eigenes Spiel mit der Seele. Das ist wichtig für die Entwicklung des Kindes. Diese Fantasien teilt Ihr Kind mit Ihnen oder auch nicht. So soll es sein. Aber was, wenn dem Kind von außen Fantasien angeboten werden. Sehr kraftvolle Fantasien in Form von Bildern und Videos in Konsolen- und Onlinespielen. Fantasien, die sich sonst nicht gebildet hätten. Die Möglichkeiten, in diese ausdrucksstarken virtuellen Fantasiewelten einzutauchen, üben auf Kinder einen starken Reiz aus. Versuchen Sie erst gar nicht, diese Faszination abzuqualifizieren, um Ihr Kind vielleicht von bestimmten Angeboten abzulenken. Das wird nicht funktionieren. Eher wird sich das Kind verschließen. Besser, Sie zeigen von Anfang an Interesse an den Computerspielen, die Sie ja in aller Regel gemeinsam mit Ihren Kindern aussuchen. Fragen Sie, ob Sie nicht mitspielen können. Sie werden schnell feststellen, dass Ihr Kind in vielen Anwendungen geschickter vorgeht als Sie. Das macht Ihr Kind stolz und selbstbewusst. Natürlich sind manche Spiele Geschmackssache. Vielleicht gefällt Ihnen das eine oder andere Spiel, das sich Ihr Sohn von seinem besten Freund ausgeliehen hat, ganz und gar nicht. Sagen Sie ruhig, was Ihnen nicht gefällt, ohne das ganze Spiel zu verteufeln. So lernen Sie vielleicht ganz neue Seiten an Ihrem Kind kennen. Wichtig ist, dass Sie im Gespräch bleiben und sich über die Inhalte der Spiele offen austauschen.

Irgendwann sind die Zeiten vorbei, in denen Ihr Sohn noch begeistert Schiebe- und Klick-Puzzles gespielt hat. Dann stehen Sie vor der Frage: »Papa, am Wochenende möchte ich mit auf die LAN-Party bei David. Darf ich?« Das ist natürlich eine tolle Sache. Alle packen ihre Rechner und Laptops ein und vernetzen sich in irgendeinem Keller und los geht's. Jetzt sind Sie natürlich etwas im Stress. Sollen Sie es erlauben, oder nicht? Ihr Sohn ist vielleicht gerade zwölf Jahre alt geworden. Natürlich stellen Sie all die bekannten Fragen: David, wer? Was findest du denn so toll an diesen LAN-Partys? Wer kommt denn sonst noch alles? Welche Spiele wollt ihr denn spielen? Sind Davids Eltern dann auch zu Hause? Die Antworten Ihres Sohnes werden Ihnen schon vieles verraten. Ein Anruf bei den Eltern von David kann ein Übriges tun. Natürlich tragen sie die Verantwortung, dass die Spiele über die entsprechenden Alterskennzeichnungen verfügen und alle gesetzlichen Vorgaben beachtet werden. In diesem Rahmen werden Sie Ihre Erlaubnis geben oder Ihr Verbot aussprechen. Wer kann das besser einschätzen als Sie? Vielleicht würden Sie am liebsten mitmachen. Aber das fände Ihr Sohn wohl nicht so cool, oder? Davon auszugehen, dass Ihr Kind niemals mit Gewaltspielen wie Ego-Shootern in Kontakt kommt, ist genauso abwegig wie die Vorstellung, dass es mit zwölf Jahren nicht weiß, was eine »line« ist. Ihre einzige Gewissheit ist, dass das spezifische Gefährdungspotenzial für das Wohl Ihres Kindes umgekehrt proportional zu Ihrer erzieherischen Präsenz in diesen Fragen ist.

Beim Spielen alleine bleibt es nicht. Ihre Kinder wollen die Welt entdecken, und das Internet ist ein Teil davon. Es ist natürlich gar nichts dagegen vorzubringen, wenn Ihr Kind Interesse daran zeigt, ins Internet zu gehen. Man sagt zwar, das Internet sei virtuell. Tatsächlich jedoch geht es da zu wie im wahren Leben: Kleine Kinder dürfen nur an der Hand mit hinein, damit sie nicht verloren gehen. Lassen Sie Ihr Kind niemals im Netz allein! Nehmen Sie es mit, und zeigen Sie ihm, dass es dort schon für ein Grundschulkind viele tolle Sachen zu entdecken gibt. Ihr Kind wird staunen über die vielen kindgerechten Seiten. Vielleicht kann Ihr Kind ja schon alleine zur Schule gehen. Dann ist es bereits mit vielen Regeln im Straßenverkehr vertraut. Es kennt die Bedeutung der Ampeln und weiß, dass es nur auf dem Zebrastreifen über die Straße gehen darf. Ihr Kind wird Sie also gut verstehen, wenn Sie von Anfang an mit ihm darüber sprechen, was im Netz erlaubt und was verboten ist. Schnell sind die Lieblingsseiten, wie zum Beispiel www.blinde-kuh.de oder www.kindernetz.de ausgemacht und in der Link-Liste gesammelt. Das ist für das Erste ein spannender Einstieg und die Zeit vergeht wie im Fluge. Schon am nächsten Tag kommt Ihr Kind aus der Schule und fragt: »Mama, darf ich wieder zur blinden Kuh?« Zugegeben, es ist aufwendig. Sie brauchen Zeit. Aber es wird sich lohnen.

Später, so ab einem Alter von zehn Jahren, die blinde Kuh ist längst tot, geht die Schule davon aus, dass Ihr Kind in der Lage ist, herkömmliche Suchmaschinen zu benutzen. Tatsächlich haben Sie schon seit geraumer Zeit bemerkt, dass es Ihr Kind nicht mehr so toll findet, an die Hand genommen zu werden. Es beginnt jetzt die etwas heikle Zeit des Übergangs. Ständig müssen Sie zwischen dem Schutzbedürfnis und dem Recht auf Privatheit Ihres Kindes abwägen. Das ist nicht immer ganz einfach. Es sollte Ihnen aber gelingen, einen praktikablen Zwischenweg zu finden. Grundsätzlich müssen Sie natürlich wissen, auf welchen Seiten sich Ihr Kind im Internet bewegt. Andererseits müssen Sie nicht unbedingt wissen, was Ihre Tochter mit ihrer besten Freundin so alles im Chat bequatscht. Sie wollen doch nicht lauschen, oder? Was hätten Sie in Ihrer Kinderzeit von Ihrer Mutter gehalten, wenn sie Ihre sorgsam gehüteten Geheimnisse in Ihrem Tagebuch gelesen hätte. Na, also! Jetzt wird es langsam Zeit für etwas mehr Bewegungsfreiheit. Am Anfang helfen noch von Ihnen selbst zusammengestellte Positivlisten mit erlaubten Kinderangeboten. Sie müssen dann Ihren Webbrowser nur noch so einstellen, dass er nur diese Seiten anzeigt. Wenn Ihnen das ständige Neueinstellen des Browsers zu umständlich ist, helfen sogenannte Webfilter, die unerwünschte Seiten zurückhalten können. Denn trotz eines zunehmenden Anspruchs auf mehr Bewegungsspielraum ist das Schutzbedürfnis Ihrer älteren Kinder zwischen zehn und zwölf Jahren weiterhin sehr groß. Angebote aus dem »bösen« Internet können Ihre Kinder auch in diesem Alter noch extrem verstören. Dazu gehören unkontrollierte Chatrooms und illegale Tauschbörsen ebenso wie Nazi- und Pornoseiten. Filterprogramme, die eine totale Sicherheit bieten, gibt es jedoch nicht. Ihre weitere intensive Begleitung ist also nach wie vor erforderlich. Sie haben die Wahl zwischen sogenannten Whitelists, mit denen Sie festlegen können, welche Seiten für Ihre Kinder zugänglich sind, und Blacklists, mit denen Sie unerwünschte Seiten blockieren können, während alles andere zugänglich bleibt.

Ab einem Alter von zwölf Jahren werden Sie sich überlegen, von White auf Black umzuschalten. Seien Sie bei all Ihren Bemühungen tapfer, wenn Ihr Sohn oder Ihre Tochter Sie weise anlächelt und Sie nur mit Mühe den aufkeimenden Verdacht unterdrücken können, dass sie sich den »vollen Durchblick« gerade bei ihrem besten Freund oder ihrer besten Freundin zu Hause verschafft haben, deren Eltern sich vielleicht nicht die gleiche Mühe machen wie Sie. Lächeln Sie zurück. Mehr können Sie nicht tun. Es gibt aber auch dann noch viele Themen, an denen es sich lohnt dranzubleiben.

Bei Kindern bis zwölf Jahren stehen Suchmaschinen hoch im Kurs. Sie verbringen die meiste Zeit im Internet, um sich Informationen für die Schule und für außerschulische Interessen zu besorgen. Jedes fünfte Kind in diesem Alter gibt an, regelmäßig zu chatten, online zu spielen oder Musik zu hören. Bei den älteren Kindern und Jugendlichen kommen dann Social Networks, wie SchülerVZ und Instant Messenger hinzu, die von bis zu zwanzig Prozent dieser Altergruppe regelmäßig genutzt werden. Dieses Nutzungsprofil bietet reichlich Ansatzpunkte für Gespräche mit Ihren schon etwas älteren Kindern, selbst dann noch, wenn sie sich als Jugendliche schon ziemlich frei und ungehemmt im Internet bewegen. Für diese Altergruppe lauern zahlreiche Gefahren im Netz, vor denen Sie Ihre Kinder schützen können, wenn Sie im Gespräch bleiben. Ein Problem ist der oft ziemlich leichtfertige Umfang mit persönlichen Daten. Zunächst einmal ist die Freiheit im Netz eine großartige Sache. Gerade für Heranwachsende und Jugendliche, die diese Freiräume im täglichen Leben, in der Schule, zu Hause und in ihrem Wohnumfeld oft schmerzlich vermissen. Hier können sie ohne ständige Beaufsichtigung und Kritik von Eltern, Lehrern und all den übrigen Gruftis eine Menge neuer »Freunde« kennenlernen, frei kommunizieren und sich allen Frust von der Seele reden. Nicht wenige fühlen sich inzwischen in ihren jeweiligen Social Communities wohler als in ihren Familien. Hier sagen sich Freunde untereinander Dinge, die sie sich nicht ins Gesicht sagen würden. Gutgläubigkeit, Schwärmerei und Vertrauen sind tolle Eigenschaften. Wer von uns möchte nicht in einer Welt leben, die voll davon wäre? Aber sie ist es nicht und im Netz warten nicht nur wahre Freunde. Das kann zu bösen Überraschungen führen. Trotz aller positiver Begeisterung für Freiheit und Abenteuer sind Sie daher gut beraten, in den Gesprächen mit Ihren Kindern ohne erhobenen Zeigefinger dahin zu wirken, dass sie sich im Netz etwas weniger offenherzig zeigen. Und wenn, dann nur in klar überschaubaren Communities. Immerhin jeder zehnte Schüler über zwölf Jahren stellt Informationen über seine Hobbys und Vorlieben, eigene Fotos und Filme und natürlich die eigene E-Mail-Adresse ins Netz. Bei den älteren Jugendlichen tut das etwa die Hälfte aller Internetnutzer. Mit einem »Hey, hier bin ich. Ist da jemand?« betreten sie ganz unbeschwert den Cyberspace.

Sie können schon sehr früh mit Ihrem Kind vereinbaren, dass aus dessen E-Mail-Adresse kein realer Name erkennbar ist. Dass es in Foren und Chats niemals persönliche Daten hinterlässt, die Auskunft über Alter, Wohnort, Telefonnummer und E-Mail-Adresse geben können. Fragen Sie ruhig nach, ob Ihr Kind schon über ein eigenes Profil, zum Beispiel bei SchülerVZ, verfügt. Versuchen Sie Ihr Kind bei der Erstellung eines solchen Profils gegebenenfalls zu beraten, und sprechen Sie offen über Gefahren, die so ein Auftritt mit sich bringen kann. Dabei geht es nicht darum, die Begeisterung Ihres Kindes zu schmälern und diese Art der Kommunikation zu verbieten oder sonst wie madig zu machen. Machen Sie Ihr Kind fit fürs Internet. Solche Foren und Communities werden von einigen Schülern missbraucht, um andere fertigzumachen. »Cyberbullying« als besonders fiese Variante des Mobbings. Gehen Sie offen mit diesen Problemen um und signalisieren Sie Ihre Hilfsbereitschaft und Unterstützung, für den Fall, dass Ihrem Kind so etwas zustoßen sollte. Dagegen ist niemand wirklich gefeit. Doch je weniger im Netz über Ihr Kind verfügbar ist, desto geringer die Wahrscheinlichkeit von fiesem Mobbing.

Besonders die jungen Kinder sollten früh genug von Ihnen erfahren, dass da draußen im Netz nicht nur die Guten unterwegs sind. Dass es dort böse Menschen gibt, die für sie sehr gefährlich werden können. Treffen Sie alle nötigen Vorkehrungen, dass Ihr Kind nicht Opfer wird. Cybergrooming steht für ein besonders verabscheuungswürdiges kriminelles Verhalten von Erwachsenen, die sich unter falscher Identität in Chatrooms an Ihre Kinder mit der Absicht heranmachen, sich mit ihnen zu verabreden, sie dann irgendwo in der ganz realen Welt zu treffen, um sich dort an ihnen zu vergehen. Das sind ganz reale Gefahren der virtuellen Welt des Internets, vor denen Sie Ihre Kleinen schützen müssen. Was immer Sie tun, Sie sollten vermeiden, die Chats zu verteufeln. Wenn Kinder befürchten müssen, das Internet verboten zu bekommen, neigen sie nicht selten dazu, sich zu verschließen und Ihnen nicht mehr alles zu erzählen, was sie dort erleben. Bleiben Sie im Gespräch. Dann können Sie vielleicht noch Ihre Heranwachsenden und Jugendlichen mit der eindringlichen Warnung erreichen, dass das Internet nichts vergisst. Noch nach Jahren lassen sich von den Betroffenen dann längst vergessene alberne Fotos, peinliche Filme und Textbeiträge von Arbeitgebern, Versicherungsunternehmen und anderen privaten und öffentlichen Einrichtungen in Minutenschnelle googeln. Was würden Ihre Kinder dann dafür geben, diese Eindrücke niemals ins Netz gestellt zu haben!

Aber nicht nur das Hochladen von Informationen in das Netz, auch das Herunterladen birgt Gefahren, die Ihre Kinder und Sie selbst betreffen können. Vor allem dann, wenn sich Dritte durch solche Aktivitäten in ihren Rechten verletzt sehen, können Sie ernsthafte Probleme bekommen. Über die möglichen Auswirkungen sollten Sie ganz offen und eindringlich mit Ihren Heranwachsenden sprechen, um sich vor diesen Gefahren zu schützen. Trotz aller gefühlten Freiheit: Das Internet ist nicht rechtsfrei! Ein gängiges Delikt, das von Kindern, Heranwachsenden und Jugendlichen, und natürlich auch von Erwachsenen, im Netz ganz unbeschwert verübt wird, ist Urheberrechtsverletzung. Zum Beispiel durch illegales Herunterladen von Musik- und Filmdateien aus einer illegalen Tauschbörse. Das sind Vergehen, die zunehmend geahndet werden. Es drohen empfindliche Geldstrafen. Auch wenn eine rechtliche Bewertung nicht in jedem Einzelfall so einfach ist, wie es sich die Geschädigten wünschen, sollten Sie alles tun, um sich diesen Ärger zu ersparen. Die zuständigen Gerichte können auf die elterliche Aufsichtspflicht pochen, die eine umfassende Überwachung der Internetnutzung bis zur Erlangung der Volljährigkeit umfasst. Sie wissen natürlich, dass das nicht geht und viele Richter vielleicht keine eigenen Kinder haben. Aber im Zweifel fallen Sie auf solche Rechtsbestimmungen zurück und sehen dann ziemlich dumm aus. Nutzen Sie also die ersten Jahre mit Ihren Kindern, um dann auch später bei solchen Themen noch wahrgenommen zu werden, dann, wenn die Erziehung längst vorbei ist.

Lassen Sie sich nicht abschrecken. Bei verantwortungsvoller Nutzung bietet das Internet für Ihre Kinder tolle Entwicklungsmöglichkeiten, die Sie Ihnen nicht vorenthalten sollten. Zugegeben, es kostet etwas Mühe. Aber es lohnt sich. Und darum geht es ja bei der Erziehung immer. Am Ende muss es sich für die Kinder gelohnt haben.

Ist Erziehung nur eine ernste Angelegenheit?

ES MÜSSEN NICHT immer gleich Krieg und Frieden sein, die den »Ernst der Stunde« für sich in Anspruch nehmen. Auch weniger existenzielle Themen werden gerne mit »gebührendem Ernst« behandelt. Vor allem wenn es gilt, den »Ernst der Verantwortung« öffentlich zu erkennen und einzufordern. Da beginnt für so manchen Zeitgenossen die spaßfreie Zone. Man betritt Hoheitsgebiet. Unvergesslich das Unwort von der »Lufthoheit über den deutschen Kinderzimmern«.

Erziehung mag ein ernstes Anliegen sein, aber muss sie deswegen nur eine ernste Angelegenheit sein, bloße Pflicht(ein)übung? Viele meinen, ja. Wenn auch nur wenige der Lufthoheit eines Reichserziehungsministeriums nachtrauern. Das hat zum

Glück schon lange geschlossen. Inzwischen haben die Eltern ihre natürliche Erziehungshoheit zurückgewonnen. Dennoch kümmert sich die Politik, wenn auch ganz demokratisch und in föderaler Vielstimmigkeit, weiterhin mit heiligem Ernst um alle Fragen der Erziehung. So fühlte sich das Bundesministerium für Familie, Senioren, Frauen und Jugend vor einigen Jahren ermutigt, ein »Bündnis für Erziehung« zu schmieden, angetreten, um einer von der Politik wahrgenommenen »Orientierungslosigkeit« der Eltern in Erziehungsfragen entgegenzutreten. Dieses Bündnis hat es sich auf die Fahne geschrieben, den »hilflosen Eltern« den rechten Weg zu weisen, ihnen Werte und Normen zu vermitteln, auf dass die Erziehung ihrer Kinder möglichst systemkonform gelingen möge.

Also doch ein Erziehungsministerium? Natürlich nicht! Noch gilt die Erziehungshoheit der Eltern. Wie wäre es dann mit einem »Betreuungsministerium«? Irgendwie muss es doch gelingen, den Kindern auch ohne ihre Eltern die richtigen Werte und Normen zu vermitteln. So geht es spätestens seit der Verabschiedung des »Kinderfürsorgegesetzes« im Jahre 2008 unter Begleitung des »Kinderbetreuungsfinanzierungsgesetzes« vordergründig auch gar nicht mehr um Erziehung. Eine gute Betreuung muss reichen. Als eine der wichtigsten Zukunftsaufgaben in Deutschland hat die Politik seither eine gute Kinderbetreuung gepaart mit einer frühen Förderung ausgemacht. Dabei gelten außerfamiliäre Betreuungsangebote als besonders familienfreundlich. Für die Dauer ihrer, wie es im offiziellen Sprachgebrauch heißt, familiennahen Unterbringung sollen Kinder von sogenannten Tagespflegepersonen betreut werden. Betreuung, Pflege, Förderung: Man könnte meinen, unsere Kinder sollten einer medizinischen Rehabilitationsmaßnahme unterzogen werden. Spätestens nach einem Studium der zugrunde liegenden Gesetzestexte ist auch der letzten Mama und dem letzten Papa klar geworden, wie ernst es um die Erziehung ihrer Kinder bestellt ist. Das Wort Liebe kommt nicht ein einziges Mal vor. Da kann einem schon mal der Humor abhandenkommen. Auch ohne ein »Humorministerium«. Aber hoffentlich nur vorübergehend. Denn eine gute Erziehung ist ohne Humor gar nicht denkbar. Sehen Sie also zu, dass Sie ihn behalten.

Die eigenen Kinder selbst zu erziehen ist auch die Gelegenheit, wieder mehr zu lachen, seinen eigenen Humor neu zu entdecken. Humor ist eine viel zu ernste Sache, als dass Sie ihn alleine den Komikern überlassen sollten. Eine zentrale menschliche Schlüsselqualifizierung. Wie alle Qualifizierungen fällt allerdings auch der Humor nicht einfach so vom Himmel. Den muss man sich erwerben. Es gibt also eine Humorerziehung.

Humor ist ein wesentlicher Teil der emotionalen Intelligenz, die jedes Kind entwickeln kann. Das tut es umso leichter, je humorvoller es im Familienleben zugeht. Humor ist mit Zuversicht und Optimismus verknüpft. Die braucht ein Kind, um sich gesund zu entwickeln. Humorvollen Kindern fällt es später als Erwachsenen viel leichter, anderen Menschen mit Herzlichkeit und Nachsicht zu begegnen. Eine humorvolle Familienatmosphäre trägt dazu bei, dass das Kind schon früh die positiven Auswirkungen des Humors an sich selbst erfährt, den Humor für sich entdeckt. Humor macht einfach Spaß und hilft, scheinbar wie nebenbei, bei der Bewältigung all der kleinen und größeren Konflikte, die das Leben eines Kindes schon bietet. Kinder, die viel und herzlich lachen, haben ihre Aggressionen besser im Griff als die Sauertöpfe. Humor befreit, beflügelt das kreative Denken und lässt zwangsläufige Misserfolge nicht so dramatisch erscheinen. Fröhliche Kinder sind insgesamt ausgeglichener, lassen sich nicht so leicht frustrieren und sind bei ihren Freunden, aber auch bei den Erwachsenen, sehr beliebt. Wenn es Ihnen gelingt, Ihrem Kind eine nachhaltig humorvolle Familienatmosphäre zu bieten, legen Sie das Fundament für die Entwicklung einer humorvollen Grundeinstellung Ihres Kindes und fördern so dessen soziale Kompetenz.

Die scheinbare Renaissance einer schwarzen Gehorsamspädagogik von der Super-Nanny bis zum Kampf gegen die Tyrannen in den Kinderzimmern kanalisiert dagegen die dumpfe Sehnsucht nach der alten Basta-Pädagogik. Die in den Medien mit großem Tamtam vorgetragene Forderung nach mehr Gehorsam und Disziplin in der Erziehung erscheint als tragische Auswirkung eines dramatischen Humorverlustes. Eine in einer Atmosphäre von Angst und Repression entwickelte Grundhaltung, die auf Gehorsam und Disziplin aufbaut, ist nie positiv. Sie ist im Kern totalitär. Halten Sie mit Ihrem Humor dagegen. Der Humor ist seit jeher die wirksamste Waffe gegen totalitäres Gedankengut. Humor hat jeder Mensch. Zumindest bis zu einem gewissen Grad. Und jeder kann ihn nutzen. Eltern sind von Natur aus mit Humor gesegnet. Wenn Sie sich auf Ihre Kinder einlassen, werden Sie ihn gegebenenfalls neu entdecken. Er wird Ihr Leben bereichern und auf Ihre Kinder zurückwirken. In einer humorvollen Atmosphäre hat Ihr Kind den nötigen Rahmen, um Begeisterung anstelle von Gehorsam, Vorsicht anstelle von Angst und Selbstkontrolle anstelle von Disziplin zu entwickeln. Alles Kategorien einer demokratischen Grundhaltung. Sie sehen, Humor ist ein ernstes Anliegen.

Dabei reicht es nicht aus, einfach nur witzig zu sein. Obwohl sie häufig in einen Topf geworfen werden, sind Humor und Witz zwei verschiedene Kategorien. Das Wort Witz ist eine Ableitung aus verschiedenen Wortstämmen für Weisheit, Klugheit und Wissen. Mit Gewitztheit meinen wir Cleverness und Schlagfertigkeit. Der Witz ist eine intellektuelle kognitive Leistung des Gehirns. Der Witz braucht Publikum. Ohne Publikum hat der Witz keine Funktion. Versuchen Sie mal, sich selbst einen Witz zu erzählen. Humor ist dagegen ein Persönlichkeitsmerkmal. Eine besonders ausgeprägte emotionale Aufmerksamkeits- und Handlungsbereitschaft. Humor ist eine positive Charaktereigenschaft, die durch eine wohlwollende, heitere und gelassene Einstellung gegenüber den Wechselfällen des Lebens gekennzeichnet ist. Humor ist ein situationsübergreifendes Charaktermerkmal des Menschen. Darüber hinaus umfasst Humor die Fähigkeit, sprachliche und nicht sprachliche Formen des Humors, also lustige Geschichten oder komische Situationen, zu erfassen, zu verstehen oder auch selbst zu erzeugen und zu präsentieren. Der Humor kann betont situativ und kommunikativ daherkommen. Der allgemeine Sprachgebrauch fasst den Humorbegriff viel weiter. Heute gilt ganz allgemein jemand als humorvoll, wenn er die Leute zum Lachen bringen kann. »Der hat Humor«, oder: »Der ist witzig«, sagen wir dann. Tatsächlich hat der Humor aber nur bedingt etwas mit Lachen und Komik zu tun. Lachen kann nämlich auch bei völliger Abwesenheit von Humor auftreten und zum Einsatz kommen.

Der Begriff Humor ist eine Ableitung des lateinischen Wortes »umor«. Das bedeutet Feuchtigkeit oder Nässe. Natürlich bietet sich sogleich die Assoziation an, dass sich der eine oder andere im Zustand größter Erheiterung gerne vor Lachen in die Hosen macht. Eine mögliche Erklärung, natürlich. Aber zu kurz gegriffen. Tatsächlich geht der Begriff Humor auf die antike Vorstellung zurück, dass Gesundheit und eine gute Stimmung von der richtigen Mischung der Körpersäfte abhingen. Bekanntlich unterschied man in jenen Tagen zwischen vier Körpersäften, dem Blut (sanguis), der schwarzen Galle (melancholé), der gelben Galle (cholé) und dem Schleim (phlegma). Je nachdem, welches dieser Elemente die Oberhand gewann, unterschied man zwischen den vier Grundcharakteren, dem Sanguiniker, dem Melancholiker, dem Choleriker und dem Phlegmatiker. Während der Erste lebhaft und leichtfüßig daherkommt, ist der Zweite schwermütig und antriebsschwach. Der Dritte ist reizbar, während der Vierte wiederum schwerfällig und kaltblütig ist.

Man stelle sich vor, die menschliche Gesellschaft bestünde ausschließlich aus diesen antiken Grundformen. Eine schreckliche

Vorstellung. Wie viel Humor müssten wir wohl aufbringen, um in einer solchen Gesellschaft zu überleben. Tatsächlich kam es in der antiken Vorstellung auf die rechte Mischung dieser Säfte an. Auf ein ausgewogenes Verhältnis. Einen guten Sinn für Humor hat spätestens seit der Renaissance jemand, dessen »Umores« in einem ausgeglichenen Verhältnis standen. Eine erstaunlich moderne Vorstellung.

Nach einer recht wechselvollen Geschichte des Humorbegriffs in den zurückliegenden Jahrhunderten ist die Humorforschung bei einer mehrdimensionalen Vorstellung angelangt: Humor als Konstrukt aus verschiedenen Komponenten unserer Persönlichkeitsstruktur. Die individuelle Humorfähigkeit formuliert sich aus unseren vorwiegend nachgeburtlich entwickelten motorischen, emotionalen, sozialen und kognitiven Kernkompetenzen. All unsere Persönlichkeitsmerkmale, unsere ganze Individualität erscheinen mit unserem Humor verknüpft. Um Humor wahrzunehmen, zu verstehen und sowohl intuitiv als auch strategisch einzusetzen, bedarf es zahlreicher Facetten. So muss im entscheidenden Moment die Motivation stimmen. Das heißt, wir müssen einer Situation mit einer positiven Einstellung gegenüber dem Humor begegnen. Unsere ganze emotionale Grundstruktur muss bestimmte Fähigkeiten aufweisen. Dazu gehört, dass wir in der Lage sind, nicht nur Freude, sondern auch Ärger, Angst und Aggressionen mit Humor wahrzunehmen und auszudrücken. Dass wir die Realität um uns herum für kurze Zeit vergessen und unseren Humor auch in Stress auslösenden Momenten einsetzen. Dass wir uns mit unseren Macken anfreunden und über uns selbst lachen können. Nicht selten ist es dabei hilfreich, schnell zwischen emotionalen Zuständen wechseln zu können. Außerdem spielen soziale Komponenten eine wichtige Rolle. Eine gute Humorfähigkeit zeichnet sich dadurch aus, dass wir imstande sind, Humor im Gespräch und in sozialen Interaktionen in Gruppen einzusetzen. Dabei bedarf es einer ausgeprägten Sensibilität für unterschiedliche Situationen, in denen Humor mehr oder weniger angemessen ist, wobei es gilt, die entsprechenden sozialen Strukturen und Normen zu beachten. Um den Humor mit der richtigen emotionalen Tönung und sozialen Verträglichkeit einsetzen zu können, bedarf es zusätzlich bestimmter kognitiver Fähigkeiten. Im entscheidenden Moment müssen Sie in der Lage sein, Perspektiven und gedankliche Standpunkte zu wechseln, in unterschiedliche Rollen zu schlüpfen und ein gewisses Maß an Verrücktheit und Unsinn zu akzeptieren. Besonders hilfreich sind dabei Erfahrungen und abrufbare Kenntnisse darüber, wie Humor funktioniert. Dazu gehören zum Beispiel Wortspiele und Übertreibungen. Schließlich ist es immer gut, über ein gewisses Repertoire in seinem Gedächtnisspeicher zu verfügen, aus dem man sich schnell und zuverlässig bedienen kann, um im entscheidenden Moment auch einmal mit einem Witz oder einer lustigen Erwiderung oder gar einer ganzen humorigen Geschichte aufzuwarten.

Humor ist also ein ziemlich komplexes Konstrukt mit Elementen aus allen wesentlichen Kernkompetenzen unserer Persönlichkeit. Humor ist nichts, was Sie sich mal so eben aneignen können. Humor ist im Wesentlichen das Ergebnis Ihrer Persönlichkeitsentwicklung und bildet sich im Verlauf der Kindheit aus. Wen wundert's, dass inzwischen auch die Hirnforschung längst den Humor entdeckt hat. Wenn er auch auf Kongressen und Tagungen, zumindest im offiziellen Teil, eher selten angetroffen wird, hat es der Humor doch geschafft, zum Objekt des Forschungsinteresses von Neurobiologen, Neurologen und Psychiatern zu werden, nachdem er schon seit mehr als zweitausend Jahren Gegenstand vorwiegend philosophischer, anthropologischer, psychologischer, philologischer und natürlich theologischer Betrachtungen war. Wenn sich über die Jahrtausende die großen Denker und Forscher, alle großen Weltreligionen und zuletzt die Naturwissenschaften mit dem Humor befassen, muss es sich wohl um ein bewegendes Phänomen handeln.

Wenn wir auch weiterhin gelegentlich jemandem gerne einen warmherzigen Humor bescheinigen, kämen wir doch wohl nicht auf die Idee, ihn im Herzmuskel zu suchen. So wie unsere »herzlichen Grüße« in Wahrheit hirnliche Grüße sind, die ihren Ursprung in den für die Formulierung unserer Gefühle zuständigen Bereichen des Gehirns haben, ist der Humor eine Kategorie, die unmittelbar mit der Funktion und der Entwicklung des menschlichen Gehirns verknüpft ist. Wissenschaftlich betrachtet, ist der Humor Chefsache des Gehirns. Ein ernstes Anliegen also. Auch schon für Charles Darwin, der in seinem Buch »Der Ausdruck der Gemütsbewegungen bei dem Menschen und den Tieren« von 1872 spekulierte, dass die stammesgeschichtliche Grundlage für das ehrliche emotionale Lachen in seiner Funktion als sozialer Ausdruck von Fröhlichkeit und Freude zu finden sei. Darin erkannte er einen gemeinsamen Überlebensvorteil der sozialen Gruppe. Damit ist Charles Darwin einer der Begründer der biologischen Humorforschung. Aber welchen Vorteil könnte eine Gruppe von Menschen daraus ziehen mit anzusehen, wie sich einer von ihnen gerade schlapp lachte? Das könnte die anderen doch völlig kalt lassen. Tatsächlich ist Lachen jedoch ansteckend.

Setzen Sie sich auf den Boden zu Ihren Kindern und lachen Sie. Bald lachen alle mit. Schenken Sie Ihrem Liebsten ein Lächeln, er wird es augenblicklich erwidern. Das funktioniert selbstverständlich auch umgekehrt. Diese Ansteckungsgefahr deutet darauf hin, dass die zugrunde liegenden Mechanismen fest in unseren Gehirnen verankert sind, und zwar schon sehr lange. Tatsächlich gibt es Hinweise darauf, dass schon der letzte gemeinsame Vorfahr von Mensch und Menschenaffen vor fünfzehn Millionen Jahren etwas zu lachen hatte. Das Lachen ist dem Menschen stammesgeschichtlich in die Wiege gelegt worden. Es wird sich allerdings etwas anders angehört haben als heute. Vielleicht so wie das Lachen der Orang-Utans, das dem des Menschen von allen Menschenaffen am wenigsten ähnlich ist. Seit dem Beginn der Menschwerdung ist das Lachen eine wichtige und die am weitesten verbreitete nicht sprachliche emotionale stimmliche Lautäußerung. Lachen als Ausdrucksmittel. Allen, die es hören können, wird signalisiert: Seht her, ich fühle mich wohl, es besteht kein Grund zur Sorge, ich habe alles im Griff, das Leben ist schön. Diese Nachricht wird gerne gehört, worauf alle einstimmen. So oder so ähnlich werden die ersten Lach-Clubs in den Savannen Afrikas geklungen haben. Lachen als ganz altes Kommunikationsmittel. Eine Gefühlsäußerung mit großer sozialer Tragweite. Seitdem lachen die Menschen gerne und viel. Tsunamis, Erdbeben, Kriege, Terror, Krankheit und Tod? Nichts scheint den Menschen davon abzuhalten, zu scherzen und zu lachen. Der Mensch ist süchtig nach Humor. Er ist sogar bereit, regelmäßig viel Geld auszugeben, um sich erheitern zu lassen. Ja, manche erkennen im Humor eine quasi erotische Kategorie.

Aber wo liegt der Vorteil im Humor und im ehrlichen Lachen? Welcher Nutzen liegt im Humor? Anders gefragt, welchen Zweck erfüllt der Humor? Eine Annahme sieht im kindlichen Spieltrieb die unmittelbare Vorstufe des menschlichen Humors. Lachen als Spielsignal. In den kindlichen Raufspielen unserer Vorfahren wurden erwachsene Verhaltensweisen vortrainiert. Dazu gehört auch aggressives Verhalten. Dabei war es wichtig, dem Spielkameraden zu signalisieren: Ich tue nur so, ich beiße nicht wirklich zu. Eine Annahme besagt, dass das Lachen aus der rhythmischen Abfolge von Anspannung und Entspannung in diesen Raufspielen, aus dem ständigen Wechsel zwischen Angst und Entwarnung, dem Luftanhalten und Ausatmen, als ein Signal ritualisiert wurde, dass alles nur ein Spiel ist. Lachen symbolisiert den Unernst der Lage. Millionen Jahre vor der Erfindung der Symbolsprache signalisierte das laute Lachen eines Menschen allen anderen Mitgliedern des

Stammes schon von Weitem gut vernehmbar, dass eine Bedrohung, oder was als solche angesehen worden war, vorbei ist, keine Gefahr mehr besteht. Alle stimmten ein. Man konnte sich wieder entspannen. Der Stresspegel ging zurück. Seither nimmt ein Lachen auch Bedrohliches aus zwischenmenschlichen Beziehungen. Der Humor entwickelte sich zu einem Bewältigungsmechanismus, der Situationen entspannen kann, ohne sie notwendigerweise zu ändern. Vielleicht weil sie nicht zu ändern sind. Humor als Instrument im alltäglichen Krisenmanagement. Als Schlüsselqualifikation, mit der es dem Menschen gelingt, auch der größten Katastrophe noch etwas Komisches abzugewinnen. Wenn das kein Überlebensvorteil ist. Das Lachen und der Humor haben sich zu einer Art sozialem Klebstoff entwickelt, der die Solidarität innerhalb einer Gruppe stärkt und zugleich der Abgrenzung gegenüber anderen Gruppen dient.

Der Humor ist ein zentrales Wesensmerkmal des Menschen. Schon am Beginn der Menschwerdung installiert als Voraussetzung für die vor zwei Millionen Jahren einsetzende Kulturentwicklung. Als die ersten Werkzeugmacher den Faustkeil und später ihre Jagdutensilien herzustellen begannen, ist schon über dreizehn Millionen Jahre hinweg gelacht worden. Eine lange Zeit, um den Humor einzuüben. Deshalb ist es nicht zu erwarten, dass es im Gehirn irgendein »Humorzentrum« gibt, das alle Facetten unserer Humorkompetenz repräsentiert. Tatsächlich verfügt das menschliche Gehirn über ein komplexes Humornetzwerk, das verschiedene Bereiche der Großhirnrinde und zahlreiche Kerngebiete umfasst, die mit der Verarbeitung motorischer, emotionaler und kognitiver Aspekte von Humor beschäftigt sind. Alle diese Teile sind auf das Innigste mit der Persönlichkeit verbunden. Dieses Netzwerk gewährleistet, dass die Wahrnehmung humorvoller Elemente das Empfinden erzeugt, etwas sei witzig oder überraschend anders als erwartet. Dieses Empfinden kann daraufhin in eine Emotion einmünden. Typische durch humorvolle Aspekte erzeugte Emotionen können sehr widersprüchlich sein. Sie reichen von Belustigung über Fröhlichkeit und Ausgelassenheit bis zu einer aufgekratzten Heiterkeit. Diese unterschiedlichen Emotionen können eine Gemütsverfassung beeinflussen, die eine humorvolle Reaktion begünstigen kann. Eine solche Reaktion kann ein Lächeln oder aber ein Stirnrunzeln umfassen. Wie auch immer die Humorantwort in einem bestimmten Fall aussehen mag, eine ganze Reihe von Regionen des Gehirns ist damit befasst. Regionen, die die selektive Aufmerksamkeit einer Person sicherstellen, das Arbeitsgedächtnis und gegebenenfalls das Langzeitgedächtnis bereitstellen, eine gewisse gedankliche Flexibilität zulassen, Gefühle beurteilen und sprachliche Abstraktionen vornehmen. Dabei können diese Strukturen im Einzelfall gemeinsam eine humorvolle Empfindung oder Reaktion hervorbringen oder auch nicht. Vielleicht sind Sie jetzt überzeugt, dass der Humor gelegentlich von Herzen kommen mag, aber sicher im Gehirn zu Hause ist. Doch was nützt es, sein Gehirn zu begreifen und die Pointe eines guten Witzes zu verpassen? In der Praxis spielt es keine Rolle, wo Sie Ihren Humor ansiedeln. Hauptsache, Sie haben einen.

Ein kleiner Hinweis für die Genussmenschen unter Ihnen: Humor wirkt so ähnlich wie Kokain! Aber keine Angst, im Gegensatz zu Kokain ist Humor gesund, obwohl ihm auch ein gewisses Abhängigkeitspotenzial nachgesagt wird. Unser Gehirn verfügt über ein sogenanntes »Belohnungssystem«, an dem Bereiche mitwirken, die an der Humorerzeugung beteiligt sind. Dieses System spielt eine entscheidende Rolle bei der Verhaltenssteuerung. Es wirkt als Selbstverstärker. Bestimmte lebenswichtige Verhaltensweisen, die unter Umständen sehr aufwendig und mit Mühen verbunden sind, wie Futter suchen, also Karriere machen, und flirten, werden, wenn erfolgreich abgeschlossen, vom Gehirn selbst belohnt. Wir empfinden ein wohliges Gefühl, manchmal einen Kick, und sind regelrecht »high« vor Glück. Der Zweck dieses Systems liegt darin, sicherzustellen, dass wir uns immer wieder von Neuem die Bürde auflegen, all die zum Teil langen, schwierigen und mühevollen Verhaltensweisen an den Tag zu legen, um zum Erfolg zu kommen. Ohne dieses Belohnungssystem wären wir gar nicht in der Lage, morgens aus dem Bett zu steigen, geschweige denn langfristige Pläne zu schmieden und Projekte durchzustehen. Keine Kulturgeschichte des Menschen ohne Belohnungssystem. Eben dieses System, das sich zum Beispiel mit Kokain überlisten lässt, ist auch an unserer Humorkompetenz beteiligt. Was sollte uns denn sonst dazu veranlassen, uns mit einem unvermeidlichen Missgeschick abzufinden oder etwas daran lustig zu finden, wenn der mürrische Nachbar auf der Bananenschale ausrutscht, wenn nicht diese gehörige Prise Dopamin, die uns der kleine, lustige Nucleus accumbens just dann spendiert, wenn's passiert? Es lohnt sich also, Humor zu haben. Humor ist überlebenswichtig. Solange das Belohnungssystem funktioniert, können wir frohlocken: »Die Lage ist katastrophal, aber nicht ernst!« Und schwupp, schon bekommen wir die nächste Prise Dopamin. Für unser Gehirn ist der Humor eine ernste Sache. Mit dem Humoristen Werner Fink gesagt: »An dem Punkt, wo der Spaß aufhört, beginnt der Humor.«

Wenn Sie jetzt Ihre lieben Kleinen beim Spielen beobachten, werden Sie wahrscheinlich vor Neid erblassen. Schon die Kleinsten machen nämlich den lieben langen Tag nichts anderes, als mit ihrem Belohnungssystem zu experimentieren. Schließlich befinden sie sich gerade im Trainingscamp der Humorentwicklung. Statistisch gesehen, lachen Kinder mehr als zwanzigmal so häufig wie wir Erwachsenen. Etwa vierhundertmal am Tag holen sie sich ihre Prise Dopamin ab. Da hilft nur eines: mitmachen. Dann werden Sie bestimmt auch etwas abbekommen. Unterstützen Sie die Humorentwicklung Ihres Kindes nach Kräften. Sie beginnt schon sehr früh, früher, als Sie vielleicht bisher gedacht haben.

Sie finden Ihr Baby lustig, weil es Sie zum Lachen bringt? Das ist gut. Bestimmt hat es Sie schon angelächelt. Das hat Ihr Baby schon vor der Geburt ausgiebig geübt. Sein erstes Lächeln gehört Ihnen. Damit signalisiert es: Hallo, hier bin ich. Mit mir ist alles in Ordnung. Ich bin ein prächtiges Kerlchen, das es zu lieben lohnt. Das von jetzt an gehegt, gepflegt und versorgt werden möchte. Das Baby flirtet mit Ihnen und Sie sind hingerissen. So soll es sein. Die erste Kontaktaufnahme ist gelungen. Ein ganz entscheidender Moment, bei dem das Lächeln des Babys eine wichtige Schlüsselrolle spielt. Alles Täuschung, sagen die humorlosen Wissenschaftler. Und eine ziemlich egoistische obendrein. Mit Humor hat das Ganze jedenfalls nichts zu tun. Der Humor ist an bestimmte emotionale und kognitive Voraussetzungen gebunden, über die ein Neugeborenes noch nicht verfügt. Die muss es jetzt erst einmal in aller Ruhe entwickeln. Und dazu braucht es Ihre Unterstützung und natürlich Ihren Humor.

Die Humorentwicklung beginnt also mit einem ziemlich humorlosen angeborenen Reflex, den Sie verzückt erwidern. Aber Ihr Baby lernt schnell. Nach sechs bis acht Wochen beginnt es, Ihr Lächeln zu erwidern, und bis zum vierten Monat nach der Geburt hat es gelernt, laut zu lachen. In dem Alter ist Kitzeln die beste Humorschule. Besonders kitzelig sind wir an den Stellen des Körpers, an denen wir besonders verletzlich sind. Fremdberührungen an diesen Stellen, zum Beispiel unter dem Arm, erzeugen eine Alarmstimmung im Gehirn und führen zu Abwehrreaktionen. Stellt der Gekitzelte dagegen fest, dass der vermeintliche Angriff nur ein Scherz ist, stellt sich bei ihm ein Gefühl der Erleichterung ein, was ihn zum Lachen bringt. Man könnte sagen, er nimmt den Angriff mit Humor. Auf diese Weise schlagen Sie zwei Fliegen mit einer Klappe, sowohl die Abwehrreaktionen als auch der Humor werden trainiert. Ihr Baby hat natürlich längst festgestellt, dass es sein Gehirn nicht überlisten kann, indem es sich selbst kitzelt. Deshalb wartet es begierig auf Ihren nächsten Scheinangriff, um sich unter Ihren Kitzelattacken lauthals lachend dem wohligen Gefühl der Erleichterung hinzugeben.

Ältere Säuglinge beginnen etwa ab dem achten Monat damit, ihre Humorkompetenz zusätzlich an visuellen und sozialen Reizen zu entwickeln. Das wird im Guckguck-Spiel besonders schön deutlich. Sie machen sich für kurze Zeit »unsichtbar«, indem Sie sich eine Zeitung vor das Gesicht halten oder hinter dem Sofa verschwinden, um dann ein paar Sekunden später urplötzlich wieder aufzutauchen. Ihr Baby quiekt vor Vergnügen. Es kann gar nicht genug davon kriegen. Sie müssen es immer und immer wieder tun. Bald versucht es Ihr Baby selbst, Sie zum Verschwinden zu bringen, indem es sich selbst für kurze Zeit hinter dem Sofa versteckt oder einfach nur seine Händchen vors Gesicht hält, um Sie dann wieder anzusehen. Sie fühlen dabei, wie Ihr Baby versucht, auszutesten, wie lange es aushalten kann, dass Sie nicht mehr da sind. Denn wenn Ihr Kind Sie in diesem Alter nicht sieht, haben Sie ganz einfach aufgehört, zu existieren. Dieser Zustand ist für ein Baby sehr bedrohlich und führt zu Alarmreaktionen in seinem Gehirn. Löst sich die Situation nicht bald auf, wird es anfangen zu weinen und zu schreien, damit es wieder von seiner Mama oder seinem Papa gefunden und getröstet werden kann. Wenn Sie urplötzlich wieder auftauchen, stellt sich ein Gefühl der Erleichterung ein. Das Kind lacht und entspannt sich erneut. Das Guckguck-Spiel funktioniert nur deshalb so ausgezeichnet, weil Ihr Baby noch über kein funktionierendes Kurzzeitgedächtnis verfügt, das ihm die Sicherheit geben könnte, zu wissen, dass Sie auch dann in seiner Nähe sind, wenn es Sie gerade einmal nicht sieht. Dieses Arbeitsgedächtnis entwickelt es erst später, so um die Zeit, wenn es anfängt zu krabbeln und zu laufen. Bis dahin hören Sie für Ihr Baby auf, zu existieren, wenn Sie hinter dem Sofa verschwinden. Eine ganz tolle Humorschule.

Im zweiten Lebensjahr brauchen Sie mit dem Guckguck-Spiel nicht mehr anzukommen. Ihr Kind wird Sie völlig verständnislos angucken. Inzwischen hat es erste Vorstellungen von der Realität entwickelt. Es hat erfahren und gelernt, dass Gegenstände und Ereignisse gewisse Normen erfüllen müssen, um real zu sein. Dadurch hat es eine bestimmte Erwartung gegenüber den Dingen und Ereignissen des täglichen Lebens. Abweichungen von dieser Norm, besonders wenn sie völlig überraschend und unerwartet wahrgenommen werden, bringen Kinder zum Lachen. Solche Inkongruenzen beginnt ein Säugling schon ab dem sechsten Monat zu erkennen. Laufen Sie mal auf allen vieren um Ihren acht Monate alten Säugling herum und bellen wie ein Hund. Er wird sich vor Lachen nicht mehr einkriegen. Er weiß, dass Sie kein Hund sind und nur so tun, als ob. Das findet er lustig. In seinem Gehirn finden jetzt ganz aufregende Prozesse statt. Ständig wird überprüft: Stimmt das, was ich sehe, höre und fühle, mit dem Konzept überein, das ich mir aufgrund meiner bisherigen Erfahrung von den Dingen und Ereignissen gemacht habe? So werden Erfahrungen gefestigt und generalisiert. Krasse Abweichungen stellen natürlich alle Erfahrungen in Frage und können daher bedrohlich sein. Ist der Scherz entlarvt, löst sich die Spannung, das Kind ist amüsiert. Aber es bleibt nicht beim Wahrnehmen und Erkennen von Inkongruenzen. Die Kinder lachen weiterhin über »fliegende Esel«, beginnen aber jetzt im zweiten Lebensjahr damit, sich selbst im Spiel von den Realitäten zu befreien. Das tun sie, ohne dabei den Bezug zur Wirklichkeit zu verlieren. Dieses Als-ob-Spiel beherrschen Kinder ab diesem Alter perfekt. Sie erschaffen sich lustige Situationen und Bilder, indem sie die Wirklichkeit in ihrer Vorstellung aktiv manipulieren.

Von außen sehen Sie, wie Ihr Kind scheinbar selbstvergessen mit ein paar Holzklötzchen hantiert und in Abständen vor Vergnügen gluckst und lacht, als hätte es sich gerade selbst einen Witz erzählt. Tatsächlich bastelt es mithilfe seiner selbst erschaffenen Symbolspiele gerade hocheffizient an der Entwicklung seiner emotionalen, kognitiven und sozialen Kompetenzen. Über diese selbst erzeugten Erfahrungen gelingt es Kindern im zweiten und dritten Lebensjahr zunehmend, zu unterscheiden, ob das, was Erwachsene so von sich geben, ernst gemeint ist oder nur ein Scherz sein soll. Sie beginnen zu sprechen und registrieren ganz genau, wie sie Mama und Papa erheitern können. Jetzt wird es Zeit, selbst aktiv zu werden. Mal zu zeigen, was man in seiner Fantasiewelt so alles gelernt hat. Schon fünfzehn Monate alte Kinder stolzieren mit Papas viel zu großen Latschen an den Füßen und einem Kochtopf auf dem Kopf erhobenen Hauptes durch die Wohnung und haben ein unbändiges Vergnügen daran, zu sehen, wie sich Mama und Papa, Oma und Opa und der Rest der Welt vor Lachen nicht mehr einkriegen. Eigentlich will der Kleine dabei nur zum Ausdruck bringen: Seht her, ich weiß, dass die Schuhe nicht passen und der Kochtopf nicht auf den Kopf, sondern auf den Herd gehört. Ich habe alles im Griff. Ich mache mich bloß darüber lustig!

Kinder zwischen vier und sechs Jahren amüsieren sich am liebsten zusammen mit anderen Kindern, mit ihren Eltern und Geschwistern. Andere zum Lachen zu bringen wird zu einem echten Grundbedürfnis. In diesem Alter beginnen die Kinder zu verstehen, dass andere Menschen eine andere Sicht der Dinge haben können als sie selbst. Wenn jetzt die Oma anruft und am Telefon fragt: »Na, mein Schatz, was hast du denn von Mama und Papa zum Geburtstag bekommen?«, würde ein Fünfjähriger nicht mehr so ohne Weiteres antworten: »Das da!«, und mit den Fingern auf seine neuen Turnschuhe zeigen, weil er inzwischen weiß, dass die Oma am anderen Ende der Leitung gar nicht sehen kann, worauf er da zeigt. Das war ihm als Zweijährigem noch überhaupt nicht bewusst. Das hat natürlich Auswirkungen auf die Humorarbeit. Da tun sich ungeahnte neue Betätigungsfelder auf.

In diesem Alter entwickeln Kinder einen Heidenspaß daran, das genaue Gegenteil von dem zu tun, was die anderen von ihm erwarten. Hunde heißen jetzt Katzen und Autos sind Schiffe. Wenn das Kind die Schuhe reinholen soll, stellt es sie in die Mitte des Gartens. Nur eine unvorsichtige Andeutung von Mama, dass man nicht mit den Fingern isst, führt dazu, dass das Besteck ganz zur Seite gelegt wird und nun beide Hände zum Einsatz kommen. Solcherlei »Späße« dienen dabei trotz gelegentlich anderen Anscheins der Entwicklung einer guten sozialen und kognitiven Kompetenz. Dazu zählt auch der Umgang mit Aggressionen. Kinder lernen, im Spott ihre Aggressionen gegen andere Kinder in sozial verträgliche Formen zu gießen.

Dabei kommt Ironie noch überhaupt nicht gut an. Darauf reagieren Kinder unter sechs Jahren eher negativ, weil sie den in ironischen Anmerkungen versteckten Humor noch nicht erkennen können. Ironie wird für bare Münze genommen. Das ist besonders fatal, wenn ironische Bemerkungen von Erwachsenen gemacht werden. Wenn zum Beispiel der Papa in seinem ersten Ärger über ein Missgeschick seines fünfjährigen Sohnes sagt: »Das hast du ja mal wieder ganz toll gemacht«, ist das Kind verunsichert und weiß mit dem nächsten echten Lob so recht nichts mehr anzufangen.

Um mit Ironie richtig umzugehen, also zu erkennen, dass augenzwinkernd oder spöttisch das Gegenteil von dem gemeint ist, was gesagt wird, muss das Kind in der Lage sein, selbst intendierte Lügen bewusst einzusetzen. Zum Beispiel jemanden zu loben, den man in Wahrheit für ganz entsetzlich hält. Vielleicht um sich einen Vorteil zu sichern oder zumindest sich nicht zu schaden. Diese Fähigkeit ist Ausdruck einer guten sozialen Kompetenz. Das können Kinder unter sechs Jahren noch nicht. Dazu muss sich das Stirnhirn so weit entwickelt haben, dass es die spontanen gefühlsbetonten Aktivitäten des limbischen Systems fest im Griff hat. Das funktioniert erst so ab dem sechsten bis siebten Lebensjahr ganz gut.

Während der Schulzeit bieten sich dann reichlich Gelegenheiten, diese wichtige soziale Kompetenz zu üben und auszubauen. Die Volksweisheit »Kindermund tut Wahrheit kund« trifft zumindest auf die Schulkinder nicht mehr zu. Jetzt können sie ironische Bemerkungen zunehmend als solche erkennen und selbst einsetzen, um Kritik sozial verträglich vorzubringen. Wenn die Mama den Lukas daran erinnert, dass er erst zum Fußball gehen darf, wenn er, wie versprochen, vorher sein Zimmer aufgeräumt hat, kann Lukas jetzt antworten: »Na super!«, wenn er doch eigentlich »So'n Scheiß!« meint. Damit ist dann allen gedient. Mit Selbstironie können unter Sechsjährige aber schon ganz gut umgehen. Wenn der Clown die riesengroße Brille mit viel Bohei überall sucht, während er sie doch auf der Nase hat, können sie sich köstlich amüsieren.

In dem Alter zwischen vier und sechs Jahren durchdringt zunehmend und ganz unvermeidbar ein Thema die Humorkultur unserer lieben Kleinen, bei dem sich die Ansteckungsgefahr des Lachens zwischen Kindern und Erwachsenen in Grenzen hält. In dieser Zeit machen Kinder auf der ganzen Welt die vergnügliche Entdeckung, dass es enorm lustig ist, »Scheiße« zu sagen, wenn die Erwachsenen Kot meinen. Kinder in diesem Alter sagen nun mal nicht »Sanitärbereich« oder »Harn«. Sie sagen, was es ist: Scheißhaus und Pisse. Da müssen Sie durch. Der Stand der Humorforschung auf diesem Gebiet ist schnell zusammengefasst: Echte Kinderwitze sind vorwiegend Analwitze. Meist reichen schon Andeutungen, um die Jungs und Mädels von den Stühlen zu holen. Doch keine Sorge, das legt sich wieder. Damit müssen Sie sich wohl oder übel abfinden. Ihr einziger Trost: Sie sind nicht die einzigen Eltern, die diese Erfahrung machen. Es ergeht allen so, ohne Ausnahme.

Mit der Einschulung ist die Humorpersönlichkeit Ihrer Kinder in ihren Grundzügen ausgebildet. In der Zeit bis zur Pubertät erhält der Humor, wie alle anderen Persönlichkeitsmerkmale, seinen

Feinschliff. Das erlernte Kulturwissen fließt ein, die Techniken werden verfeinert. Die Schulzeit wird auch als Hochzeit der Humorentwicklung bezeichnet. In dieser Zeit verschmelzen Fantasie, Kreativität und Humor zu einer Kategorie. Das eine ist ohne das andere nicht mehr darstellbar. Es ist die Blütezeit von Doppel- und Mehrdeutigkeiten, Pantomimik, Imitation, Verfremdung bis hin zur Satire. Dabei dient der Humor dazu, das Verhalten auf der ganzen Palette der kindlichen Motivationen zu optimieren. Dadurch begünstigt eine gute Humorkompetenz das kindliche Bedürfnis nach Erheiterung, Kontakt und Anerkennung, Selbstbehauptung, auch nach Macht und dem Ausleben von Wut und Zorn, und danach, Ängste zu bändigen und Sorgen zu vergessen. Mit einem Wort: Humor macht die Psyche unserer Kinder robust und widerstandsfähig! Das trifft natürlich auf uns Erwachsene genauso zu. Was ist erhabener, als einer Niederlage noch etwas Positives abgewinnen zu können? Was wirkt befreiender als die Einsicht, das, was wir nicht bekommen konnten, nie gewollt zu haben? Dazu kann nur der Humor verhelfen. Die Enttäuschung verfliegt, aus Verzweiflung wird Hoffnung. Eine echte Siegerstrategie!

Humor fördert nicht nur die psychische sondern auch die körperliche Robustheit. Lachen ist gesund! Wenn auch nicht alle Aspekte dieser Volksweisheit einer genauen wissenschaftlichen Prüfung standhalten, möchte man der Aussage doch im Großen und Ganzen folgen. Humorvolle Menschen scheinen über bessere Abwehrkräfte zu verfügen als die Miesepeter. Ein stabiles Immunsystem ist das A und O einer guten Gesundheit. Dass das Immunsystem über die Psyche mit beeinflusst wird, ist seit Langem bekannt. So schaffen es die heiteren Gemüter, mehr Antikörper und Killerzellen zu produzieren, und können so Viren, Bakterien und sogar Krebszellen viel besser unter Kontrolle bringen. Der Fettstoffwechsel ist erhöht. Das beugt Herz- und Gefäßerkrankungen vor. Die Sauerstoffversorgung ist besser. Der Gasaustausch ist in allen Geweben effizienter, der Blutdruck gesenkt und die Atmung effektiver. Menschen, die viel lachen, leiden weit weniger unter chronischen Schmerzen, Angst und Depressionen. Humorvolle Menschen schütten mehr Endorphine und weniger Stresshormone aus. Anders ausgedrückt, sie sind insgesamt cooler drauf, und von Unlust keine Spur.

Stärkere körperliche und psychische Robustheit trägt dazu bei, dass Menschen mit Humor sich selbst glücklicher fühlen und von anderen als sympathischer und liebenswerter angesehen werden als ihre humorlosen Zeitgenossen. Sie sind in der Lage, sich schneller in neue soziale Gruppen zu integrieren und Konflikte abzubauen. Zwischenmenschliche Beziehungen werden von humorvollen Menschen als lustvoll und weniger problembeladen wahrgenommen. Mit einem Wort, der Optimist hat vielleicht nicht immer recht, lebt dafür aber glücklicher, gesünder und länger als der Pessimist.

Gibt es eine schönere Art der Vorsorge für eine gesunde Entwicklung Ihres Kindes als die Humorerziehung? Dabei Ihren eigenen Humor zu pflegen und gegebenenfalls zu reaktivieren lohnt sich in vielerlei Hinsicht. Denn eines ist sicher, Sie werden ihn auch in Zukunft noch brauchen. Spätestens, wenn Ihre kleinen Engel in die Pubertät kommen. Ein ganzer Strauß von Überraschungen wartet dann auf Sie. Den nehmen Sie am besten mit viel Humor entgegen.

Zählt nur die Leistung?

AM ENDE STEHT es 7:5, 2:6, 6:7, 6:2, 6:3. Damit hat es Andre Agassi erneut ins Finale der Australian Open in Melbourne geschafft. Es ist der 25. Januar 2001. In einem nervenaufreibenden und heißen Kampf bezwingt Titelverteidiger Agassi seinen Kontrahenten und Lokalmatador Patrick Rafter in einem mehr als dreistündigen Match. Kein so toller Abgang für den Publikumsliebling Rafter. Zu gerne hätte der Australier vor dem angekündigten Ende seiner Profikarriere einmal dieses Turnier vor heimischem Publikum gewonnen. Der zweimalige US-Open-Sieger gibt sich aber nur wenig enttäuscht. Er habe zwar nichts lieber gewollt, als einmal hier zu siegen, aber schon die Teilnahme am Halbfinale sei mehr gewesen, als er sich erhofft habe. Im Großen und Ganzen sei er sehr zufrieden. Ein echter Publikumsliebling eben. Ganz anders Andre Agassi. Vier Tage später bezwingt er Arnaud Clement in nur drei Sätzen klar mit 6:4, 6:2, 6:2. Agassi im Zenit seines Ruhms. Sein dritter Sieg bei den Australian Open. Es wird nicht sein letzter gewesen sein. Zwei Jahre später gelingt es ihm zum vierten Mal. Am Ende seiner Karriere wird er insgesamt acht Grand-Slam-Turniere und sechzig Einzelturniere gewonnen haben. Dazu noch die Goldmedaille bei Olympia und viele Millionen Dollar an Preisgeldern und Werbeeinnahmen. Mitglied im Club der sechs, die alle vier Grand-Slam-Turniere mindestens einmal gewonnen haben. Eindeutig einer der besten Tennisspieler aller Zeiten. Aber war er auch so zufrieden wie Patrick Rafter? Drei Jahre nach dem Ende seiner Karriere und nach dem Erscheinen seiner Autobiografie »Open« sagt Agassi in einem Interview mit dem SPIEGEL auf die Frage, wie sich die Rente mit neununddreißig anfühle: »Frei. Ich habe Tennis bis heute nicht vermisst, auch den Wettkampf nicht. Ich mochte ihn nie. Ich konnte nie ertragen, dass ich nicht perfekt sein konnte, ich hielt nicht aus, wie sehr Niederlagen wehtaten. Es gab da keine Balance: Kein Sieg fühlte sich so gut an, wie eine Niederlage schmerzte. Alles fühlte sich eher so an, als sei ich erschaffen worden, um nie zufrieden zu sein.« Im Originalton: »I really hated tennis.« Mit diesem Outing hat sich die Schar seiner Freunde aus dem Kreis der prominenten und weniger prominenten Spitzen- und Leistungssportler nicht vergrößert. Viele seiner Kollegen empfinden wohl, da beschmutze einer ihrer aller Nest.

Agassi erzählt von seiner Kindheit, seinem Vater, seinem Drogenmissbrauch und von seinem Sport, den er vor aller Augen doch so meisterlich zelebriert hat. Wir hören von einem gewalttätigen und cholerischen Vater, der den kleinen Andre verprügelt, ihn Tag für Tag 2.500 Bälle aus einer Ballmaschine zurückschlagen lässt. Bei einer angenommenen Schlagfrequenz von fünf Sekunden wäre der kleine Agassi damit täglich drei und eine halbe Stunde beschäftigt gewesen. Der Held der Center Courts spricht von seiner »deformierten Kindheit« und seinen Ängsten. Schon als kleiner Junge im Kinderbett unter einem Mobile aus Tennisbällen. Davon, wie die Stimmung zu Hause davon abhing, ob er gewann oder verlor. Von der ständigen Angst, zu verlieren. Von einem Vater, der seinen Sohn zu Höchstleistungen antrieb, ihn niemals in den Arm nahm. Davon, wie er gegen seinen Willen mit dreizehn Jahren von seiner Mutter und den Geschwistern getrennt und auf eine Tennisakademie weit weg von zu Hause nach Florida geschickt wurde. Davon, wie er dann mit fünfzehn Jahren seine Karriere als Profispieler begann. Auf die Frage, ob er bei all dem Drill durch seinen Vater auch einmal gelobt worden sei, erzählt Agassi von einem Telefonat mit seinem Vater unmittelbar nach seinem gewonnenen Wimbledon-Finale im Jahre 1992. Mit zweiundzwanzig Jahren sein erster Grand-Slam-Sieg nach drei zurückliegenden verlorenen Finalspielen bei den French Open und den US-Open. Endlich der erste großartige Sieg nach all der jahrelangen Plackerei mit dem verhassten Tennis: 6:7, 6:4, 6:4, 1:6, 6:4 gegen Goran Ivanisević. Sieh nur Papa, ich hab's geschafft, wollte er seinem Vater vielleicht zurufen. Die Antwort am Telefon: »How could you lose the fourth set?«. Niederlage im Sieg! Siegen alleine genügt nicht. Der Leistungssport lebt von Rekorden. Eines muss man Vater Mike Agassi lassen: Er hat seine eigenen Lektionen gut gelernt. Als wenig erfolgsverwöhnter Olympiateilnehmer in den Jahren 1948 und 1952 gab es für ihn nur ein Ziel: Sein Sohn sollte es schaffen. Bis ganz nach oben, koste es, was es wolle. Was ist schon so ein bisschen Kindheit, wenn man ewigen Ruhm erlangen kann? Tatsächlich war die Methode Agassi mehr als erfolgreich. Aber um welchen Preis?

Der Mensch ist zu großen Leistungen fähig. Das hat er im Laufe seiner Kulturentwicklung unzählige Male bewiesen. Seine Leistungsbereitschaft ist ein wesentlicher Teil seiner sozialen Kompetenz und persönlichen Fitness. Der Mensch besitzt die Fähigkeit, bei der Verfolgung auch langfristiger Ziele große Kraftanstrengungen auf sich zu nehmen und andere Bedürfnisse seinen Projekten unterzuordnen. Er ist ein wahrer Meister in der Kunst, andere für seine Ziele zu begeistern oder zu unterwerfen. Wir können davon ausgehen, dass die Begeisterung für das Vorhaben bei den am Bau der großen Pyramiden Beteiligten recht ungleich verteilt war. Doch der Mensch hat Freude am Erfolg, im Großen wie im Kleinen. Für seine Erfolge ist der Mensch bereit, Großes zu leisten und Unsägliches zu ertragen. Im edelsten Fall tut er das freiwillig, dem eigenen inneren Antrieb folgend.

Kindern bereitet es von Anfang an erkennbaren Hochgenuss, sich mit sich selbst und später mit anderen Kindern zu messen. Wenn Sie in die Augen Ihres Kindes sehen, nachdem es ihm zum ersten Mal geglückt ist, den letzten Holzklotz oben auf den selbst errichteten Turm zu legen, ohne dass alles wieder in sich zusammenfällt, sehen Sie das reine Glück. Erfolg schmeckt gut. Erfolg macht stark und mutig. Mutig genug, um bald aufzustehen und loszulaufen, um die ganze Welt zu erobern. Leistungsbereitschaft ist eine wertvolle menschliche Handlungsbereitschaft und Grundhaltung, die von Anfang an Nahrung braucht, um sich auszuleben.

Zum Glück, könnte man sagen, leben wir heute in einer Leistungsgesellschaft. In einer modernen, offenen Gesellschaft hängt unsere soziale und berufliche Stellung nicht länger von Herkunft und Familienbesitz ab, sondern von unserer eigenen Leistung. Mit dem Untergang der geschlossenen Sozialsysteme der Ständegesellschaften und dem Aufbruch in die offene Gesellschaft nach der industriellen Revolution brachen quasi paradiesische Zustände für alle bis dahin unterdrückten Leistungswilligen und Leistungsfähigen aus. Könnte man meinen. Dabei ist es zunächst ohne Belang, ob eine Leistung in der Arbeitsgesellschaft oder der Erlebnis- und Konsumgesellschaft erbracht wird. Leistung verbinden wir nicht länger nur mit der Erwerbstätigkeit. Wer möchte abstreiten, dass auf dem Gebiet der Hausarbeit ständig Großes geleistet wird. In den unzähligen Vereinen, in den sozialen Diensten, in der Nachbarschaftshilfe, bei Volksfesten und sogar in Volkshochschulkursen für Malen, Zeichnen, Töpfern und plastisches Gestalten sind Menschen bereit, bis an ihre Leistungsgrenzen zu gehen. Was treibt uns an? Geht es wirklich bloß darum, den Abteilungsleiterposten zu ergattern oder die langersehnte Position der Kreisbäuerin bei der Landfrauengruppe einzunehmen? Rührt unser Glück vielleicht daher, dass wir unsere Leistungsbereitschaft in die Gemeinschaft einbringen, oder daher, dass die im Schweiße unseres Angesichts erkämpfte Position Ansehen und Wertschätzung mit sich bringt? Uns selbst erst das Gefühl schenkt, etwas wert zu sein? Ein durch Leistung legitimiertes wertvolles Mitglied der Gemeinschaft? Eine echte Lebensversicherung nicht nur für schlechte Zeiten. Dafür lohnt sich jeder Einsatz. Leistung muss sich wieder lohnen! Wer fühlt sich da nicht angesprochen. Die Frage ist bloß: Für wen und für was?

Tatsächlich trägt die Leistung oft den Lohn in sich selbst. Nach dem Motto: Dabei sein ist alles. Entlohnt wird der Erfolg. Weshalb vom »Mythos der Leistungsgesellschaft« zu lesen ist und das böse Wort »Erfolgsgesellschaft« sein Unwesen treibt. Leistung ist bekanntlich die pro Zeiteinheit geleistete Arbeit. Was ist, wenn der Erfolg ausbleibt? Leistung als oft notwendige, aber nicht hinreichende Bedingung für Erfolg und Anerkennung? Seit der PISA-Studie wissen wir, dass die soziale Herkunft einen entscheidenden Einfluss auf die Chancen unserer Kinder in Schule und Beruf hat. Leistung ist offensichtlich nicht alles. Leistungsbereitschaft, Fleiß und Ausdauer, die Ikonen der Leistungsgesellschaft, sind eben nur ein Teil einer ganzen Palette von Persönlichkeitsmerkmalen, die sich den Selektionsmechanismen für die Zuweisung attraktiver Positionen im sozialen Geflecht anbieten.

Im sozialen Verband waren die Menschen vom Anbeginn ihrer Kulturgeschichte auf den Erfolg erpicht. Dazu braucht es mehr als Leistung. Leistungsgerechtigkeit ist keine biologische Kategorie. Die individuelle Kraftanstrengung kann ein wertvoller Beitrag zum Erfolg sein, eine Garantie ist sie nicht. Um im Leben Erfolg zu haben und für die Gemeinschaft wertvoll zu sein, braucht es mehr als den Willen und die Kraft zum Sieg. Wichtiger als der Leistungswille ist die Fähigkeit, Niederlagen zu überstehen. Nicht den Mut zu verlieren, zu kooperieren. Wesensmerkmale wie Empathie, Hilfsbereitschaft und Humor sind bei der Chancenzuteilung auf eine erfolgreiche Schul- und Berufskarriere von entscheidender Bedeutung. Merkmale, für die sich in keiner Schulbehörde objektive Bewertungskriterien finden lassen. Diese Merkmale werden als Teile der gesamten Persönlichkeit in der Familie, im eigenen Milieu, erworben und eingeübt. Teile der aktuellen politischen Diskussion sehen darin gerne eine Benachteiligung von Kindern aus ungünstigen sozialen Verhältnissen. Das stellt die wahren Verhältnisse auf den Kopf. Umgekehrt wird ein Schuh daraus. Kinder allein aufgrund ihrer objektiv messbaren Leistungen in der Schule zu beurteilen ist ungerecht. Leistung allein ist wertlos. Die Leistungsbereitschaft und das Leistungsvermögen müssen in einen sozial verträglichen Habitus, eine positive Grundhaltung, an der der Einzelne gemessen wird, eingebunden sein. Diese »Zusatzqualifikation« erwirbt ein Mensch als Kind im liebevollen Miteinander in der Familie. Wenn ihm das gegenüber Kindern aus prekären sozialen Verhältnissen einen Vorteil verschafft, sollte ihm das nicht zur Last gelegt werden. Die politischen Anstrengungen sollten sich daher auf die Verbesserung der Lebensbedingungen sozial benachteiligter Kinder und ihrer Familie richten.

»Spitzenleistungen« sind ein Spektakel, ein Zerrbild der Realität. Natürlich wird es immer einige geben, die auf einem bestimmten Gebiet Höchstleistung erbringen. Das ist so natürlich wie das Gegenteil. Die Gefahr besteht in einer Überhöhung des Erbringens von Spitzenleistungen zur Leitkultur. Spitzenleistungen sind für eine Idealisierung gänzlich ungeeignet. Im Mittelmaß, in seiner Hinlänglichkeit, liegt der Schlüssel zum Erfolg des Menschen, nicht in seinen Höchstleistungen. Der Mensch braucht keine Rekorde zum Überleben. Die rekordverdächtigen Konkurrenten sind in der Evolution auf der Strecke geblieben. Höherentwicklung bedeutet nicht Befähigung zu individuellen Spitzenleistungen, sondern maximale Anpassungsfähigkeit im sozialen Verband.

Was, wenn wirklich nur die Leistung zählte? Eine schreckliche Vorstellung. Die individuelle Leistungsfähigkeit müsste ständig überprüft werden. Leistungsgerechtigkeit würde zum Leitkriterium. Wer weniger leistet, steigt ab. Die Herrschaft der alten Männer (und Frauen) wäre Geschichte. Menschen mit Behinderungen, Kranke und alte Menschen, Leistungsverweigerer und alle unterhalb der Leistungserfassungsgrenze fallen durch, ergeben sich dem Körperkult und gucken schlechte Filme. Nachzulesen in »Es lebe die Ungleichheit. Auf dem Wege zur Meritokratie« von Michael Yourg (1961). Mit Ironie und englischem Humor führt er an die Grenzen des Leistungsprinzips als Ordnungskriterium.

Noch sieht die Wirklichkeit anders aus. Tatsächlich leben wir in einer sozialen Erfolgsgesellschaft, in der weniger als vierzig Prozent der Bürger einer Erwerbstätigkeit nachgehen. Alle anderen leben von staatlichen Transferleistungen oder werden von ihren Angehörigen unterstützt. Trotzdem zählen etwa drei Viertel aller Bundesbürger Ehrgeiz und Fleiß zu den vorrangigen Werten. Wir bringen das Kunststück fertig, uns gleichzeitig einen schlanken und starken Staat zu wünschen, eine »Sowohl-als-auch-Gesellschaft«. Größtmögliche Freiheit mit einer Rundum-sorglos-Versicherung durch den Staat. Einerseits soll sich Leistung wieder lohnen, die Steuerlast gesenkt werden, andererseits sollen die Schulen tipptopp, die Museen vierundzwanzig Stunden geöffnet und am Ende des Winters die Schlaglöcher auf den Straßen verschwunden sein. Schon Kleinkinder wissen, dass sie nass werden, wenn sie ins

Planschbecken springen. Zwei Drittel der Bevölkerung fühlen sich ganz wohl in Deutschland, während sich ein gleich großer Anteil Sorgen um seine finanzielle Sicherheit im Alter macht. Die Hälfte der erwerbstätigen Menschen in Deutschland lebt in der Angst, ihren Arbeitsplatz zu verlieren. Die Kinderarmut nimmt zu, die Mittelschicht droht wegzubrechen, nichts scheint mehr sicher zu sein, schon gar nicht die Rente. Der Absturz ins Hartz-IV-Abseits ist für viele eine ständige Bedrohung. Der hoffungsschwangere Spruch »Unsere Kinder sollen es einmal besser haben als wir« war gestern. Heute machen sich Eltern vor allem Sorgen darüber, ob sie und später einmal ihre Kinder das soziale und wirtschaftliche Niveau werden halten können.

Der Druck nimmt zu. Viele treibt er bis an die Grenzen ihrer Leistungsfähigkeit und darüber hinaus. Jeden Tag unter Hochspannung und mit Volldampf voran. Erholungspausen sind nicht mehr drin. Die Konkurrenz immer dicht auf den Fersen. Leistungssteigerung heißt das Zauberwort. Das Letzte rausholen, was noch drin ist. Da kommen leistungssteigernde Mittel gerade recht. Wenn's um die Wurst geht, wird gedopt, was das Zeug hält. Nicht bloß im Sport. Wem der Begriff »Hirn-Doping« zu negativ besetzt ist, spricht von »Neuro-Enhancement«. Das klingt irgendwie schicker, nicht so schmuddelig. »Brain-Booster« und »Neuro-Pusher« werden die kleinen Helfer für den Alltag liebevoll genannt. Alles legal auf Rezept oder aus der Internetapotheke. Mit großer Unterstützung durch die pharmazeutische Industrie und unter wissenschaftlicher Begleitung wird das Alltagsdoping salonfähig gemacht. »Smart Pills« für jeden Anspruch. Die Verlockung ist groß. Pille rein, und alles scheint möglich. Wer von den Leistungsträgern hätte sich nicht schon als Kind gerne mit all den anderen angestellt, um nur einmal etwas von Miraculix' Zaubertrank abzubekommen? Heute scheint der Traum Wirklichkeit geworden zu sein. Tagsüber Ephedrin, Methylphenidat und Modafinil zum

Aufputschen. Abends Alkohol und Benzodiazepine zum Relaxen. Dem Zeitgeist folgend, sollen wir bei all der Leistung, die von uns erwartet wird, auch noch ständig total gut drauf sein. Dabei helfen Stimmungsaufheller wie Fluoextin, die eigentlich als Mittel gegen Depressionen entwickelt wurden. In Deutschland bekennen sich inzwischen etwa 800.000 Menschen dazu, regelmäßig solche leistungssteigernden Mittel einzunehmen. In den USA geht bis zu einem Viertel aller Studenten nicht mehr ungedopt in Prüfungen. Tendenz steigend. Der Bedarf an Zaubertrank scheint ungebremst. Zwischen den Jahren 2000 und 2008 hat sich der weltweite Umsatz des Wachmachers Provigil mehr als verzehnfacht und beläuft sich heute auf fast eine Milliarde Dollar pro Jahr. Das meiste davon wird in den USA konsumiert. Dort scheint kaum noch jemand zu schlafen. Der deutsche Leistungsträger ist gerade dabei, mitzuziehen, greift aber auch immer noch gerne auf die Klassiker wie Kokain, Speed, Ecstasy oder Crystal (Methamphetamin) zurück. Wenn der Absprung nicht beizeiten gelingt, ist der Absturz vorprogrammiert. Am Ende eines jeden Aufputsch- und Beruhigungsmarathons stehen mehrwöchige Klinikaufenthalte, nicht selten der Tod. In den USA hat der Missbrauch leistungssteigernder Medikamente epidemische Ausmaße erreicht. Vor zwei Jahren machte die New York Times mit der Schlagzeile »Legal Drugs Kill Far More Than Illegal« auf.

Es ist nicht leicht, sich dem Leistungsdruck zu entziehen. Wenn nicht gar unmöglich. Aber müssen wir deshalb jeden Wahnsinn mitmachen? Jeder Mensch braucht Phasen der Ruhe und Entspannung, um seine natürliche individuelle Leistungsbereitschaft und Leistungsfreude auf gesunde Weise ausleben zu können. Vor allem aber braucht er das Gefühl, als Mensch nicht nur über seine Leistung wahrgenommen und bewertet zu werden.

Das gilt in besonderem Maße für die Kinder. Kinder treten dem Leben offen, neugierig und lernwillig entgegen und treffen heute zunehmend auf eine Gesellschaft, die Selektionsmechanismen begünstigt: Nur wer viel leistet, kommt weiter. Das Leistungsprinzip ist in der Kindheit angekommen. Wie viele Kinder lernen früh, dass Mama und Papa sie mehr lieb zu haben scheinen, wenn sie gute Noten heimbringen? Eltern, Lehrer und Trainer spiegeln sich in den Leistungen und Erfolgen ihrer Kinder, Schüler und Anvertrauten.

Dabei ist Leistung etwas ganz und gar Positives, wenn die Kinder sie in Eigeninitiative erbringen. Das tun sie in ihrer natürlichen Leistungsfreude von Anfang an und Tag für Tag. Sie brauchen Ihre Kinder nur aufmerksam zu beobachten, um zu sehen, was sie jeden Tag spielend zu leisten vermögen. In der Kindheit gelten natürlicherweise andere Regeln als im Erwachsenendasein. Kindheit hat als hinzugewonnene Zeit des Nichterwachsenseins einen Zweck an sich. Mit der Kindheit als hochentwickelter Daseinsform kamen die Muße und Philosophie auf die Welt. Keine Kulturfähigkeit ohne glückliche Kindheit. Kindheit als Kaderschmiede für kulturelle Fertigkeiten. »Nicht erwachsen sein« ist nicht gleichzusetzen mit »noch nicht erwachsen sein«! Kinder sind keine unfertigen Erwachsenen.

Viel zu früh projizieren wir unsere Sorgen, Ängste und Erwartungshaltungen auf unsere Kinder. Daran ist die Wissenschaft nicht ganz unschuldig, die, allerdings aus gutem Grund, darauf aufmerksam gemacht hat, wie wichtig die frühen Jahre für die Entwicklung eines Kindes sind. Seither treibt das Zauberwort »Frühförderung« sein Unwesen. Im Begriff Förderung steckt die Wurzel allen Übels in der Kindererziehung. Die Förderung ist die Schwester der Überforderung. Kinder wollen nicht gefördert werden. Das grenzt an Beleidigung. Ein altes afrikanisches Sprichwort sagt: »Das Gras wächst nicht schneller, wenn man daran zieht.« Kinder entwickeln sich von ganz alleine. Die Aufgaben von uns Erwachsenen, im Besonderen der Eltern, bestehen vornehmlich darin, Entwicklung zuzulassen. Dazu gehört heute vor allen Dingen die Gewährung angemessener Lebensbedingungen für Kinder. Eine darüber hinausgehende Förderung braucht ein gesundes Kind nicht. Der Begriff Frühförderung pathologisiert geradezu die freie Entwicklung des Menschen. Sind ungeförderte Kinder schon vernachlässigte Kinder?

Wir möchten Ihnen dringend ans Herz legen, dem epidemieartigen Umsichgreifen des Frühförderwahns nicht zu erliegen. Lassen Sie sich ganz gelassen und ohne irgendwelche Befürchtungen auf das Leben mit Ihrem Kind ein. Sie werden gemeinsam eine Menge lernen. Das Tempo wird das Kind dabei vorgeben. Gerade am Anfang einer Beziehung, wenn man sich noch nicht so gut kennt, achtet man auf jede Kleinigkeit. Jetzt heißt es cool bleiben. Jedes Kind lässt es etwas anders angehen. Manche krabbeln früher, manche später, wieder andere gar nicht. Na und? Sind Sie bloß nicht beleidigt, wenn Ihr Kind Sie mit neun Monaten noch nicht mit Ihrer Berufsbezeichnung, Mama und Papa, anredet. Es hat Sie trotzdem lieb. Es ist ja nicht jeder so eine Plaudertasche wie der kleine Tobias, der Sohn Ihrer besten Freundin. Kein Grund zur Panik. Nein, einen Termin bei einem Logopäden brauchen Sie nicht. Wie bitte, Tobias, dieses Wunderkind, hat auch schon mit zwei Monaten durchgeschlafen? Arme Mutter, was treibt die bloß die ganze Nacht? Schlafen? Keine Sorge, Ihre Zeit wird auch noch kommen. Bis dahin genießen Sie die Zeit mit Ihrem Baby, die Nacht ist lang genug. Vielleicht hat der arme Tobias ja nur frustriert aufgegeben zu schreien, weil seine Mama nicht mehr gekommen ist, um ihn zum Durchschlafen zu erziehen. Erlernte Hilflosigkeit nennt das der Fachmann und die Mama verbucht es als Erfolg. Wir wollen es nicht unterstellen. Hier ein typischer Hilferuf aus dem Chat von forum.gofeminin.de. Wundern Sie sich bitte nicht über die eindrucksvolle Kakografie der jungen Mama. Ein Symptom für Leistungsstress. Das wird sich wieder legen.

3guardianangels schrieb am 20. September 2006:

»11 Monate und krabbelt nicht!!!! SOS
Meine Tochter wird nun am 25.10. ein jahr alt. Egal was ich tue,
was ich versuche sie macht keine anstallten zu krabbeln, wenn ich
sie bsp. auf den Bauch also in Krabbelstellung lege heult sie oder
wurschtelt solange rum bis sie wieder sitzt, sie robbt auf dem Po also
im sitzen durch den ganzen raum. Genau dasselbe beim hinstellen,
entweder zieht sie die beine zum sitzen an also sitzt praktisch in der
Luft, sie stellt sich zwar auch hin und stützt sich im stand auf aber
das is ehr selten der Fall.sie versucht sich zwar an stühlen hochzu-
ziehen aber dabei geht sie bis zum halben knien und feierabend.
Nun die Frage muss ich mir sorgen machen??? Fördern um beides
zu lernen tue ich wirklich täglich. Verwandte meinen schon sie hätte
was mit der Hüfte o.ä. aber das wurde durch Ärzte gecheckt und da i
alles i.O. ist sie einfach nur eine kleine Spätentwicklerin???
Ich mach mir da nicht direkt sorgen da sie sehr aktiv ist und
kaspert und gelenkig ist sie auch. Aber es stresst tierisch von jedem
aus der Familie diesen Druck zu bekommen ... nach dem Motto
... ja so ne schlaftablette noch nich am krabbeln ... o.ä. eben.
Danke für jede meinung.«

Und hier die ziemlich coole Antwort von avaII3 vom 03. November
2006. Wir bitten zu beachten, dass die Orthografie dieser Mama
ohne Tadel ist. Das konsequente Verwenden des altertümlichen
»daß« kann als Zeichen von Gelassenheit und gesundem Selbstbe-
wusstsein gedeutet werden:

»Zehn Prozent der Babys krabbeln nicht.
Hallo; meine Tochter ist am 27.10 ein Jahr alt geworden.
Genau wie bei Deinem Spatz, macht Malena keine Anstalten
zu Krabbeln. Sie ist ein »Porutscher« und sieht somit keine
Notwendigkeit sich für das Krabbeln zu begeistern.

*Der Kinderarzt hat bei der U6 gesagt, daß meine Tochter keinerlei
motorische Fehlentwicklungen hat, sondern das es durchaus
Kinder gibt, die sich aus dem Sitzen heraus entwickeln.
Früher war es auch eine weitverbreitete Meinung, daß die Kinder
eine Entwicklungsstörung behalten würden, wenn sie nicht krabbeln. (Kreuzreaktion und Training des Zusammenspiels der Gehirnhälften). Inzwischen weiß man allerdings, daß es vollkommen
unerheblich ist, da die »Nichtkrabbler« durch Beobachtungen ebenso
ihre Gehirnhälften trainieren. Auch das Zusammenspiel ist gewährleistet. Sorgen sollte man sich erst dann machen, wenn die Mäuse
überhaupt kein Interesse an der Bewegung zeigen. Malena geht um
sich hochzuziehen in die Bauchlage und macht dann einen Vierfüß-
lerstand und bringt sich so in die Sitzposition. (Also nimmt ebenfalls
eine Krabbelstellung ein um sich aufzurichten.)
Laß Dich nicht verunsichern und vor Allem, es ist wohl wichtig,
daß man sich so langsam darauf einrichtet, das Andere
ohnehin alles besser wissen als man selbst. Verlasse Dich auf
Dein Bauchgefühl und dann machst Du es schon richtig.
Viel Spaß mit Deiner Maus und vertrau darauf, daß Dein Kind
alles macht, wenn es selbst soweit ist.
Liebe Grüße; Ute«*

Wir hoffen, dass die Mama hinter den drei Schutzengeln den Rat
von Ute angenommen und ihren Verwandten Hausverbot erteilt
hat. Heute sind beide Töchter vier Jahre alt und spielen vielleicht
gerade zusammen in der Kita Fangen. Natürlich auf zwei Beinen,
da sind wir ziemlich sicher.

Ute ist eine starke Mama. Sie wünscht sich keine perfekte Tochter. Sie vertraut deren Entwicklung. Das ist es, was unsere Kinder
brauchen. Alle Entwicklungsschritte brauchen ihre Zeit und folgen
einem ganz individuellen Muster. Hier zu schieben und dort zu ziehen bringt gar nichts. Im Gegenteil. Sobald ein Kind Druck spürt,

mit dem Gefühl an eine Aufgabe herangeht: »Mama möchte, dass ich das jetzt kann«, wird es in seiner Entwicklung eher behindert als »gefördert«. Die Entwicklung Ihres Kindes wird umso mehr gelingen, je weniger Sie es methodisch fördern oder gar trainieren. Ihr Säugling und Kleinkind stellt sich sein Trainingsprogramm ganz alleine zusammen. Auch unter Sechsjährige brauchen in der Regel keine Anleitungen und Animationen für eine gesunde Entwicklung. Die landauf und landab grassierende Überpädagogisierung des Vorschulalters wirkt sich eher hemmend auf die Entwicklung der menschlichen Kernkompetenzen im Kindesalter aus. Das Beste, was Sie für Ihre Kinder bis zur Einschulung tun können: Bieten Sie ihnen viel Gelegenheit, sich in geschützten Räumen, drinnen und draußen, frei und möglichst unkontrolliert mit der Welt auseinanderzusetzen. Für die gesunde Entwicklung einer stabilen Persönlichkeit ist es wichtig, dass ein Säugling, Kleinkind, Kindergartenkind und später das Schulkind spürt, dass es seine Erfahrungen frei und ungezwungen machen kann. Dass die Liebe zu Mama und Papa und das Gefühl von Geborgenheit nicht an Bedingungen geknüpft werden.

Liebe und Wärme gegen Leistung? Babykurse als Einstieg in die Leistungsgesellschaft? Musische Früherziehung und Babyschwimmen als Vorteilsgeber für die berufliche und soziale Karriere in der globalen Konkurrenzgesellschaft? Schlaue Strategie fürsorglicher Eltern oder Hysterie? Wir plädieren für mehr Gelassenheit, für eine Entschleunigung in allen Fragen der Erziehung. Stress ist pures Gift für jede Entwicklung. Für eine gesunde Entwicklung Ihres Kindes ist es unerheblich, ob Sie sich mit Ihrem Säugling alleine zu Hause oder in einer Gruppe mit anderen Eltern und deren Babys vergnügen. Wichtig ist allerdings, dass Sie das Gefühl haben, dass sich Ihr Baby durch die anderen nicht gestört fühlt. Und wenn Sie sich in solchen Babykursen wohlfühlen, den Austausch und Kontakt mit anderen Müttern und Vätern als Bereicherung empfinden, dann ist ja alles toll. Ihre gute Stimmung wird sich positiv Ihrem Kind mitteilen. Nur von dem Babykurs selbst hat Ihr Kind keinen direkten Nutzen. Förderprogramme haben für gesunde Babys und Kleinkinder, die in einem anregenden familiären Umfeld mit viel Liebe, Wärme und Zuwendung zu Hause sind, überhaupt keinen Nutzen. Babys und Kleinkinder brauchen keine Events mit Gleichaltrigen. Im Miteinander mit ihren Bindungspersonen fühlen sie sich am wohlsten. So lernen und entwickeln sie sich am besten. Planschen mit Mama macht Spaß. Und wenn sich im Becken noch andere Mamas und Papas mit ihren Babys herumtreiben, soll es mir egal sein, denken der Säugling und das Kleinkind. Nur kommt uns nicht zu nah!

Tatsächlich stehen heute schon Kleinkinder unter einem ungeheuren Leistungsdruck. »Was, Ihr Baby wächst in einem einsprachigen Haushalt heran? Da sehe sich aber schwarz«, meint der Papa einer zukünftigen Lehrstuhlinhaberin für Marketing. »Mein Philipp soll nicht so ein polyglotter Dummschwätzer werden. In seiner Krippe lernt er daher gerade Tabellenkalkulation«, kontert die Mama eines zukünftigen Lehrstuhlinhabers für Lebensmittelverpackungstechnik. Der Druck kommt von den Eltern. In der allerbesten Absicht, ihren Kindern so viel gute Bildung so früh wie möglich mit auf den Weg zu geben. Gerade Mamas und Papas aus der Mittelschicht scheuen keine Anstrengung und keinen Aufwand, um ihren Nachwuchs möglichst »optimal zu fördern«. Eine regelrechte Förderindustrie ist entstanden. Das Ziel heißt Optimierung von Kindern. Freies Spielen und Spontaneität als Ausdruck purer Lebensfreude, das war einmal. Heute ist der Terminkalender von Kindergarten- und Schulkindern zum Bersten voll. Die Kleinen sitzen zwischen ihren Pflichtprogrammen beim Ballett, im Sportverein, beim Gitarrenunterricht, bei der Babygymnastik und »Chinesisch als zweite Fremdsprache für unter Dreijährige« in Mamas Auto, schön festgeschnallt im Kindersitz. Den Wald kennen sie aus dem Märchenbuch. Was soll's, dafür kann sich der kleine Tobias schon selbstständig anschnallen.

Viele Kinder leiden früh. Schon vor der Einschulung. Sie zeigen Anzeichen von Überforderung und Stress. Für viele ist der Tag so vollgepfropft mit Terminen, dass nicht ausreichend Zeit für Erholung und Entspannung bleibt. Keine Zeit für fantasievolles Träumen. Reine Zeitverschwendung. Aufmerksame Eltern erkennen die Stresssymptome. Zuerst sind es Kopf- und Bauchweh, dann kommen Appetit- und Antriebsschwäche hinzu, die sich zu Angst und Depressionen ausbilden können. Doch keine Sorge. Die Förderindustrie weiß Rat: »Entspannungspädagogik«! Harmonische Instrumentalmusik zum Ein- und Durchschlafen für Babys und Kleinkinder und Antistresstrainings für Grundschulkinder sind die Antwort. Noch mehr CDs, noch mehr Termine. Das Leistungsdenken der Erwachsenen hat sich der Kindheit bemächtigt. Die Folgen sind beängstigend. Immer mehr Kinder erleben sich als Versager. Das Gefühl, den hohen Erwartungen der Eltern, Erzieher und Lehrer nicht gerecht werden zu können, macht krank. Die schon von den Kleinsten wahrgenommenen hohen Leistungserwartungen sind Gift für die kindliche Kreativität und Fantasie. So können sich die »Starkmacher« Selbstwertgefühl und Eigenständigkeit nur schwer bis gar nicht entwickeln. Die Folgen sind verheerend. Mit der Einschulung wird es nicht besser. Im Gegenteil. Nach einer Forsa-Umfrage von 2008 beklagen sechzig Prozent der Eltern mindestens gelegentlich mangelnde Konzentrationsfähigkeit ihrer Kinder. Mehr als vierzig Prozent der Eltern geben an, dass ihre Kinder oft traurig seien, sich zurückzögen oder gereizt und aggressiv reagierten. Sogenannte Lern- und Leistungsstörungen (!) erkennen dreißig Prozent der Eltern bei ihren Kindern.

»Jetzt beginnt der Ernst des Lebens.« Was für ein Satz! Der wohl am häufigsten missbrauchte Satz am Tag der Einschulung.

Günstigstenfalls weiß der frischgebackene Erstklässler überhaupt nicht, was gemeint ist. Guckt die Oma bloß mit großen Augen an. Ungünstigstenfalls hat er seine Kindheit schon längst in der Kita, in Vorschulkursen und in zu »Early Learning Centers« mutierten Kindergärten, in denen er und seine Altersgenossen zu Superhirnen geformt werden sollten, verloren. Dann weiß er längst, welche Art Ernst des Lebens Oma meint. Alle anderen Kinder, die das Glück hatten, dass ihre Eltern sie bis zur Einschulung vor der Mühle der Frühpädagogik bewahrt haben und auch nicht der Verlockung erlegen sind, ihr Kind zu früh einzuschulen, betreten die Schule am ersten Tag tatsächlich mit großen Augen. Neugierig und erwartungsfroh gespannt. Mit einer echten Kindheit im Schulranzen haben sie die besten Chancen, die Schule gut zu überstehen und das Beste daraus zu machen. Ihre Eltern haben schon gezeigt, dass sie ihre Kinder wirklich stark machen wollen. Diese Unterstützung werden sie weiterhin brauchen, um die Schulzeit unbeschadet zu überstehen. Nicht weil sie unfähige oder unwillige Schüler wären, sondern weil nicht auszuschließen ist, dass auch sie unter einer systematischen Überforderung durch die Schule leiden und vielleicht erkranken werden.

Es ist hier nicht der Platz, um das deutsche Schulsystem in seiner Vielfalt und Besonderheit zu besprechen. Ein wenn auch lohnendes Thema, mit dem man in ganz kurzer Zeit seine Leser in Fans und Gegner aufteilen kann. Das soll nicht der Zweck dieses Kapitels sein. Sie wissen als Eltern am besten, welche Schulform Sie aus welchen Gründen auch immer für Ihr Kind als die geeignetste ansehen. Wer, wenn nicht Sie, könnte Ihr Kind auch jenseits von Notendurchschnitten richtig einschätzen? Von welcher zukünftigen Schulform Sie auch immer träumen, für welche Schule der Zukunft Sie sich auch immer gerade politisch einsetzen mögen, in der Realität geht Ihr Kind jetzt zur Schule und muss sich dort zurechtfinden. Natürlich passieren auch heute in der Schule ganz tolle Sachen. Dort wird freudig gelernt. Erfolge werden erlebt und gefeiert. Kinder wollen gerne in die Schule gehen, und sei es unter Inkaufnahme des Unterrichts, um die Freunde zu sehen. Realität ist aber auch, dass unser Schulsystem die Kindheit endgültig für beendet erklärt. Die Gesetze der Leistungs- und Erfolgsgesellschaft sind dort in vollem Umfang gültig. Insofern hat Oma recht: Der Spaß ist vorbei. Ein zunehmender Anteil aller Beteiligten nimmt Schule im Dreiklang von ehrgeizigen Eltern, gestressten Lehrern und überforderten Kindern wahr. Was in Vergessenheit zu geraten droht: Schüler sind auch Kinder. Zumindest bis zur Pubertät. Kinder haben Rechte, die sie nicht an der Schulpforte abgeben müssen. Dazu gehört das Recht auf Bildung, die darauf abzielen muss, ihre Persönlichkeit, ihre Begabung und ihre geistigen und körperlichen Fähigkeiten voll zu entfalten (Artikel 29, UN-Kinderrechtskonvention). Zur Wahrung dieses Rechts ist ein Schulsystem, das auf frühe Selektion setzt und in Kauf nimmt, dass Kinder früh erfahren müssen, minderwertig zu sein und ausgegrenzt zu werden, denkbar ungeeignet. Dazu gehören das Recht auf Ruhe und Freizeit, auf Spiel und altersgemäße aktive Erholung sowie auf freie Teilnahme am kulturellen und künstlerischen Leben (Artikel 31, UN-Kinderrechtskonvention). Zur Wahrnehmung dieser Rechte muss einem Kind natürlich auch die erforderliche Zeit in angemessenem Umfang zugestanden werden. Wie soll das vor dem Hintergrund eines zunehmenden Leistungsdrucks, unter den Bedingungen von G8 und in der Realität einer angestrebten flächendeckenden Ganztagsbeschulung möglich sein? Fragen, die das Leben unserer Kinder ganz wesentlich bestimmen.

Immer mehr Kinder leiden unter der verlorenen Kindheit in ihren Schulen und drohen unter der Belastung zu zerbrechen. Schätzungen zufolge leiden etwa zehn Prozent der Schüler an allgemeinbildenden Schulen unter Schulangst. Hochgerechnet etwa 900.000 Schüler in Deutschland. Es trifft oft die leistungswilligen und sensiblen Kinder. Kein Wunder, dass die private Nachhilfe für Kinder in Deutschland floriert wie nie zuvor. Rund zwei Milliarden Euro jährlich investieren deutsche Eltern in privaten Ergänzungsunterricht für ihre Kinder. Mehr als eine Million Schüler nehmen regelmäßig daran teil. Das sind mehr als zwölf Prozent aller Schüler an allgemeinbildenden Schulen. Dabei kommen nicht nur die schwachen Schüler in den Genuss dieses zusätzlichen Unterrichts. Die Zahlen zeigen, wie unzufrieden die Eltern mit dem Schulsystem sind. Schon Grundschüler werden von ihren Eltern zur Nachhilfe geschickt, damit sie die ersehnte Empfehlung für die gewünschte weiterführende Schule erhalten. Ohne diese individuelle Unterstützung durch die Eltern würden weit mehr Kinder am deutschen Schulsystem scheitern. Dabei ist es doch die eigentliche Aufgabe von Schule, den einzelnen Schüler unter Berücksichtigung seiner Möglichkeiten ganz individuell zu unterstützen. Dass das geht, machen uns viele andere Länder in Europa und darüber hinaus vor. Natürlich wissen alle Beteiligten, dass Ziffernnoten und vor allem die Durchschnittsnoten für die Beurteilung der Leistungen und Bemühungen eines Kindes ein ganz und gar absurdes Verfahren sind. Aber sie sind nun einmal Realität, und solange es sie noch gibt, werden sie die Schüler und Sie unter Druck setzen. Stärken Sie Ihrem Kind den Rücken. Geben Sie ihm das deutliche Gefühl, dass die Freude über die eigene Leistung natürlich toll ist, Noten aber nicht alles sind. Nehmen Sie den Druck von Ihren Kindern. Lieber durchschnittlich bewertet und gesund als ständig zu Erfolgen getrieben und am Ende psychisch krank. Sehen Sie die Möglichkeiten, über die Ihr Kind verfügt. Auch wenn es schwerfällt, erliegen Sie nicht der Versuchung, Ihre Erwartungen als Leistungsmaßstab anzulegen. In Wirklichkeit muss es doch darum gehen, jeden einzelnen Schüler, jedes einzelne Kind, den Schwachen genauso wie den Alleskönner, da abzuholen, wo er steht. Ihn auf dieser Basis zu motivieren, sich vielleicht einmal selbst zu übertreffen. Ihm sein ganz eigenes Erfolgserlebnis zu verschaffen. Wenn das die Schule nicht leisten kann oder will, Sie können es.

Für Ihre Kinder sind Sie Modellvorlagen, an denen sie sich orientieren. Im Guten wie im Schlechten. Wenn Sie sich nichts dabei denken, Ihre Leistungsfähigkeit mit Medikamenten zu steigern oder zu erhalten, Ihre Stimmungsschwankungen mit Tabletten und Ihren Stress mit Alkohol zu »behandeln«, dann werden auch Ihre Kinder das völlig in Ordnung finden.

Oft werden die Schüler von den eigenen Eltern und Lehrern ausdrücklich ermuntert, sich für die Schule fit zu dopen. Ein Viertel der Mädchen zwischen zwölf und vierzehn Jahren nimmt regelmäßig Schmerzmittel ein, um stressbedingten körperlichen Beschwerden zu begegnen. Sie haben zu der Zeit, als Sie noch selbst Schüler waren, ihre kleineren und größeren Infektionskrankheiten vielleicht noch brav zu Hause im Bett kuriert. Bei mehr oder weniger beachteter Bettruhe, Wadenwickeln und einer allerliebsten Rundumversorgung durch Ihre Mama ging es meist schon nach ein paar Tagen wieder besser und nach einer Woche zurück in die Schule. Das Versäumte war schnell nachgeholt. Alles kein Problem. Die Gesundheit ging erst einmal vor. Das ist heute völlig anders. Bettruhe? Kranksein? Das geht nicht mehr. Als stünde bei dem kleinsten Infekt die ganze Schulkarriere, ja das ganze weitere Leben auf dem Spiel, wird geschluckt, was das Zeug hält. Oft sind es die Eltern, die darauf drängen, dass ihr Kind schon bei den ersten Anzeichen einer Verschnupfung Antibiotika verschrieben bekommt. Bloß keinen Stoff verpassen. Nicht selten sind es die eigenen Eltern, die ihren Kindern vor einer Klassenarbeit abends ein Schlafmittel und morgens ein Aufputschmittel verabreichen. Zaubertrank gegen Einschlafstörungen und Konzentrationsschwächen. Wegen solcher Schwierigkeiten soll unser Kind im Konkurrenzkampf Schule nicht bestehen? Lächerlich. Ein oder zwei Pillen, und das Problem ist futsch. Das Doping der Eltern am Arbeitsplatz hat längst seine Entsprechung in der Schule gefunden.

Schon Kindergarten- und Grundschulkinder bekommen Multivitaminpräparate, Traubenzucker und Mittel, die die Konzentration erhöhen sollen. Alles ohne Rezept. So vermitteln Sie schon den Kleinsten, dass sie nicht leistungsfähig genug sind, um den Anforderungen des bilingualen Kindergartens zu genügen. Das allein hätte schon fatale Folgen für das Selbstwertgefühl Ihres Kindes. Doch nicht genug. Viele Eltern werden von Erzieherinnen und Lehrern massiv bedrängt, ein von der gewünschten kita- und schulgerechten Norm abweichendes Verhalten ihrer Kinder behandeln zu lassen. Abweichendes Verhalten lässt sich therapieren, heißt es. Anpassung auf Rezept. Methylphenidat heißt der Zaubertrank, der aus nervigen Kindern angepasste Schüler machen soll. Ein Mordsgeschäft.

Nicht, dass wir uns missverstehen. Richtig eingesetzt sind Psychopharmaka ein echter Segen für die Menschheit. Sie markieren einen der wenigen wirklichen Fortschritte in der medizinischen Versorgung von kranken Menschen, auch von Kindern und Jugendlichen mit psychischen Störungen. Aus kinder- und jugendpsychiatrischer Sicht ist eine medikamentöse Behandlung von psychischen Störungen eine ganz wichtige Option. Viele Kinder und Jugendliche benötigen solche und andere Medikamente. Das sollte uns jedoch nicht davon abhalten, vor Missbrauch zu warnen.

Methylphenidat kann zaubern. Es beruhigt den Klassenraum, entspannt Eltern und Lehrer gleichermaßen und verbessert die Noten des Schülers. Was will man mehr? Schnell hat sich herumgesprochen, dass Methylphenidat auch bei den nicht so zappeligen und weniger leistungsfähigen Schülern tolle Wirkung zeigt. Kein Wunder, dass viele Eltern Schlange stehen, um etwas von dem Zaubertrank für ihre Kinder zu ergattern. Erfolg durch Leistungssteigerung auf Rezept. Bleibt die erhoffte Diagnose und damit das Rezept aus, erliegen nicht wenige den Verlockungen einer anderweitigen Beschaffung. Wo die Reise hingehen soll, machen uns mal wieder die Amerikaner vor. Dort werden rund neunzig Prozent des weltweit hergestellten Ritalins konsumiert. Etwa fünfzehn Prozent der amerikanischen Schüler nehmen Ritalin. Tendenz steigend. In Deutschland haben sich die verschriebenen Tagesdosen Methylphenidat in den vergangenen zehn Jahren etwa verzehnfacht. Die legal verordneten Mengen belaufen sich heute auf fünfzig Millionen Tagesdosen. Fünfundneunzig Prozent dieser Verordnungen werden für Vorschulkinder und Schüler zwischen fünf und neunzehn Jahren verschrieben. Das reicht aus, um 280.000 Kinder und Jugendliche sechs Monate lang legal mit einer Tagesdosis zu versorgen. Das sind knapp zwei Prozent aller unter Zwanzigjährigen in Deutschland. Daneben steht die Zahl von 600.000 Kindern und Jugendlichen mit der Diagnose ADHS (Aufmerksamkeitsdefizit-Hyperaktivitäts-Störung). Also jetzt schon ungefähr vier Prozent aller unter Zwanzigjährigen. Ein enormer Wachstumsmarkt.

Tatsächlich stehen Sie vor einem Dilemma. Sie können sich den Leistungsansprüchen, die an Sie und Ihre Kinder gerichtet werden, nicht verweigern. Es bleibt Ihnen gar nichts anderes übrig, als Ihren Kindern gute Chancen zu eröffnen. Doch Chancen wofür? Für eine optimale Anpassung an die Regeln der globalen Erfolgsgesellschaft, koste es, was es wolle? Oder für die Entwicklung eines guten Charakters, einer selbstbestimmten Persönlichkeit? Vielleicht sogar für beides und noch mehr? Was auch immer Sie sich vorstellen mögen, Hilfsmittel wie Methylphenidat zur Leistungssteigerung bei Kindern ohne echte psychiatrische Indikation sind Betrug an der Seele. Kinder, die in der Schule nerven, sind oft die kreativsten und zu außergewöhnlichen Leistungen fähig. Solche Kinder und Jugendliche, die heute in der Schule auffallen, weil sie nicht zu den dort geltenden Regeln passen, hat es schon immer gegeben.

Die menschliche Kulturgeschichte ist zwei Millionen Jahre alt. In dieser Zeit haben sich 80.000 Generationen abgewechselt. Erst seit etwa acht Generationen gibt es in Deutschland die allgemeine Schulpflicht. Was für ein Pech für die Gruppe der kreativen und aktiven Kinder. Über Jahrmillionen waren sie eine wichtige Säule der menschlichen Gesellschaften. Zu Beginn und über weite Strecken der Kulturentwicklung des Menschen, lange bevor er erst vor wenigen Tausend Jahren Städte anlegte und sich darin niederließ, lebten die Menschen in überschaubaren Gruppen von vielleicht vierzig bis fünfzig Personen. Da kam es auf jeden an. Nicht alle verfügten über die gleichen Fähigkeiten und Charaktereigenschaften. Das wäre ganz schlecht. Der Mensch ist ein soziales Wesen. Daher bezieht er seine besondere Stärke. Gegenüber den Selektionskräften der Evolution gilt der Mensch nur als Gruppe. Und da gab es eben schon immer den Tüftler, heute würde man sagen den Streber, der stundenlang vornübergebeugt am Feuer saß und im wahrsten Sinne des Wortes an einer neuen Lösung für die optimale Flugeigenschaft seines neu ersonnenen Wurfspeeres feilte. Weltvergessen, keine Gefahr um sich herum beachtend. Eine leichte Beute für jeden Feind, dessen Herannahen er nicht einmal bemerken würde. Ein echter Musterschüler, der in der Klasse sitzt, tief versunken in die an ihn gestellte Aufgabe, und sich durch nichts ablenken lässt. Mustergültig. Der Liebling der heutigen Lehrer und Vorgesetzten. In den Augen des Lehrers ist der Musterschüler aufmerksam und gut angepasst. In den Augen des Raubtiers ist der in sich versunkene Schnitzer ein Trottel, eine leichte Beute. Zum Glück gab es aber noch die anderen. Die Aufmerksamen ihrer Tage, die hellwach immer aktiv das ganze Geschehen im Blick hatten. Die jedes Geräusch und jede Witterung aufnahmen. Ohne diese Typen, die sich nie lange an einer Tätigkeit aufhalten konnten, weil ihre Aufmerksamkeit immer wieder von einer anderen Attraktion beansprucht wurde, hätte der Tüftler nicht überlebt. Und umgekehrt. Ohne die kulturellen Errungenschaften der ersten Genies hätten die aktiven Kundschafter, Jäger und mutigen Entdecker ihrer Tage keine Erfolge verbuchen können. Helden waren sie beide, der Musterschüler und der Getriebene. Heute gilt der Kreative, Aktive und Mutige als Störenfried. Als Abweichler pathologisiert, soll er zum Musterschüler »therapiert« werden. Nicht auszuschließen, dass wir gerade dabei sind, diejenigen zu selektieren und abzuschieben, auf die wir am wenigsten verzichten können.

Kind sein bedeutet in Bewegung sein. Bewegungslust und Bewegungsfreude sind jedem Kind mitgegeben. Die emotionale, kognitive und soziale Entwicklung eines Menschen beruht auf seinem natürlichen Bewegungsdrang. Bewegung macht klug. Dazu braucht jedes Kind entsprechende Möglichkeiten und Freiheiten. Zeigen Sie Mut und gewähren Sie Ihren Kindern Bewegungsfreiheit. Kinder wollen aktiv sein. Bevor der Embryo weiß, wozu das einmal gut sein soll, werden Bewegungsabläufe trainiert. Säuglinge und Kleinkinder lassen unablässig ihre Muskeln spielen und sind fortwährend damit beschäftigt, die Welt mit ihren Händen und allen Sinnen aktiv zu begreifen. In den selbstbestimmten Aktivitäten entstehen Konzepte über die Welt und über das eigene Ich. Ab dem dritten Lebensjahr wollen Kinder hinaus. Am liebsten mit anderen. Rennen, klettern, hüpfen, sich miteinander messen. Kinder wollen wissen, wo sie stehen, welchen Platz sie in dieser Welt einnehmen. Dazu müssen sie sich selbst kennenlernen, ihre Reaktion auf Spielkameraden und natürlich auch Erwachsene erfahren. Von Natur aus bereit, kein Abenteuer auszulassen, scheuen sie keine Risiken und gehen mit vollem Körpereinsatz an ihre Grenzen. Die Welt bietet so viele Überraschungen, so viel Unverhofftes und Neues für die Kinder, da sind genug Erlebnisse für jeden Tag. Wer als Kind die Chance hat, bei einer illegalen Pflaumenernte in Nachbars Garten vom Baum zu fallen, schöpft seine Entwicklungsmöglichkeiten voll aus. Am Ende eines solchen Tages hat ein Kind Großes geleistet.

So entwickeln sich Selbsteinschätzung, Durchsetzungsvermögen, Toleranz und Empathie von ganz allein. Mit einem starken Selbstwertgefühl, einer guten sozialen Kompetenz, einer anständigen Portion Abenteuerlust, Mut und Gelassenheit ist Ihr Kind für die Schule gut gewappnet. Ob das gelingt, hängt ganz entscheidend von den Eltern, also von Ihnen, ab. Nur Mut!

Noch heute leidet Andre Agassi an den Folgen seiner verlorenen Kindheit. Als wahrer Held belässt er es nicht bei seinem Schmerz. In der »Andre Agassi College Preparatory Academy« in Las Vegas bietet er benachteiligten Kindern die Möglichkeit, ihren Platz in der Welt zu finden. Das sei wichtiger, als zu siegen. Seine Philosophie: »Wenn man Kinder passend unterstützt und ermutigt, dann trauen sie sich, ihre eigenen Träume zu haben. Vermittelt man ihnen dazu noch solche Ressourcen, wie sie nur eine gute Erziehung vermitteln kann, dann werden sie sich trauen, ihre Träume auch Wirklichkeit werden zu lassen.« Wohlgemerkt, ihre und nicht unsere Träume.

Mutter oder beste Freundin?
Wie der Vater, so der Sohn?

SHOOTINGSTAR TAYLOR SWIFT, die seit der Veröffentlichung ihrer ersten Single im Jahre 2006 alles abgeräumt hat, was die amerikanische und kanadische Musikszene an Preisen zu vergeben haben, zuletzt 2010 gleich vier Grammys, sagt mit ihren zwanzig Jahren ganz stolz: »Meine Mutter ist meine allerbeste Freundin. Wenn niemand für mich da ist, kann ich auf sie zählen. Und sie hat niemals Angst, mir ehrlich die Wahrheit zu sagen... Deswegen habe ich so große Achtung vor ihr.« Wenn Taylor Swift singt, hört sich das so an (aus »A Place in This World«):

> I'm alone, on my own, and that's all I know
> I'll be strong, I'll be wrong, oh but life goes on

I'm just a girl, trying to find a place in
This world

Wir wissen nicht, was ihre Mutter denkt. Aber wenn sie sich ihrerseits für die beste Freundin ihrer Tochter hielte und ihre Tochter die Wahrheit spricht, dann wäre beiden etwas sehr Außergewöhnliches gelungen. Etwas, was aus entwicklungsbiologischer Sicht nicht so ohne Weiteres zu erwarten ist: Wahre Freundschaft! Die beste Freundin, läuft es darauf hinaus? Ist es für eine Mutter wirklich erstrebenswert, die beste Freundin der eigenen Tochter oder gar des eigenen Sohnes zu sein?

Merkmale einer wahren Freundschaft sind Hingabe und Offenheit, beide nicht selten bedingungslos und umfassend. Die schenken sich gleichgestellte und gleichgesinnte junge Menschen, die gemeinsam die Welt erkunden und versuchen wollen, darin ihren Platz zu finden. Freunde bieten sich in dieser abenteuerlichen Zeit gegenseitig Halt und Unterstützung. In dieser Rolle stehen sich junge Menschen wechselseitig zur Verfügung. Das meint Taylor Swift, wenn sie weiter singt:

I don't know what I want, so don't ask me
Cause I'm still trying to figure it out
Don't know what's down this road, I'm just walking
Trying to see through the rain coming down
Even though I'm not the only one
Who feels the way I do

Hat sie bei den anderen, die so fühlen wie sie, wirklich an ihre Mutter oder gar ihren Vater gedacht? Die dürften inzwischen ihren Platz in der Welt längst gefunden haben.

Mit ihrem Song trifft Taylor Swift mitten ins Herz ihrer heranwachsenden Generation. In ihrer Kunst ist sie wahrhaftig. Ihr öffentliches Bekenntnis zur innigen Mutterfreundschaft zeigt dagegen, wie gut es auch ihr inzwischen gelungen ist, ihren Platz in der Welt zu finden. Zumindest der versammelten Musikwelt und allen Juroren signalisiert sie bei den Grammy Awards 2010 ziemlich professionell: Seht her, ich bin ganz doll lieb! Nur ein Trick aus der Marketingabteilung? Tatsächlich ist uns kein Preisträger dieser oder einer vergleichbaren Veranstaltung bekannt, der sich öffentlich dazu bekannt hat, dass er seine Mama nur voll peinlich findet. Nur ein Täuschungsmanöver? Natürlich wollen wir dem Star nichts unterstellen. Wahrscheinlich kommen die Swifts tatsächlich ganz gut miteinander klar. Aber ist Freundschaft das richtige Wort für ihre Beziehung? Oder ist die ehemalige Karaoke-Queen aus Tennessee einfach nur erwachsen geworden?

Die Eltern-Kind-Beziehung ist die nachhaltigste und intensivste Beziehung, die Menschen eingehen. Sie wird in den allermeisten Fällen ein Leben lang aufrechterhalten und ist dabei doch starken Veränderungen unterworfen. Ein sehr komplexes und dynamisches Beziehungsgeflecht, das den wesentlichen Rahmen für die Persönlichkeitsentwicklung der Menschen darstellt. Ein Beziehungsgeflecht, das von dem wechselseitigen Verhalten und Erleben zwischen Eltern und Kindern getragen wird. Die Eltern-Kind-Beziehung ist das Ergebnis eines langen Evolutionsprozesses und Motor der erfolgreichen Strategie einer langen nachgeburtlichen angepassten Entwicklung. Dem Verhältnis zwischen Eltern und Kindern kommt eine Schlüsselfunktion in der Kulturentwicklung der Menschen zu. An der Schnittstelle zwischen den Generationen ist es die Kaderschmiede für überlebenswichtige emotionale und soziale Kompetenzen des Nachwuchses. In diesen Interaktionen werden zahlreiche nachhaltige Entscheidungen über die Güte einzelner Biografien und die Qualität der zukünftigen sozialen Strukturen getroffen. Die Eltern-Kind-Beziehung ist eine mächtige biologische Instanz, die letztlich über das Glück des Einzelnen entscheidet. Eine Art Bioreaktor, der auf großer Flamme steht und in dem es ständig ziemlich heiß hergeht. Über die Güte der Endprodukte kann dabei nur eine recht ungenaue Vorhersage gemacht werden. Das liegt vor allem daran, dass eine reichhaltige und unberechenbare Gewürzmischung äußerer Bedingungen die Reaktionspartner in diesem Beziehungsgeflecht beeinflussen kann.

Wenn Sie sich den Erziehungsbrei nicht von zu vielen Köchen verderben lassen wollen, sollten Sie versuchen, die »Lufthoheit« über Ihren Bioreaktor zu behalten. Dabei ist es nicht von Nachteil, wenn Sie mit den Wirkungen der einzelnen Reaktionspartner und den verschiedenen Reaktionsarten vertraut sind, um diese gegebenenfalls geschickt einsetzen zu können. Die Eltern-Kind-Beziehung wird von den Verhältnissen zwischen Vater und Sohn, Vater und Tochter, Mutter und Tochter, Mutter und Sohn, der Geschwister untereinander und zwischen Vater und Mutter bestimmt. Diese verschiedenen Beziehungen nehmen auf unterschiedliche Art und Weise Einfluss auf die Entwicklung der Kinder, wobei alle wichtig sind. Wie so oft, scheint es auch hier auf die richtige Mischung und das richtige Timing anzukommen.

Doch zurück zu Taylor Swift und ihrer »besten Freundin«, ihrer Mama. Tatsächlich hat Taylor die Basis für ihren Megaerfolg während ihrer Kindheit und Pubertät gelegt und dabei viel Unterstützung durch ihre Eltern und vielleicht im Besonderen ihrer Mutter erfahren. Das ist natürlich toll. Zwischen den beiden hat es offensichtlich enge Bande gegeben. Danach muss es der pubertierenden Taylor irgendwie gelungen sein, und zwar sehr erfolgreich, sich emotional von ihrer Mutter zu lösen. Zumindest für eine ganz wichtige Phase, so zwischen ihrem dreizehnten und achtzehnten Lebensjahr. Sonst könnte sie nicht zu Papier gebracht haben: »I'm alone, on my own, and that's all I know.« Ganz allein? Das ist man nur ohne wahre Freundin. Wo war die Mama? Und weiter: »I'm just a girl, trying to find a place in this world.« Ist ihr Platz nicht zu Hause? Bei der besten Freundin? Mit warmer Milch und Napf-kuchen von der Mama? Offensichtlich war da einmal eine Zeit, da war die Mama von Taylor nicht ihre beste Freundin. Vielleicht war sie es nie gewesen. Konnte es gar nicht sein. Vielleicht ist sie es erst geworden, später oder gerade jetzt, wo Taylor Swift ihren Platz in der Welt gefunden zu haben scheint.

Mit an Sicherheit grenzender Wahrscheinlichkeit war die eige-ne Mutter das Vorbild von Taylor Swift, so wie die Mütter für alle Mädchen dieser Welt. Die eigene Mutter ist das erste wichtige Rol-lenvorbild für ein Mädchen. Als gleichgeschlechtliche Erwachsene erfüllt sie eine Modellfunktion. Das kleine Mädchen möchte von Anfang an so sein wie sie. Es imitiert das mütterliche Verhalten. Dabei kommt es nicht darauf an, was die Mutter sagt oder tut, son-dern wie sie sich verhält. Dieses Erziehen geschieht oft unbemerkt, im Stillen, ganz unangestrengt. Aber das Modell wirkt nachhaltig.

Schon als Kleinkind und Kindergartenkind zeigen die Töchter auch Trennungs- und Lösungstendenzen von den Müttern. Das ist das Ziel jeder Entwicklung: Schritt für Schritt in die Unabhängig-keit und Selbstständigkeit zu gehen. Die frühe wichtige Bindung an die Mutter zu lösen. Ein nachhaltiger Prozess, den einem jede »beste Freundin« ziemlich übel nehmen würde. Nicht die eigene Mutter, die darin ja den Erfolg der Beziehung zur Tochter sieht. Dass diese so wird wie sie selbst: selbstständig und stark. Aber das ist gar nicht so einfach. Ein ziemlich mühsamer und holpriger Weg mit vielen Tränen auf beiden Seiten. Dieses Lösen von der Mutter ist für Mädchen ungleich schwieriger als für Jungen. Auch die brau-chen natürlich eine anfänglich enge Bindung an die Mutter. Jeder Junge hungert nach einer liebevollen Beziehung zu seiner Mutter, die geprägt ist durch Nähe, Wärme und Vertrauen. Nur, er identifi-ziert sich nicht mit ihr. Das hat er nie getan. Sie entspricht als Frau nicht seinem natürlichen Rollenvorbild. Er ist anders als sie, will nicht in ihre Rolle schlüpfen. Daher verläuft die Lösung von der

Mutter in der Regel weniger turbulent als bei der Tochter. Die spätere Unabhängigkeit ist durch den Geschlechtsunterschied gewissermaßen früh angelegt. Das mag ein Grund dafür sein, dass die Söhne später die Vorzüge von »Hotel Mama« viel länger in Anspruch nehmen können als die Töchter. Die Söhne fühlen sich von ihren Müttern früher unabhängig und können sich besser mit ihnen arrangieren. Die Töchter zieht es dagegen viel früher aus dem Haus. Der Wunsch nach Abgrenzung und Eigenständigkeit verlangt viel früher nach einer räumlichen Trennung von den Müttern. Das hat der Sohn nicht nötig. Alle Welt kauft ihm ab, dass er ein ganzer Kerl ist, auch wenn er noch bei Mama wohnt. Im Gegenteil. Der Respekt ist ihm sicher. Schließlich zeigt er allen, dass seine Mutter die erste Frau ist, die er rumgekriegt hat. Ganz ohne Gegenleistung kommt er meist in den Genuss einer kostenlosen Vollpension. Dabei hat er reichlich Gelegenheit, zu üben, wie man charmant und höflich, aber auch zielsicher und effizient die Herzen der Frauen erwärmt. Denn insgeheim weiß er ganz genau, dass er jederzeit vor die Tür gesetzt werden kann. Ganz anders die Tochter. Sie sitzt, auf Abstand bedacht, früh in ihren eigenen vier Wänden. Nicht auszuschließen, dass sie täglich mit der Mama telefoniert. Wie um zu unterstreichen, dass man ja eigentlich fort ist. Dabei wird deutlich signalisiert, dass man sich nicht getrennt hat, nur auf Distanz gegangen ist. Diese Distanz braucht der Sohn für seine Lösung von der Mutter nicht. Das spart zusätzlich Telefonkosten.

Der Übergang von einer kindlichen zu einer erwachsenen Eltern-Kind-Beziehung ist durch ein gewisses Gleichgewicht zwischen Unabhängigkeit des Nachwuchses und einer Beibehaltung der Beziehung zu den Eltern gekennzeichnet. Heute lässt sich etwa die Hälfte der vierundzwanzigjährigen Männer noch zu Hause von Mama verwöhnen, während schon mehr als die Hälfte der zweiundzwanzigjährigen Töchter ihr Kinderzimmer geräumt hat. Vielleicht ist diese tendenziell frühe Distanz zwischen Müttern und Töchtern die Voraussetzung für eine sich anbahnende enge Freundschaft unter Frauen auf Augenhöhe. Dem nesthockenden Sohn käme es wohl nicht so leicht in den Sinn, seine Mutter seinen Freunden als »beste Freundin« vorzustellen. Das würden die ihm auch gar nicht abkaufen, haben sie die Serviceleistungen der Frau Mama des Freundes doch meist schon selbst über Jahre hinweg genießen dürfen.

Natürlich gibt es trotz aller notwendigen Trennungs- und Lösungsprozesse schon lange vor der Pubertät auch ganz harmonische Mutter-Tochter-Beziehungen, zumindest Phasen angenehmer Windstille. Aber dann bricht wieder unverhofft ein Sturm über die Idylle: Es hagelt Kränkungen, Erwartungen werden enttäuscht, Schuldgefühle auf beiden Seiten. Nicht selten leiden Töchter an ihren Müttern, fühlen sich nicht geliebt und zu sehr kontrolliert. Die mütterliche Liebe werde an Bedingungen geknüpft, empfinden viele Töchter. Alles wird zu eng. Die Beziehung der Tochter zu Mama wird regelmäßig mal von der Tochter, mal von der Mutter als schwierig empfunden. Daher sollte jeder Mann, auch im Eifer des Gefechts, vermeiden, zu seiner Partnerin so etwas wie »Genau wie deine Mutter« zu sagen. Auch wenn es stimmt. Zumindest wenn ihm etwas an der Fortführung seiner aktuellen heterosexuellen Beziehung liegt. Das findet die Mehrheit der erwachsenen Frauen wenig sexy. Kein Wunder also, dass die eigene Mutter nicht zu den Top Ten der Vorbilder von vierzehn- bis siebzehnjährigen Mädchen gehört. An die Stelle der Mutter treten jetzt Idole, idealtypische Vorbilder, die ganz bestimmte Merkmale, die man selber toll findet, in besonderem Maße ausgeprägt haben. Dazu gehören viel Geld, tolle Ausstrahlung, Kraft, aber auch Gerechtigkeit und Hilfsbereitschaft. In dieser Phase erhoffen sich Jungen wie Mädchen in stiller Anbetung ihrer Stars etwas von deren Glanz. Ist diese Phase vorbei, die Schulausbildung beendet, werden die Sockel geräumt und Mama und Papa treten als neue alte Vorbilder wieder in Erscheinung. Ernüchterung macht sich breit. Die ersten echten Enttäuschungen mussten überwunden werden. Da greifen junge Erwachsene gern auf Bewährtes zurück. Mama und Papa sind immer noch da. Sie haben mich bis hierher begleitet. Ich ahne, wie schwer das bisweilen gewesen sein muss. So viel können sie also gar nicht falsch gemacht haben. Deutlich vor Papa tritt nun die Mama wieder auf den Plan. Von etwa der Hälfte der Zwanzig- bis Sechsundzwanzigjährigen wird sie an erster Stelle als Vorbild genannt. Na, bitte! Nachhaltigkeit zahlt sich eben aus.

Mama und Papa stellen nach wie vor die wichtigsten Bezugspersonen für die jugendlichen Töchter und Söhne dar. So geben mehr als fünfundneunzig Prozent aller Jugendlichen an, dass sie ihre Mutter als wichtig bis sehr wichtig für ihr Leben erachten, dicht gefolgt vom Vater, den knapp neunzig Prozent der Jugendlichen so schätzen. Achtzig Prozent der Jugendlichen geben an, dass ihre Mütter ihnen gegenüber häufig bis sehr häufig ein liebevolles Verhalten an den Tag legten. Immerhin fünfundsiebzig Prozent von ihnen haben den Eindruck, dass ihre Mütter ihnen Vertrauen entgegenbringen. Und noch vierzig Prozent aller Jugendlichen geben an, dass ihre Mütter auf sie und ihre spezifischen Probleme aktiv eingingen. Im Vergleich zu den Vätern liegen die Mütter bei all diesen Einschätzungen der Jugendlichen eindeutig vorne. Aber auch die Väter genießen eine beachtliche Wertschätzung der Jugendlichen, die aber im Schnitt um zehn Prozent geringer ausfällt als die der Mütter. Diese abermalige Hinwendung der Jugendlichen und jungen Erwachsenen zu ihren Eltern, im Besonderen der Töchter zu ihren Müttern, wird uns später noch einmal beschäftigen. Natürlich fragt man sich, was die jungen Leute wohl im Schilde führen, nachdem sie alle Höhen und Tiefen der Pubertät glücklich überwunden haben, ihre Abnabelung von den Eltern, ihre Individuation, gelungen ist. Kurz, warum möchte die Tochter ihre Mutter zur besten Freundin machen?

Vielleicht ist es ja wirklich Liebe und »tiefe Verbundenheit«, die die Kinder veranlasst, die Beziehung zu ihren Eltern nicht abreißen zu lassen und weit über die Zeit hinaus, in der sie von ihnen abhängig waren, zu pflegen. Aus Dankbarkeit empfinden viele eine innere Verpflichtung gegenüber den Eltern, im Besonderen der Mutter. Die Güte der Mutter-Kind-Beziehung bemisst sich geradezu in dem Maße, indem der Sohn oder die Tochter bereit ist, Ressourcen für das Wohlergehen ihrer alten Eltern zur Verfügung zu stellen. Diese umfassen Sorge, Hinwendung, Schutz. Der alten Mama soll es gut gehen. Selbst hartgesottene Kerle sind zu solchen Regungen befähigt. In »Der Pate II« zögert Michael Corleone den lange beschlossenen Mord an seinem verräterischen Bruder Fredo so lange hinaus, bis ihre gemeinsame Mutter gestorben ist. Eiskalt hatte der Don dem älteren Bruder zuvor versichert, dass er ihm vergeben habe. Nur, um ihn in Sicherheit zu wiegen. Auf dem Gipfel seiner Macht ist Michael Corleone abgestumpft und gefühlskalt. Nur die Liebe zur Mama ist geblieben und hält ihn davon ab, seinen eigenen Bruder, ihren Sohn, zu töten, solange sie lebt. Die wahre Liebe! Vielleicht ahnen die meisten aber auch, mehr unbewusst als bewusst, dass es sich mit Blick auf das eigene Alter lohnt, den eigenen Kindern eine fürsorgliche Beziehung zu den eigenen Eltern vorzuleben. Zugegeben, eine nicht ganz uneigennützige Vorstellung, aber biologisch sehr zweckmäßig. Eine erfolgreiche Strategie. »Erziehung ist Liebe und Vorbild, sonst nichts«, sagte schon Johann Heinrich Pestalozzi.

Doch zurück zu den Mütter-Töchtern. Es begnügen sich noch immer nicht wenige Frauen mit der Vorstellung, die Rolle des Vaters erschöpfe sich in der eines Samenspenders. Das Einzige, was zum Mutterglück fehlt, sind diese flinken, kleinen Spermien, deren Herstellung Mutter Natur in einem unvorsichtigen Moment leichtsinnigerweise dem Manne zugedacht hat. Seither verwendet die Frau viel Geschick darauf, sie ihm zu entlocken. Das gelingt ihr regelmäßig. Der Mann gibt gerne. Wird die Frau schwanger, verändert sich ihr Verhalten schlagartig. Weitere Verlockungen sind nicht erforderlich. Der Mann kann gehen. In ihrer edelsten Ausführung verzichtet die samenfixierte Frau auf jeden weiteren Kontakt und natürlich auf jede weitere Versorgungsleistung durch den Mann. Das kann sie selbst. Vor allem die Erziehung sei reine Frauensache.

Der Mann kann von Glück sagen, dass er kein Wespenspinnenmännchen ist. Den frisst das Wespenspinnenweibchen nämlich nach der Samenspende unverzüglich auf. Nicht etwa wegen des Appetits danach, sondern aus Eifersucht. So verhindert sie recht effektiv, dass das Männchen noch andere Weibchen befruchtet. So weit gehen die menschlichen Weibchen zum Glück in der Regel nicht. Auch sind solche radikalfeministischen Ansätze nicht gerade auf dem Vormarsch und für die meisten Frauen, nicht nur wegen der ausbleibenden Versorgungsressourcen, zum Glück nicht allzu attraktiv. Tatsächlich leben mehr als achtzig Prozent aller Kinder unter sechzehn Jahren in Deutschland in einem Haushalt mit zwei Elternteilen zusammen. Kein Platz für Samenklau- und Männermordfantasien. Die Männer dürfen also weiterleben. Aber was machen die da eigentlich in den Haushalten mit Kindern? Dürfen und wollen sie aktive Väter sein? Sollten sie es sogar?

Die biologische Vaterschaft eines Mannes lässt sich im Zweifel heute einfach und zuverlässig belegen. Die biologische Mutterschaft der Frau bedurfte zu keiner Zeit eines weiteren Beweises als der Schwangerschaft und der Geburt. Aber wie sieht es mit der sozialen Mutterschaft und der sozialen Vaterschaft aus? Tatsächlich wird in keiner Kultur die soziale Rolle der Frau als Mutter infrage gestellt. Die Frau, die ein Kind gebiert, ist immer auch Mutter. Soziale Erwartungen und biologische Voraussetzungen kommen hier voll zur Deckung. Die Betreuung und Versorgung der Kinder, die liebevolle Hinwendung zum Kind werden im Zusammenwirken einer tief empfundenen Mütterlichkeit der Frau und der an sie gerichteten kulturellen Ansprüche ziemlich verlässlich erbracht. Die soziale Mutterschaft wird insofern in allen Kulturen als natürliche Weiterentwicklung der biologischen Mutterschaft gelebt und empfunden. Anders bei den Vätern. Hier ist die Situation nicht ganz so eindeutig. Seine Rollen zum Kind und zur Mutter sind nicht so klar geregelt. Weder von Natur aus noch aufgrund sozialer Normen. Zwar hat er seinen Samen hergegeben, dem Kind ist er danach aber nie so nahe wie die Mutter. Dabei ist seine Rolle als mehr oder weniger aktiver sozialer Vater zunächst völlig unabhängig davon, wie sicher er wirklich sein kann, der biologische Vater zu sein. Aufgrund seiner relativen Ferne zum Kind hat er einen größeren sozialen Spielraum, seine Vaterschaft zu leben.

Im Laufe der Kulturentwicklung des Menschen war die Vaterrolle einem ständigen Wandel unterlegen. In den verschiedenen Kulturen weichen die Vaterbilder viel weiter voneinander ab als die Mutterbilder. Es sind also weniger die biologischen Voraussetzungen als viel mehr die kulturellen und sozialen Bedingungen, die den Erzeuger zu einem aktiven Vater machen. Die Historiker beschreiben die Geschichte des Vaterbildes als Achterbahnfahrt mit einer ziemlich langen Schussfahrt in Richtung Machtverlust der Väter und einer »Entväterlichung« der Gesellschaft. Von den antiken Patriarchen und Hausvorständen mit absoluter Machtfülle und klar umrissenen Vaterfunktionen, die im Wesentlichen den Schutz, die Gesundheit und die Bildung der Kinder betrafen, bis zur Vaterschaftskultur in vorindustrieller Zeit. Immer mehr klassische Vaterfunktionen werden von gesellschaftlichen Einrichtungen, wie zum Beispiel Schulen, übernommen. Der Vater wechselte vom Hausvater zum Angestellten, der morgens das Haus verließ und am Abend zurückkehrte. In dem Maße, wie der Funktionsverlust des Vaters fortschritt, nahm die häusliche Funktion der Mutter zu. Aus väterlicher Gewalt wurde elterliche Gewalt. Mit der »Entdeckung der Kindheit« als besonderer Lebenszeit und der Empathie in der Erziehung wuchs die Mutter in die Rolle der emotionalen Bindungspartnerin der Kinder, während der Vater zunehmend durch Abwesenheit glänzte. Seine Vaterautorität schmolz auf seine Rolle als Ernährer und Bestrafender dahin. Mit dem Schwinden der väterlichen Zuständigkeit in der Erziehung wurde die Mutterrolle aufgewertet. Eine Rolle, die sich später bis zum Muttermythos verklären sollte, während sich das Vaterbild weiter auf rasanter Talfahrt befand. Eine Fahrt, die uns zumindest aus Sicht der Psychoanalyse in das Chaos einer »vaterlosen Gesellschaft« in den Sechzigerjahren des letzten Jahrhunderts und bis zur Jahrtausendwende in die endgültige Krise stürzte, während auf dem ganzen Trümmerhaufen unseres Vaterbildes die radikalfeministischen Samenräuberinnen ihre Hexentänze aufführten. Zum Glück zeichnen historische Schlachtengemälde nie die ganze Wirklichkeit. Heute stellen sich die Rolle der Väter und vor allem das Selbstverständnis der Väter und deren Verhältnis zu ihren Kindern in einem völlig neuen Licht dar. Wie Phönix aus der Asche steht er vor uns: der »neue Vater«.

Das Ergebnis kann sich sehen lassen. Zumindest ist es recht bunt, um nicht zu sagen unübersichtlich. Einen zielgerichteten Prozess möchte man hinter diesem Ergebnis nicht vermuten. Heute ist ein ganzes Spektrum von Vätertypen auf dem Markt. Ein Vater für alle Fälle. Die ideale Vaterfigur ist verschwunden. Väterforscher haben schon Schubladen aufgemacht, um ihre Fundstücke zu sortieren. Auf den Etiketten kann man lesen: durchschnittlicher Vater, unsicherer Vater, distanzierter Vater, traditioneller Vater, randständiger Vater, partnerschaftlicher Vater und so weiter. In eine Schublade wollen alle rein. Sie ist mit Samtpapier ausgeschlagen und es ist noch etwas Platz darin. Denn die Anforderungen sind nicht gerade niedrig. Darauf steht: emotional kompetenter Vater! Na bitte, es geht doch. In einem ist sich die Forschung sicher. Väter sind für die Entwicklung ihrer Kinder wichtig. Doch Vorsicht: Väter sind nicht die besseren Mütter. Auch nicht die aus der Schublade mit dem Samtpapier. Allerdings sind sie auch nicht die schlechteren. Sie sind, wen wundert's, überhaupt keine Mütter. Väter sind unverwechselbar. Sie sind eine eigene ganz wichtige und unverzichtbare Ressource für die Entwicklung der Kinder.

Die neuen Väter drängt es an die Wickeltische. Sie wollen aktiv bei der Erziehung und Betreuung ihrer Kinder mitmischen. Zwei Drittel aller deutschen Männer sehen sich vor allem als Erzieher ihrer Kinder und erst in zweiter Linie als der Ernährer ihrer Familien. Das restliche Drittel sieht das eher umgekehrt. Das heißt, die Mehrheit der Väter möchte viel mehr Zeit mit ihren Kindern verbringen, als es ihnen möglich ist. Tatsächlich kommen nur etwa zwanzig Prozent der Väter wirklich dazu, sich in die Erziehung ihrer Kinder einzubringen. Die neuen Väter beklagen in der Mehrheit eine starke berufliche Belastung und ihre Sorgen um den Arbeitsplatz, der in den meisten Fällen noch immer das Auskommen der Familie sicherstellt. Tatsächlich steht bei ihnen nicht mehr, wie noch bei ihren Vätern, die Karriere, sondern die Familie im Vordergrund. Was die Doppelbelastung durch Beruf und Familie betrifft, hat die Frau und Mutter ihr Leidensmonopol längst verloren. Während die Mütter die Elternzeit ausgiebig in Anspruch nehmen und die vielfältigen Angebote der Teilzeitarbeit nutzen, um der Doppelbelastung einigermaßen zu begegnen, tut dies nur eine bescheidene Minderheit von weniger als drei Prozent der Männer. Der neue Vater ist also immer noch hauptsächlich der Ernährer, während er doch viel lieber der Erzieher seiner Kinder wäre.

Wenn der Vater Glück hat, gehört die Mutter seiner Kinder zu den sogenannten egalitären Vertretern ihrer Zunft. Das heißt, sie traut ihm etwas zu und lässt ihn auch tatsächlich mitmachen. Denn nicht wenige Mütter sind da eher skeptisch, vertrauen auf eine traditionelle Verteilung der Geschlechterrollen und erklären den Wickeltisch zur No-go-Area für ihre Partner. Dabei ist diese

Sorge gänzlich unberechtigt. Bis auf Schwangersein und Stillen können die Väter eigentlich alles so gut wie die Mütter, wenn man sie nur ließe. Der neue Vater zeigt Gefühl. Hätte er sich noch vor wenigen Jahren mit seinem Baby im Tragegurt in aller Öffentlichkeit der Lächerlichkeit preisgegeben, schmückt er so heute ganz selbstverständlich und selbstbewusst das Straßenbild. Auch zu Hause ist er nicht zu bremsen. Er wickelt, füttert, betreut und spielt, was das Zeug hält. Unter dem Druck der in weiten Teilen des Arbeitslebens immer noch vorherrschenden »Anwesenheitskultur« bezieht er die dazu erforderliche Zeit bereitwillig aus seinem Freizeitbudget und ist gerne bereit, dafür auf Hobbys und andere Freizeitaktivitäten zu verzichten. Papa ante portas! Wir empfehlen dringend, ihn reinzulassen.

Kinder brauchen ihre Väter ebenso wie ihre Mütter. Töchter brauchen die Erfahrungen männlicher Verhaltensmuster als Gegenbild zu dem eigengeschlechtlichen Rollenvorbild der Mutter. Ohne Vater hätten die Söhne während ihrer Säuglings-, Kleinkind-, Kindergarten- und Grundschulzeit im Wesentlichen nur Erwachsenenkontakte zu Frauen. Nur Väter können ihnen in dieser Zeit ein gleichgeschlechtliches Vorbild sein. Mit einem Wort: Kinder brauchen beide Elternteile. Am besten gleichzeitig. Aber auch Väter brauchen Kinder. Denn schon Säuglinge sind nicht passive Wesen, die ausschließlich der mütterlichen Grundversorgung entgegenlächeln oder -schreien. Säuglinge und Kinder beeinflussen das Verhalten ihrer Eltern aktiv. In einem gewissen Sinne erziehen die Kinder auch ihre Eltern. Diese Wechselwirkungen sind vielfältig und von nachhaltiger Wirkung. Kinder verändern so den Blick von Vätern auf das Leben. Zum Schrecken ihrer Arbeitgeber erliegen die Väter reihenweise dem Charme ihrer Kinder und träumen von einer Auszeit, um endlich am wahren Leben teilzunehmen. Zu sehen, wie sich ihre Kinder entwickeln. Einfach dabei zu sein. Etwas vom Glück der Vaterschaft zu bewahren. Vatersein ist ein tolles Gefühl. Das kann süchtig machen. Davor schützt nur ein Sechzehnstundentag im Büro. Das hat der neue Vater längst durchschaut. Noch nie zuvor stand den Kindern ein so großes positives Erziehungspotenzial ihrer Väter zur Verfügung. Die Vater-Tochter- und Vater-Sohn-Beziehung werden heute in ihren Besonderheiten gleichwertig zu der Mutter-Kind-Beziehung gesehen.

Der Vater ist der erste und wichtigste Mann im Leben einer Frau. Er bietet emotionale Geborgenheit bei den ersten Ablösungstendenzen von der Mutter. Bei ihm lernt sie männliche Reaktionsmuster auf weibliches Verhalten kennen und für sich nutzen. Erst im Wechselspiel zwischen Mutter-Tochter- und Vater-Tochter-Verhältnis findet sie ihre eigene weibliche Identität. Vertrauensvolle und gefühlvolle Väter machen Töchter stark und selbstbewusst. Väter spielen mit ihren Töchtern anders als Mütter. Die meisten aktiven Väter haben das gewandelte Geschlechtsbild in ihren Arbeitsumfeldern längst verinnerlicht und geben es an ihre Töchter weiter. Sie trauen ihren Töchtern mehr zu. Sie machen ihnen Mut, Risiken und Herausforderungen anzunehmen. Aktive Väter, die ihre Männlichkeit mit großer emotionaler Kompetenz vorleben, werden so zu Schlüsselfiguren für die Persönlichkeitsentwicklung ihrer Töchter. Der Papa ist nicht ihr Vorbild, das ist die Mama. Aber in ihm kann die Tochter sich spiegeln. An ihm kann sie ihre Fähigkeiten überprüfen, die sie von der Mutter übernommen hat und nun ständig variiert. Das Verhalten des Vaters zeigt ihr an, wie weit sie ist, was sie schon alles kann. Der Papa ist für die Tochter der beste Sparringspartner auf ihrem Weg zur eigenen weiblichen Identität.

Während in den zurückliegenden Generationen die Vater-Tochter-Beziehung schwach bis gar nicht genutzt wurde, war die Vater-Sohn-Beziehung in erster Linie durch den Konflikt geprägt. Der Vater-Sohn-Konflikt als Leitmotiv der klassischen und zeitgenössischen Literatur. Dabei muss es nicht immer so dramatisch zugehen wie in Friedrich Schillers Tragödie »Don Carlos«, in der Philipp II. seinen Sohn Don Carlos der Inquisition ausliefert, die er selbst verkörpert. Generationenkonflikt mit Todesfolge. Größer kann die Distanz zwischen Vater und Sohn nicht sein. Tatsächlich ist die Geschichte der Vater-Sohn-Beziehung eine Reihe von aufeinanderfolgenden Perioden größerer Nähe und größerer Distanz zwischen Vater und Sohn. Während die Nähe der Mutter für die Tochter und den Sohn eine relativ feste Konstante ist, kann man dies von der väterlichen Präsenz nicht behaupten. Während das geschlechtliche Rollenvorbild für die Tochter in Form der Mutter ziemlich verlässlich zur Verfügung steht, führt die Abwesenheit des Vaters zu einem Entzug des Vaters als Bezugs- und Identifizierungsperson für die kindliche Entwicklung. Dadurch wird die Persönlichkeitsentwicklung des Sohnes nachhaltig negativ beeinflusst. Diese Abwesenheit des Vaters ist der Auslöser für massive Konflikte im Vater-Sohn-Verhältnis und für die Entwicklung eines sehr konfliktbeladenen Selbstkonzeptes des Sohnes, vor allem mit Blick auf seine Männlichkeit. Die Bedeutung der Vater-Sohn-Beziehung gilt als späte Entdeckung des letzten Jahrhunderts. Vielleicht liegt es daran, dass in der öffentlichen Wahrnehmung im Gegensatz zur Mutter dem Vater noch immer nur eine geringe oder gar keine Bedeutung für die Entwicklung seiner Kinder zugeschrieben wird. Tatsächlich kann die Rolle des Vaters für die Entwicklung des Sohnes nicht hoch genug eingeschätzt werden. Hier lohnt sich, wie bei der Tochter, der volle, aktive Einsatz. Zum Glück sind die »neuen Väter« heute zunehmend bereit, ihren Söhnen die Nähe und gefühlsbetonte Gegenwart zu bieten, die sie brauchen, um zu selbstbewussten Persönlichkeiten mit einer gefestigten Geschlechterrollenidentität heranzuwachsen.

Unser Beziehungsverhältnis zu unseren Kindern macht Erziehung erst möglich. In den Beziehungen zu unseren Kindern bieten wir ihnen den Raum für eine gute Persönlichkeitsentwicklung.

Ein wie auch immer konstruiertes Erziehungsverhältnis ist nicht erforderlich und vielleicht gar nicht wirksam. Kinder und ihre Persönlichkeit entwickeln sich also in Beziehungsgeflechten. Am Anfang steht die Mutter-Kind-Beziehung. Sie ist die Grundlage jeder weiteren Entwicklung. Sie bietet Schutz, Nahrung und Wärme. Durch die Mutter wird die Basis für eine gesunde Entwicklung gelegt. Sie ermöglicht die Entwicklung des kindlichen Urvertrauens und ist die erste Lehrmeisterin in Sachen emotionale Kompetenz. Aber schon bald tritt der Papa auf den Plan und kann sich kräftig einmischen. Das funktioniert natürlich dann am besten, wenn sich Mama und Papa gut verstehen. Das Mutter-Vater-Verhältnis ist also zusätzlich von Bedeutung für die kindliche Entwicklung. Das Verhältnis zwischen den beiden bestimmt maßgeblich die Qualität der Eltern-Kind-Beziehungen.

Damit das mit Mama und Papa auch gut und verlässlich klappt, hat sich die Natur eine ganze Reihe von Tricks einfallen lassen. Nur um ganz sicherzugehen. Denn von Natur aus scheint der Mensch nicht besonders gut dazu veranlagt zu sein, monogam zu leben. Die unmittelbaren Vorfahren der Menschen waren allesamt ziemlich treulose Gesellen, zumindest was ihr Sexualverhalten anbelangte. Die Strategie der langen nachgeburtlichen Abhängigkeit der Menschenbabys von einer guten Betreuung und Fürsorge ließ es für die Menschenmutter allerdings schon früh vorteilhaft erscheinen, einen Partner für längere Zeit an sich zu binden. Ihm hatte sie die Aufgabe zugedacht, sie bei der Aufzucht der Kinder zu unterstützen, für Schutz und Ressourcen zu sorgen. Sie musste ihn nur noch überzeugen. Keine leichte Aufgabe. Viel lieber überließ der Mann das Erziehungs- und Versorgungsgeschäft der Mutter, während er fleißig Ausschau nach anderen Frauen hielt, um möglichst viele seiner wertvollen Gene unters Volk zu bringen. Frauen suchen einen Kerl, der sie und ihr Kind beschützt und versorgt, der Mann sieht sein Glück bei vielen. Von Anfang an war klar: Männer und

Frauen passen irgendwie nicht richtig zusammen. Zu verschieden waren ihre Interessen.

Der Flirt gilt als eine Erfindung der Frau. Die Initiative bei der Partnerwahl geht immer von ihr aus, auch wenn die meisten Männer vom Gegenteil überzeugt sind. Psychologen können aus dem Verhalten einer Frau bei den ersten Annäherungsversuchen immer ziemlich gut die Reaktionen des Mannes vorhersagen, während das umgekehrt nicht funktioniert. Die Frau hat die Kontrolle bei der Auswahl. Mithilfe von Testosteron und Adrenalin wird Interesse geweckt. Verläuft die Bewerbung für die Frau positiv, sind ihre Wunschkriterien erfüllt, kommt es zu einem regelrechten hormonellen Dammbruch in ihrem Gehirn, und ihr Verhalten löst das Gleiche bei ihrem Wunschkandidaten aus: Die Verfügbarkeit von Serotonin fällt ins Bodenlose. Die Folge: eine Art Zwangsfixierung auf das Gegenüber. In Liebe entflammt, sind beide zum Äußersten bereit. Doch die Frau hat längerfristige Ziele: Ihr Testosteronspiegel steigt, während der ihres zukünftigen Lebensabschnittspartners sinkt. Das heißt: Auf der Höhe des männlichen Erfolgsdusels, im Kampfgetöse hemmungslosen Liebesrausches gelingt es so, den Mann etwas weiblicher und die Frau etwas männlicher werden zu lassen. Die Falle schnappt zu. Die längere Bindung ist vorbereitet. Nun noch reichlich Dopamin und Noradrenalin dazu. Das hilft, den jetzt schon zwangsfixierten, in seiner Bindung gefangenen Mann mithilfe des sehr effizienten gehirneigenen Belohnungssystems in die endgültige kokaingleiche Abhängigkeit von der Frau zu führen. Im günstigsten Fall ist diese Abhängigkeit wechselseitig. Die volle Punktzahl erreichen Mann und Frau in ihrer hormonberauschten Hörigkeit. Dieser Zustand ist eine gute Ausgangsbedingung für das Projekt Elternschaft.

Dass vor zwei Millionen Jahren unserem entflammten Pärchen der Zusammenhang zwischen Geschlechtsverkehr und Schwangerschaft noch gar nicht klar war, ist zunächst ohne Bedeutung. Diese

Erkenntnis dämmerte den beiden erst am Ende der letzten Eiszeit vor gerade einmal etwas mehr als zehntausend Jahren. Damals wird den ersten Hirten bald aufgefallen sein, dass für die Nachkommenschaft ihrer Tiere die männlichen Tiere zwingend erforderlich waren. Der späte Beginn eines Vater-Sohn- und Vater-Tochter-Verhältnisses. Bis dahin sorgten relativ lange Zeiten zwischen den Geburten, Annahmen gehen von dreijährigen Stillzeiten mit gehemmter Ovulation aus, und vor allem die menschliche Erfindung der verdeckten Ovulation dazu, dass die Vaterschaft unsicher war. Der verdeckte Eisprung war ein früher Trick, um die Versorger und Beschützer bei der Stange zu halten. Für den Mann ist nicht länger ersichtlich, wann die Frau fruchtbar ist. Gleichzeitig täuscht die Frau durch ihre andauernde Bereitschaft zum Geschlechtsverkehr vor, dass sie über den ganzen Zyklus hinweg fruchtbar sei. Das tut sie – zu ihrer Ehrenrettung – unbewusst, denn auch ihr bleibt nun die Zeit des Eisprungs verborgen. Dieser Umstand hat zwei vorteilhafte Effekte: Zum einen dient er der Paarbindung und zum anderen wird die Frau daran gehindert, eine solche Information steuernd einzusetzen. Denn dazu wäre sie mit ihrem prächtigen Stirnhirn schon bald nach dem Beginn der Kulturevolution vor zwei Millionen Jahren in der Lage gewesen. Zumindest ihr wäre der Zusammenhang zwischen Geschlechtsverkehr und Schwangerschaft nicht verborgen geblieben. Das hätte zu einem deutlichen Selektionsnachteil für die »emanzipierte« Frau geführt, der schon damals nicht verborgen geblieben sein kann, mit welchen Risiken eine Schwangerschaft verbunden ist. Genau zur Zeit des Eisprungs hätte sie wohl ihre Migräne bekommen und den Mann auf später vertröstet. Mit dem Ergebnis, dass ihre Gene nicht weitergegeben worden wären. Es ist nicht abwegig, zu vermuten, dass die Entwicklung der menschlichen Sexualität eine sehr wirkungsvolle Strategie war, um dieses Risiko etwas lustvoller einzugehen. Die elterliche Vor- und Fürsorge war also schon ein altes Erfolgmodell, als der

Mann seine Vaterschaft entdeckte und daraufhin nichts Besseres zu tun hatte, als das Patriarchat zu erfinden, eine Form des väterlichen Kümmerns, die bis dahin gar keinen Zweck erfüllte, bei dem Übergang von den Aufteilungs- zu den Zuteilungsgesellschaften an der Schwelle zur Sesshaftigkeit aber schon. Schließlich gab es ab jetzt richtig was zu vererben.

Sind Testosteron, Adrenalin, Serotonin, Dopamin und Noradrenalin die Einstiegsdrogen für eine gute Paarbindung, ist Ocytocin die Einstiegsdroge für eine gute Eltern-Kind-Beziehung. Dieses Hormon gilt als »Bindungshormon« und wird schon während der Geburt und später während des Stillens in rauen Mengen ausgeschüttet. Ein echtes Glückshormon, das die Mutter die Welt und natürlich ihr Baby durch die rosarote Brille sehen lässt. Dasselbe Hormon wird auch beim Geschlechtsverkehr ausgeschüttet. Dieser Ocytocin-Effekt hilft der Mutterliebe und der Paarbindung kräftig auf die Sprünge. Eine effektive Starthilfe für eine Erfolg versprechende Elternschaft. Auch die Vaterliebe braucht einen hormonellen Anschub. Tatsächlich werden Pheromone der schwangeren Frau dafür verantwortlich gemacht, dass der Prolaktinspiegel des Mannes schon Wochen vor der Geburt ansteigt und sein Testosteronspiegel nach der Geburt dramatisch abfällt. Diese hormonellen Signale blicken auf einen langen evolutionären Anpassungsprozess zurück und erhöhen die Bereitschaft des Vaters, sich fürsorglich um Mutter und Kind zu kümmern. Doch keine Sorge: Mütter und Väter sind keine ferngesteuerten willenlosen Zombies, deren Glück und Liebe an hormonellen Fäden hängen. Diese Hormonschübe bilden die hirnphysiologische Entsprechung für den berühmten Tritt in den Hintern, den wir doch alle gelegentlich einmal brauchen. So stimuliert, entwickeln sich Mutterglück und Vaterliebe im Zuge anhaltender Lernprozesse im Umgang miteinander und mit dem Kind. Bedenklich ist allerdings, dass die Duftsignale der schwangeren Frau bei ihrer Zielfindung keinen Unterschied machen zwischen dem leiblichen Vater der Kinder und einem nicht leiblichen Vater. Stiefväter, die schon vor der Geburt in die Partnerschaft eingetreten sind, reagieren genauso wie die Erzeuger. Ein toller Trick, der dem Erfolg der kindlichen Entwicklung dient. Unterstreicht er doch die Bedeutung der Männer für die Erziehung von Kindern dadurch, dass es nicht notwendigerweise der leibliche Vater sein muss, der sich um die Familie kümmert. Es muss halt ein Mann ins Haus. Die entwicklungspsychologischen Erkenntnisse zur Bedeutung der männlichen Erziehung erhalten eindrucksvolle Schützenhilfe aus der Hirnforschung. Vaterlos aufgewachsene Mäuse entwickeln ein schlechteres Sozialverhalten als ihre Artgenossen, die während ihrer Kindheit Kontakt zum Vater hatten. Deutliche Unterschiede zeigt die Leistung ihres Stirnhirns, das maßgeblich an der Steuerung solcher persönlichkeitsrelevanten Verhaltensbereitschaften beteiligt ist.

Männer wollen überzeugt werden, dass das Kind von ihnen ist. Das fördert ihre Motivation enorm, Hormone hin oder her, sich für den Nachwuchs ins Zeug zu legen. Die Skepsis der Männer ist nicht ganz unbegründet. Ungefähr zehn bis zwanzig Prozent aller Kinder in Deutschland sind »Kuckuckskinder«, also Kinder, die den Vätern von den Müttern untergeschoben werden. Fremdgehen ist systemimmanent. Das wissen die Männer nur zu genau. Zum Fremdgehen braucht es bekanntlich immer mindestens zwei. Die Mutter hat es gut, sie weiß genau, dass es ihr Kind ist, das da in ihrem Bauch heranwächst. Natürlich gibt es einen Vater. Wer das ist, weiß nur die Mutter. Dem Kind ist's eh egal. Der Mutter vielleicht nicht. Sie kann sich durchaus Gedanken über den Unterschied der Güte eines Mannes als Erzeuger und als Ernährer machen. Biologisch gesehen eine zulässige Abwägung. Jetzt muss nur noch der Ernährer überzeugt werden, der ja in achtzig bis neunzig Prozent der Fälle tatsächlich der biologische Papa ist. Und wieder greift Mutter Natur in ihre unerschöpfliche Trickkiste. »Ganz der

Papa!«, ruft die Mutter und streckt ihr Neugeborenes dem Lebensabschnittspartner entgegen. Der nimmt es auf den Arm und betrachtet das Baby mit skeptischem Stolz. Auch mit gutem Willen kann er zunächst keine Ähnlichkeit erkennen. Die Oma mütterlicherseits ist sofort hilfreich zur Stelle. Sie kommt ganz nah zum Baby und zum Schwiegersohn, herzt erst das Kind und dann den Vater: »Wie aus dem Gesicht geschnitten. Seht euch nur die Augen an ...« So geht es in einem fort, während ihr Mann, der Opa mütterlicherseits, munter nickt und seine Frau ganz heiter anlächelt. Oma väterlicherseits steht etwas abseits und sieht ihrerseits doch eher eine gewisse Ähnlichkeit mit ihrer Schwiegertochter. Opa väterlicherseits sagt erst einmal nichts, während er seinem Sohn milde und seiner Schwiegertochter aufmunternd zulächelt. Beim Hinausgehen legt der Vater des Vaters seinen Arm um seinen Sohn und sagt: »Für mich sehen alle Babys gleich aus.«

In dieser Szene leuchten verschiedene Beziehungen in einer Familie jenseits der Eltern-Kind-Beziehung auf, die das ganze erziehungsrelevante Beziehungsgeflecht mitbestimmen. Eine dieser Beziehungen genießt eine gewisse Sonderstellung: die Beziehung zwischen dem Schwiegervater und der Schwiegertochter. Eine echte fortpflanzungsrelevante Beziehung. Damit gehört der eigene Vater für den Sohn, den vermeintlichen Vater des Babys, zum Kreis der Verdächtigen. Ein Sonderfall, den wir hier nicht weiterverfolgen wollen. Welche erziehungsrelevanten Interessen haben die Mitglieder der Familie und wie ist deren Haltung gegenüber dem Baby?

Die engagierteste Reaktion zeigt die Mutter der Mutter. Schließlich ist sie die Einzige im Raum, die sich sicher sein kann, dass dieses Baby ihr Enkelkind ist. So wie nur sie genau weiß, dass ihre Tochter ihr Kind ist. Hier ist der Fall völlig eindeutig. Darauf hat sie jahrelang gewartet. Sie ist zu einhundert Prozent einsatzbereit, um als liebste Oma in die Geschichte einzugehen. Genau zu diesem Zweck hat sich die menschliche Evolution einen weiteren Trick ausgedacht: die Menopause. Seit ihrem fünfzigsten Lebensjahr hat sie auf diesen Moment gewartet. Seit sie selbst keine Kinder mehr bekommen kann, wartet sie darauf, dass ihre Tochter ein Kind bekommt. Zu einhundert Prozent ihr Enkelkind. Da lohnt sich jeder Einsatz. Tatsächlich ist die Menopause, die es so nur bei Menschen gibt, Teil eines ausgefeilten »Großmutterkomplotts«. Der Beginn einer Verschwörung von Mutter und Tochter zugunsten des Kindes. Ein ziemlich exklusiver Kreis. Für Außenstehende tabu. Hier kann das Baby aller Liebe und Unterstützung sicher sein. Die tollsten Weihnachtsgeschenke werden von der guten Oma kommen. Und der Vater der Mutter? Dem Mann der guten Oma bleibt gar nichts anderes übrig, als seine Frau zu unterstützen. Er kann sich zwar nicht ganz sicher sein, ob seine Tochter überhaupt von ihm ist. Da stehen die Chancen 50:50. Aber wenn sie es ist, was nach all den Jahren eigentlich auch egal ist, dann ist das Baby zu einhundert Prozent sein Enkelkind. Dafür lohnt sich aller Aufwand, und er ist fest entschlossen, seine Frau in allem zu unterstützen. Das Sagen hat dabei sie allein. Eine gewisse Solidarität hat sich sogleich mit seinem neuen Schwiegersohn eingestellt, woraus sich eine gute Freundschaft entwickeln könnte, so hofft er. Etwas Unterstützung wird er wohl in Zukunft brauchen. Und vielleicht etwas Gesellschaft. Seine Frau wird ja ab jetzt hauptberuflich Großmutter sein und sich nicht mehr so viel mit ihm abgeben können. Diese Hoffnung wird zusätzlich dadurch genährt, dass der Schwiegersohn seiner Frau, also dessen Schwiegermutter, eigentlich völlig schnuppe ist. Nicht unbedingt als Person, aber als biologischer Vater. Sie sieht in ihm den Versorger, den es bei Laune zu halten gilt. Ob nun er oder wer sonst biologischer Vater ist, wen interessiert so etwas? Hauptsache, sie hat einen echten eigenen Enkel von der eigenen Tochter. Wer deren Erzeuger war, weiß sie bei genauerer Betrachtung nicht mehr so genau. Sie hat sich aber an den Gedanken ganz gut gewöhnen können, dass es ihr Mann gewesen sein könnte. Also rosige Aussichten für den neuen Schwiegersohn, wenn er einige Grundregeln im Umgang mit Schwiegermüttern im Allgemeinen und mit seiner eigenen im Besonderen beachtet. Eine echte Win-win-Situation. Sie wird ihn verwöhnen, er wird ihr Essen loben und in seinem Schwiegervater vielleicht einen echten Kumpel finden. Rosige Aussichten. Doch wie ist es um seine Mutter, die Großmutter väterlicherseits, bestellt?

Zu ihr hat er ein gutes, wenn auch distanziertes Verhältnis. Sie hat ihn immer nach Kräften gefördert und auch schon mal ein Geheimnis gegenüber ihrem Mann mit ihm geteilt. Da hat er gerne mitgemacht. Papa musste nicht immer alles wissen. Das hat der Mama gut getan. Doch nun das. Eine fremde Person in der Familie. Eine Frau mit Kind. Natürlich gönnt sie ihrem Sohn das Baby. Aber ist es auch ihr Enkelkind? Da teilt sie zunächst die Skepsis, die sie insgeheim auch ihrem Sohn unterstellt. Ob sie die Richtige für ihn ist? Das muss sich erst noch zeigen. Im günstigsten Fall ist der Schwiegermutter nichts nachzusagen. Bleibt noch der Schwiegervater der jungen Mutter. Er hat ganz hinten im Raum gestanden und während der etwas aufdringlichen Umarmungen vonseiten der neuen Verwandtschaft zweimal verstohlen auf die Uhr gesehen. Das Fußballspiel. Muss ja nicht sein, dass er das ausgerechnet heute verpasst. Halbfinale! Das Baby ist morgen auch noch da. Eigentlich ist er seiner Schwiegertochter zuliebe gekommen. Da hat sein Sohn mal einen tollen Fang gemacht. Allzu geschickt hat sich der Filius in den letzten Jahren ja nicht angestellt. Sein Verhältnis zum Sohn ist etwas distanziert, aber herzlich, wie er es selber einschätzt. Er findet dessen politische Ansichten skurril und dessen beruflichen Werdegang, gelinde gesagt, befremdlich. Aufregen tut er sich deswegen aber schon lange nicht mehr. Solange der Junge Erfolg hat, soll's mir recht sein, denkt er. Die Frau hätte ich ihm zumindest nicht zugetraut. Respekt. Das etwas distanzierte Verhältnis zu seinem Sohn wird durch die natürliche Skepsis der eigenen

Vaterschaft nicht kleiner und färbt natürlich auf das Enkelkind ab. Von ihm hat das Baby tendenziell die unauffälligsten Geschenke zu erwarten. Das müssen nicht immer die kleinsten sein. Gespielt habe es mit dem guten Opa viel häufiger, wird es sich später vielleicht erinnern. Das Baby hat halt das Pech, dass der Schwiegervater der eigenen Mutter bezüglich seiner Verwandtschaft mit ihm gleich doppelt unsicher sein kann. Deshalb ist es nicht verwunderlich, dass verwitwete Großväter väterlicherseits ihre Kontakte zu ihren Enkeln nicht selten ganz abbrechen.

Bei den innerfamiliären Beziehungen scheint es also gar nicht so sehr um Freundschaft als um eine fruchtbare Konkurrenz zu gehen. Ein Wechselbad von Liebe, Skepsis und Eigeninteressen wird erlebt. Der Zweck der ganzen Veranstaltung ist aber eindeutig: die Stärkung des Systems einer halb offenen Kernfamilie als biokulturelle Keimzelle für die Entwicklung von Kindern. In ihrem Zentrum die Triade aus Mutter, Kind und Großmutter unter männlicher Begleitung. Vor diesem Hintergrund bietet das Bekenntnis von Taylor Swift, ihre Mutter sei ihre beste Freundin, Anlass zu Spekulationen. Was, wenn Frau Taylor Swift, wie das Stars nun einmal zu tun pflegen, öffentlichkeitswirksam ihre Bereitschaft signalisierte, von ihrer Mutter jede großmütterliche Unterstützung bei der Karriere eines neuen Kinderstars in Tennessee liebend gerne anzunehmen? Vielleicht singt sie ja bald: »*I'm not alone, ...*« Wir wünschen den dreien viel Erfolg!

Die »verdorbene Jugend« –
sind Normen und Werte noch
zeitgemäß?

DER MENSCH SEI das Maß aller Dinge, behauptete Protagoras im fünften Jahrhundert vor Christus. Vielleicht ist er ja deshalb von seinen griechischen Landsleuten vertrieben und sind alle seine Schriften vernichtet worden. Was für eine »Anmaßung«, werden viele der alten Griechen gedacht haben. Ein Angriff auf das Wertesystem, die Leitkultur, würde man heute sagen. Standen nicht für alle deutlich sichtbar am Eingang des Apollotempels zu Delphi die apollinischen Weisheiten: »Erkenne dich selbst« und »Nichts im Übermaß«? Göttliche Mahnungen zu Bescheidenheit und Demut. Selbsterkenntnis als Quelle von Zufriedenheit und Frieden. Eigene Grenzen erkennen und das rechte Maß in allen Dingen finden. Alte olympische Tugenden eben. Echt antik. In der sogenannten modernen Leistungsgesellschaft hat dieses Streben nach Vervollkommnung als Ausdruck eines inneren Gleichgewichtes und von Harmonie mit der Natur seinen hohen Stellenwert längst eingebüßt. Heute gilt: »Schneller, höher, weiter.« Nicht nur als Devise für die Olympischen Spiele der Neuzeit und das 1894 gegründete IOC. Die individuelle Anstrengung wird zur messbaren Leistung. Das Ziel ist der Rekord. Aus Leistung wird Höchstleistung. Eigene Grenzen werden erkannt und überschritten. Aus »Schneller, höher, weiter« wird »Immer schneller, immer höher, immer weiter«. Rekorde müssen ständig gebrochen werden. Profite müssen ständig wachsen. Der Mensch kennt keine Grenzen, wächst über sich hinaus und wird zum Maß aller Dinge. Irgendwie muss es Protagoras gelungen sein, durch die Hintertür wiederzukommen. Und mit ihm die Wirtschafts- und Staatskrise, die nicht nur in Griechenland der Maßlosigkeit ihrer Protagonisten geschuldet ist. Wertewandel! Wer sich selbst erkennt, um eigene Grenzen zu überschreiten, ist auf der Höhe der Zeit. Und zu vielem bereit.

Am 7. November 2009 meldet FOCUS-online: »Dopingärzte nannten sich Asterix und Obelix.« Unsere Augen hingen an der Schlagzeile. Das darf doch wohl nicht wahr sein! Die beiden gallischen Sympathieträger aus Kindertagen als Pseudonyme für Kriminelle aus dem Doping-Milieu? Was ist denn da bloß schiefgelaufen? Die Meldung in Auszügen:

»Exradprofi Jan Ullrich hat die Ärzte Eufemiano Fuentes und Merino Batres nach Erkenntnissen des Bundeskriminalamtes sehr gut gekannt. Er wusste sogar ihre Decknamen.
Nach FOCUS-Informationen schlussfolgert das Bundeskriminalamt (BKA) dies unter anderem aufgrund einer CD mit Telefon-

Die Sache ließ uns keine Ruhe. Die beiden haben doch nicht
etwa…? Aber das kann doch gar nicht sein. Obwohl, in Spanien
sind sie gewesen (Band 14). Und zwar nach den Olympischen Spielen (Band 12). Da hat es doch diesen mehr als merkwürdigen Do-
pingfall gegeben, der kräftig nach hinten losgegangen ist. Und zwar
auf Kosten der Römer und zugunsten von Asterix. Nichts wie auf
den Dachboden und die alten Kisten mit den Comics hervorgeholt.
Quellenstudium. Dabei sind wir auf eine ziemlich haarsträubende
Geschichte mit Spürnix gestoßen, die unsere schöne heile Welt aus
Kindertagen etwas in Unordnung bringen sollte. Doch hören Sie
selbst: »Wir befinden uns im Jahre 50 v. Chr. Ganz Gallien ist von
den Römern besetzt. Ganz Gallien? Nein! Ein von unbeugsamen
Galliern bevölkertes Dorf …« Sie kennen die Geschichte? Dann
wissen Sie auch, dass Asterix und Obelix die eigentlichen Erfin-
der der Tour de France sind (Band 6). Die übrigens ursprünglich
völlig sauber gewesen ist. »Tour de France« gehört zu den wenigen
Abenteuern von Asterix und Obelix, in denen nicht ein einziges
Tröpfchen Zaubertrank geflossen ist. Das hat den beiden allerdings
wohl damals schon niemand so richtig geglaubt. Der Dopingvor-
wurf stand irgendwie immer im Raum. Vielleicht haben sie sich ja
zwischen den Bildern ein Schlückchen genehmigt. Wir wissen es
nicht. Glücklicherweise war den beiden nichts nachzuweisen.

Wie dem auch sei, die Geschichte hat in der ganzen damals bekannten Welt, im Römischen Reich, bei den Goten, den Spaniern

und natürlich den Galliern die Runde gemacht. Nach der erfolgreichen Premiere der Tour de France waren natürlich alle scharf auf den Zaubertrank. Schon im nächsten Abenteuer »Asterix und die Goten« (Band 7) sind wir Zeugen des alljährlich stattfindenden Wettstreits der gallischen Druiden im Karnutenwald. Natürlich hat mal wieder Miraculix mit seinem Zaubertrank den goldenen Hinkelstein abgeräumt, während seine Kollegen leer ausgingen. Obwohl auch sie Beachtliches vorzuweisen hatten. So konnte der Druide Barometrix es mit einer Prise Zauberpulver vom Himmel herabregnen lassen, und sein Kollege Spürnix aus Belgien hatte ein sehr eindrucksvolles Schmerzmittel vorzuweisen, mit dem es ihm gelang, Pommes frites mit bloßen Händen aus dem siedend heißen Fett zu holen. Sicher sehr zukunftsweisend. An dieser Stelle sind wir das erste Mal stutzig geworden. Wahrscheinlich war Spürnix ein Aufschneider und Betrüger. Pommes frites gab es nämlich zu dieser Zeit noch gar nicht. Amerika war noch nicht entdeckt (»Die große Überfahrt«, Band 22), die Kartoffel noch nicht in Europa angekommen. Das ist erst im Band 24 (»Asterix bei den Belgiern«) möglich und belegt. Auf jeden Fall war Spürnix ziemlich sauer, dass er nicht punkten konnte, und beschloss, Miraculix eins auszuwischen. So hat er, wohl von den Autoren des Bandes 7 unbemerkt, dem Miraculix eine kleine Probe Zaubertrank stibitzt und in einem Fläschchen in seine Heimat Belgien geschmuggelt. Genauer gesagt in den südlichen Teil Belgiens, das heutige Flandern. Wie bei so manchem echten Genie, zu denen Spürnix zweifellos gehörte, war das Motiv bei seiner Missetat Eitelkeit. Kommerzielle Interessen oder politische Motive scheinen ihn nach unseren Recherchen nicht getrieben zu haben. Dafür sprechen auch die tragischen Umstände seines Endes. Was viele nicht wissen: Spürnix hatte, wo er schon mal dabei war, auch seinem Kollegen Barometrix ein Pröbchen entwendet. Bei einem seiner Versuche, dessen Pülverchen weiterzuentwickeln, gelang es ihm, eine gewaltige Gewitterwolke zu erzeugen, aus der es nicht nur goss wie aus Eimern, sondern alsbald auch ein gewaltiger Blitz zur Erde schlug, der den armen Spürnix augenblicklich vom Leben zum Tode beförderte. Ein Leben für die Wissenschaft! Das Fläschchen mit dem Zaubertrank blieb seitdem bis auf Weiteres verschollen.

Inzwischen hatten auch Asterix und Obelix ihre Unschuld verloren. Zumindest was ihre Haltung zum Doping betraf. Als leistungssteigerndes Mittel im Kampf gegen die Römer war der Zaubertrank längst erprobt. Man kann sagen, er war zu einem festen Bestandteil ihres täglichen Berufslebens geworden. Jedes Kind weiß heute um die Vorzüge von ein bisschen Zaubertrank zur rechten Zeit. Schließlich hat nicht jeder das Glück wie Obelix, schon als Kleinkind in den Kessel gefallen zu sein und seither über konkurrenzlose Kräfte zu verfügen. Da ist es nur gerecht, wenn jeder hin und wieder etwas abbekommt. Das ist völlig normal. Da sind wir weit weg von apollinischen Weisheiten. Aber im Sport? Und dann gleich bei den Olympischen Spielen? Da waren wir beim zweiten Durchblättern von Band 12 (»Asterix bei den Olympischen Spielen«) doch ziemlich entsetzt. Was für ein Werteverfall in nur sechs Abenteuern seit der ersten Tour de France. Andererseits haben Asterix und Obelix die Römer so gekonnt reingelegt, dass das Entsetzen schon bald wieder amüsierter Sympathie weicht. Aber lesen Sie selbst nach. Auf jeden Fall lernt hier ein Kind früh, dass Mogeln und Betrügen lustig und sehr Erfolg versprechend sein können. So führen Sie Ihr Kind auf humorvolle Weise an grundlegende Werte unserer Leistungsgesellschaft heran.

Tatsächlich ist der Mensch zu jeder Schandtat ebenso wie zu jedem guten Werk bereit. Das hat er in seiner Geschichte oft genug bewiesen. Was hält den einen davon ab, das zu tun, was der andere tut oder unterlässt? Ist jeder von uns einfach nur anders als der andere? Ist alles erlaubt? Sind die Normen für unser Verhalten beliebig? Oder gibt es universelle Normen, an denen wir uns alle orientieren? Gibt es vielleicht sogar irgendetwas Unverhandelbares, das uns Menschen im Kern zusammenhält?

Vielleicht denken Sie, Zaubertrank für Asterix und seine Gallier sei okay. Schließlich geht's gegen die bösen Römer. Berechtigte Vorteilsnahme für die Guten im Kampf gegen die Bösen. Wie kann das moralisch schlecht sein? Sie spendieren Ihren Kindern ja auch die Nachhilfestunde. Vorteilsnahme im Kampf gegen ein miserables Schulsystem. Sie sind für Ihre Kinder verantwortlich. Wie kann eine solche Unterstützung moralisch verwerflich sein? Ein Manager entlässt 2.000 Mitarbeiter. Die Aktienkurse steigen. Quartalsziel erreicht. Boni bekommen nur die Tüchtigen. Aber sind das auch immer die Guten? »Warum trägt ein Engel ein Schwert?«, fragen vielleicht noch die Kinder. Was macht eine Tat zu einer guten Tat? Warum ist dasselbe nicht immer das Gleiche? Sie denken vielleicht, Zaubertrank für Radprofis sei auch okay? Nur konsequent in unserer »Immer schneller, immer höher, immer weiter«-Gesellschaft. Oder doch eher nicht okay? Vielleicht finden Sie Zaubertrank einfach nur unfair. Vielleicht ist Fairness für Sie ein hohes Gut. Nicht nur im Sport. Vielleicht träumen Sie von einer fairen Gesellschaft, in der es gerechter zugeht als jetzt. Da würde es Ihnen natürlich wehtun, zu sehen, dass sich Ihr eigenes Kind unfair verhält. Vielleicht fragen Sie sich: Wie erziehe ich mein Kind zu fairem Verhalten? Geht das überhaupt? Oder ist das vielleicht doch nicht sinnvoll? Schließlich ist doch der Faire in einer unfairen Gesellschaft schnell der Dumme, oder? Schließlich muss sich mein Kind ja auch behaupten können. Da braucht es dann gelegentlich vielleicht doch einmal die eine oder andere kleine Vorteilsnahme. Ja, auch auf Kosten der anderen. Die tun es doch auch. Also doch Zaubertrank. Vielleicht nicht im Radsport. Der soll ja schließlich sauber sein. Aber vielleicht vor der nächsten Mathe-Klausur?

Auf der Suche nach dem richtigen Weg für uns und unsere Kinder, nach Halt und Orientierung laufen wir alle munter kreuz und quer durchs Leben. Jeder mit seinem eigenen Wertekanon und der eigenen Moral unter dem Arm. Die jeweils anderen leiden selbstverständlich unter Werteverfall und Werteverlust. Verfall der Sitten allenthalben. Ein ziemliches Kuddelmuddel das Ganze. Tugenden, Werte, Normen und Moral. Wer soll sich da noch auskennen? Brauchen wir das alles heute überhaupt noch?

Ein Wort zum viel beklagten Verfall der Sitten: Wir können Entwarnung geben. Sitte, Moral und Anstand verfallen schon seit Menschengedenken. Ciceros Klage über den Sittenverfall im Rom des ersten vorchristlichen Jahrhunderts war schon damals ein alter Hut: »O tempora, o mores!« Bereits 2.000 Jahre vor Christus hat jemand mit hochrotem Kopf in Ur die folgende Klage in den Stein gehauen: »Unsere Jugend ist heruntergekommen und zuchtlos. Die jungen Leute hören nicht mehr auf ihre Eltern. Das Ende der Welt ist nahe.« Damals hatte die Stadt als wichtiges Zentrum in Mesopotamien immerhin schon 2.000 Jahre auf dem Buckel. Daraus können wir eigentlich nur zwei mögliche Schlüsse ziehen. Der erste: Die Welt ist längst untergegangen und wir haben es bloß noch nicht bemerkt. Der zweite: Seit Jahrtausenden verwechselt der Mensch, besonders der ältere im Angesicht seiner vermeintlich missratenen Nachkommen, Werteverfall mit Wertewandel.

Auch Sie verfügen über Ihren eigenen Wertekanon. Wahrscheinlich stimmt der nicht in allen Punkten mit dem Ihrer Eltern, Freunde und Bekannten überein. Die meisten von Ihnen versuchen, ihre Werte intuitiv, aus dem Bauch heraus, zu leben. Vor die Frage gestellt, welche Werte Ihnen wichtig sind, würden Sie in der folgenden Liste sicher fündig werden: Gerechtigkeit, Verantwortungsbewusstsein, Toleranz, Mut, Tapferkeit, Loyalität, Treue, Besonnenheit, Gelassenheit, Pflichtbewusstsein, Freundschaft, Beharrlichkeit, Rücksichtsnahme, Ehrlichkeit, Nächstenliebe, Solidarität, Liebe, Unabhängigkeit, Höflichkeit, Bescheidenheit, Fleiß, Gemeinsinn und vieles mehr. Die Liste ließe sich über Seiten verlängern. Fragt man Kinder nach ihren Wünschen und Sorgen und danach, was andere Kinder in ihren Augen sympathisch macht, bekommt man einen guten Einblick in ihre Wertvorstellungen. Etwa neunzig Prozent der Kinder zwischen sechs und vierzehn Jahren geben an, dass sie andere Kinder toll finden, die zu ihren Freunden halten und anderen Kindern helfen. Nur weniger als jedes dritte Kind mag andere Kinder, weil sie teure Markenkleidung tragen. Einen hohen Stellenwert haben Familie und Freunde, Geborgenheit, Zuverlässigkeit und Vertrauen. Als wichtigste Bezugspersonen nennen die Kinder ihre Eltern, die ihnen ein vertrautes Umfeld und Schutz geben. Gute zwischenmenschliche Beziehungen sind den Kindern viel wichtiger als materielle Werte. Gerechtigkeit, Ehrlichkeit und Hilfsbereitschaft stehen schon bei den Kleinsten hoch im Kurs. Nicht verwunderlich: Jungen und Mädchen setzen unterschiedliche Schwerpunkte. Während bei den Jungen Mut und Durchsetzungsvermögen höher im Kurs stehen, legen die Mädchen mehr Wert auf Geborgenheit und Vertrauen. Das soll nicht heißen, dass Mädchen weniger mutig sind als Jungen, wenn es darum geht, sich für bestimmte Werte stark zu machen.

Für mutig halten sich Kinder, wenn es ihnen gelingt, in brenzligen Situationen eigene Ängste zu überwinden, um Schwächeren zu helfen und sich für Gerechtigkeit einzusetzen. Verantwortung übernehmen Kinder immer dann mit Begeisterung, wenn sie sich emotional angesprochen fühlen. Wenn sie sich zum Beispiel um eine kranke Nachbarin kümmern dürfen, für sie einkaufen gehen können. Dagegen ist ihr Verantwortungsgefühl gegenüber häuslichen Pflichten deutlich geringer ausgeprägt.

Kinder verfügen heute über einen noch nie da gewesenen Umfang von Zugängen zu Informationen aller Art. Daher wissen sie um ihre spezifischen Kinderrechte. Am meisten schätzen sie, dass sie ohne Gewalt aufwachsen dürfen, und fordern dieses Recht auch für Kinder in anderen Ländern ein. Bei den unter Zehnjährigen steht das Recht auf Spielen an erster Stelle. Kinder zeigen ein hohes Maß an Bereitschaft zum sozialen Engagement. Dabei steht ihr direktes Lebensumfeld ganz im Vordergrund. Das können die Familie, der Verein und die Schule sein. Dort sind sie bereit, sich für hilfsbedürftige Menschen und ganz besonders auch für Tiere zu engagieren. Fragt man Kinder nach den Menschen, zu denen sie das größte Vertrauen haben, nach ihren Vorbildern, indirekt also nach den Menschen, die als Vermittler von Werten infrage kommen, stehen die eigenen Eltern an erster Stelle. Dicht gefolgt von Oma und Opa. Aus der Sicht der Kinder sind Vertreter von Parteien, Kirchen, Medien, Hilfsorganisationen, Gewerkschaften und Bürgerinitiativen in dieser Hinsicht kaum von Bedeutung. Dass Politiker etwas mit der Vermittlung von Werten zu tun haben könnten, darauf kommen Kinder zuallerletzt.

Und wie sieht es bei den Erwachsenen aus? Wie ist es um deren Werte bestellt? Erwartungsgemäß stehen sie den Kindern in nichts nach. Bei ihnen sind Ehrlichkeit, Fairness, Gerechtigkeit, Vertrauen, Verantwortung und Verlässlichkeit die Hits. Die allermeisten von ihnen sind der Meinung, dass Werte wichtig sind, um im Leben weiterzukommen. Das sind allerdings etwas andere als die, die ihnen ganz persönlich wichtig erscheinen. Als Erstes werden Verantwortung und Pflichtbewusstsein genannt, gefolgt von Respekt und Anstand. Ehrlichkeit, Fairness und Gerechtigkeit sind in dieser Rangliste ins Mittelfeld gerutscht. Spiegelbild unserer Leistungsgesellschaft, in der der Eindruck vorherrscht, dass jeder seine eigenen Interessen durchsetzen muss und dass dabei eine gute Portion Egoismus nicht schaden kann.

Also keine Spur von Werteverfall. Werte sind bei Kindern und Erwachsenen allgegenwärtig und das Wertebewusstsein ist über alle Altersstufen sehr ausgeprägt. Demokratische offene Gesellschaften sind dadurch gekennzeichnet, dass es kein einheitliches, für alle verbindliches Wertesystem gibt. Unser Wertebewusstsein ist durch Vielfalt und Unbeständigkeit geprägt. Umso beruhigender, dass die elterliche Kompetenz bei der Wertevermittlung ungebrochen ist und bei den Kindern selbst in hohem Kurs steht. Das Vermitteln von Werten an Ihre Kinder ist Ihr erzieherisches Tagesgeschäft. Das tun Sie unablässig, meist ohne es zu merken. Sie leben sie Ihren Kindern vor. Ihre eigenen Werte sind Standards für Ihr alltägliches Verhalten, an dem sich Ihre Kinder von klein auf orientieren. Ihr Verhalten und die zugrunde liegenden Werte sind die Modellvorlagen für die moralische Entwicklung Ihrer Kinder. Diese Erziehung braucht keinen Lehrplan. Ihre Wertvorstellungen werden von Ihren Kindern quasi automatisch verinnerlicht.

Jedes Kind hat das Recht auf Förderung seiner Entwicklung und auf Erziehung zu einer eigenen verantwortlichen und gemeinschaftsfähigen Persönlichkeit. Dazu braucht es die Erfahrung eines verlässlichen Wertesystems und die Sicherheit, erlernte Standards in einem System von Normen einüben zu können. Werte beschreiben die Welt, wie sie sein soll. Werte sind die tragenden Säulen jeder Form von Zusammenleben. Leitbilder unseres Verhaltens. Soziale Kompetenz ist die Bereitschaft, die eigenen Werte innerhalb bestimmter Normen auszuleben. Normen sind Ausführungsbestimmungen für ein werteorientiertes Verhalten in der Gemeinschaft. Ohne Normen, welche auch immer, ist der Mensch als soziales Wesen nicht denkbar. Das Erkennen und Erleben von Normen im familiären Umfeld ist daher für Kinder ganz wichtig. Wenn Höflichkeit für uns ein Wert, ein Maßstab für unser Handeln ist, dann leben wir vielleicht die Norm vor, immer freundlich zu grüßen, wenn wir einen Bekannten treffen. Dem Gemeinschaftssinn geben wir dadurch eine gute Entwicklungschance, dass wir die Norm vorgeben, gemeinsam an einem Tisch zu essen. Ist Mobilität mit dem Auto ein hoher Wert, dann ist es mehr als hilfreich, diesen Wert im Rahmen der Straßenverkehrsordnung auszuleben.

Wenn uns daran liegt, auf den Wertevermittlungsprozess in der Erziehung Einfluss zu nehmen, sollten wir die Werte, die wir vermitteln wollen, auch selbst leben. Wertevermittlung ist ein Erziehungsgeschäft, das ganz auf unserer Haltung, unserer Mimik, unseren Gesten und darauf, was wir tun, basiert. Weniger darauf, was wir sagen. Bei der Wertevermittlung schauen unsere Kinder genau zu, ohne auf die Worte zu achten. Durch das Übernehmen bestimmter Werte und Normen von den Eltern und später bestimmter Rollen und Positionen in der Gesellschaft wird der Mensch erst sozial handlungsfähig. Dazu entwickelt jedes Kind seine eigene moralische Kompetenz. Ein fortschreitender Prozess mit dem Ziel, irgendwann selbst zwischen Gut und Böse unterscheiden zu können, zu erkennen was richtig und was falsch ist und sich angemessen, das heißt moralisch richtig, zu verhalten. In diesem Sinne erfährt jedes Kind eine moralische Erziehung. Unabhängig davon, ob die Eltern eine solche bewusst anbieten oder nicht.

Die Befähigung zum moralischen Verhalten ist eine menschliche Kernkompetenz. Ihr liegt die Fähigkeit zugrunde, dass die eigene Gefühlswelt die konkreten Situationen und Empfindungen anderer mit berücksichtigt. So sind wir in der Lage, die Perspektive anderer zu übernehmen, uns in ihre Gefühlswelt hineinzuversetzen, mit ihnen mitzufühlen. Diese Empathie ist der Schlüssel zum sozialen Handeln und Verhalten in der Gemeinschaft. Hirnforscher haben gute Gründe zu der Annahme, dass der Mensch, der seine Stellung vor allem seiner sozialen Kompetenz verdankt, schon bei seiner Geburt über eine grundlegende Grammatik für Moral verfügt, vergleichbar mit den angeborenen Mechanismen für den Spracherwerb. So wie Säuglinge unabhängig von der Herkunft jede beliebige Sprache lernen, entwickeln sie die Moral die ihnen vorgelebt wird. Die Sprache und die Moral entwickeln sich quasi von ganz alleine. Irgendeine muss es halt sein. Eine praktische Sache. Das Baby kann sich nach der Geburt den Bedingungen anpassen, die es vorfindet. Machte ja auch überhaupt keinen Sinn, wenn ein Kleinkind in einer chinesischen Familie aus einer Laune der Natur heraus darauf bestünde, Deutsch zu sprechen. Die Forscher machen dafür ein spezielles »Moralnetzwerk« in unserem Gehirn verantwortlich, das Regionen umfasst, die für die Entstehung unserer Gefühle zuständig sind und dann aktiv werden, wenn wir uns mit sozialen Konflikten befassen, uns mit den möglichen Wünschen anderer Personen auseinandersetzen und emotionale und gedankliche Urteile über andere auf uns selbst beziehen. Eine zentrale Rolle spielt dabei das Frontalhirn, das unser Verhalten an abstrakten moralischen Prinzipien ausrichten kann, eine Leistung, die weit über den auch bei Tieren verbreiteten Altruismus hinausgeht.

Schon Neugeborene zeigen Anzeichen von Mitleid. Sie reagieren auf ein offenkundiges Unwohlsein anderer. Irgendwie scheint das ansteckend zu sein. Heult ein Baby, wird es nicht lange dauern, bis alle anderen Babys im Raum heulen. Nach einem halben Jahr wird dieses Reaktionsverhalten schwächer. In diesem Alter können Babys an den Stimmen von Mama und Papa erkennen, ob sie traurig oder fröhlich sind. Vor dem eigenen Verhalten steht die Recherche nach dem Motto: Erst mal sehen, wie Mama heute drauf ist. Jetzt beginnt das Baby damit, differenzierter auf Anzeichen von Unwohlsein und Leid der anderen zu reagieren. Dabei setzt es in den zurückliegenden Wochen und Monaten von den Erwachsenen abgegucktes Verhalten ein. Allerdings können der Säugling und das Kleinkind noch nicht zwischen dem Kummer des anderen und dem eigenen unterscheiden. Erlebt ein Kind in diesem Alter den Kummer einer anderen Person, so erleidet es subjektiv den gleichen Kummer und sucht Trost und die Nähe zu Mama und Papa, Oma und Opa, oder wer ihm gerade als Bezugsperson zur Verfügung steht.

In der Mitte des zweiten Lebensjahres ist das Kleinkind dann zunehmend in der Lage zwischen seinem eigenen Kummer und dem der anderen zu unterscheiden. In dem Maße, wie sich die Ich-Wahrnehmung und das Wissen um die eigene Identität der Kinder festigen, kehren sich die »Mitleidsreaktionen« in gezielte prosoziale Reaktionen auf den anderen um. Es erkennt den Kummer des anderen als den des anderen und weiß jetzt, dass es ihm selbst nicht schlecht geht. Das Kind sucht nicht länger Trost, sondern versucht selbst zu trösten. Dieses »Sich-in-den-anderen-hineinversetzen-Können« geht aber schon früh weit darüber hinaus. Ab dem zweiten Lebensjahr wollen Kinder nicht nur Trost spenden, sondern auch aktiv helfen. Das erfordert die Fähigkeit, zwischenmenschliche Gefühle auf hohem Niveau zu erkennen und richtig einzuschätzen. Mit rasanter Geschwindigkeit wächst die Kompetenz von Kleinkindern, die Perspektive der anderen einnehmen zu können. Gerade im Hilfeverhalten wächst die Sicherheit im Umgang mit der eigenen Emotionalität und deren Außenwirkungen als Einstieg in die ganze Vielfalt des Sozialverhaltens.

Kleinkinder sind exzellente Verhaltensbeobachter. Sie neigen nicht nur dazu, den Personen zu helfen, die ihnen gegenüber ein erfolgreiches Hilfeverhalten an den Tag gelegt haben, sondern honorieren schon den Wunsch, zu helfen, auch wenn die Hilfe letztlich erfolglos blieb. Das heißt, ein unter Zweijähriger kann positive Intentionen seines Gegenübers wahrnehmen und darauf reagieren. Bereits in diesem Alter können Kinder moralisches Verhalten und moralische Absichten erkennen und ihr Verhalten danach ausrichten. Auf dieser »moralgrammatikalisch« vorstrukturierten Basis entwickelt das Kind seine moralische Urteilskraft in der realen Welt der von Ihnen gelebten Werte und des von Ihnen bereitgestellten Normengefüges.

Schon mit drei Jahren haben Kinder damit begonnen, diese Normen und Werte zu verinnerlichen. Ihr Kind kann jetzt zwischen Werten und Normen unterscheiden. Es weiß, dass es nicht gut ist, seinem Spielkameraden im Sandkasten das Förmchen wegzunehmen und ihm eins mit der Sandschaufel über den Kopf zu ziehen. Es kennt die Konvention, dass Jungs keine Mädchenkleider tragen.

Mit fünf Jahren ist ihre Fähigkeit, moralische Erwägungen vorzunehmen und Teil ihrer Überzeugungen werden zu lassen, sehr ausgeprägt. Sie wissen genau, dass es eine Regelverletzung darstellt, ein anderes Kind vom Roller zu stoßen, um selbst damit zu fahren. Dabei empfinden schon Kindergartenkinder, dass ein solches Verhalten auch dann moralisch falsch ist, wenn es nicht bestraft werden würde. Eine mögliche Bestrafung von moralischem Fehlverhalten wird nicht als Begründung für die Einhaltung der Regel, dass man niemanden vom Roller stößt, angegeben. Wohl aber als mögliche Konsequenz, die man in Kauf nimmt oder lieber vermeidet. Im Vordergrund steht das eigene moralische Urteil, dass man so etwas nicht tut, weil sich das andere Kind dabei wehtun könnte. Tatsächlich sind jedoch, nicht nur bei Kindern, die moralischen Überzeugungen auf der einen Seite und entsprechendes moralisches Handeln auf der anderen Seite zwei Paar Schuhe, die nicht immer zusammenpassen müssen. Eine weitestgehende Übereinstimmung zwischen Einsicht und Handeln ist bei den Kleinen noch nicht sehr ausgeprägt und muss sich im Laufe der Kindheit erst entwickeln. In diesem Zusammenhang spricht man von der Entwicklung des »moralischen Selbst«, also der Entwicklung der eigenen Motivation, ein moralisches Urteil und seine Gefühle mit seinem Handeln in Übereinstimmung zu bringen. Moralisches Verhalten zeigt sich darin, in welchem Maße es einer Person gelingt, empfundene moralische Verpflichtungen auch tatsächlich in ein entsprechendes Handeln umzusetzen. Getreu der Maxime von Erich Kästner: »Es gibt nichts Gutes, außer man tut es.«

Die Motivation, eine solche Übereinstimmung zwischen bereits gefestigten moralischen Urteilen wie »Ich darf nicht hauen« und egoistischen Wünschen wie »Ich möchte das Sandförmchen aber jetzt haben« herzustellen, ist bei jüngeren Kindern noch nicht sehr ausgeprägt. Ja, sie scheint für das Wohlbefinden von jüngeren Kindern nicht einmal unbedingt erforderlich zu sein. Erst mit der Entwicklung der »moralischen Gefühle« nimmt diese Motivation zu. Dazu zählen das Mitgefühl als erste Voraussetzung, die Scham und das Schuldgefühl, Empörung und Zufriedenheit. Schuld und Scham empfindet das »moralische Selbst«, wenn es seinen eigenen als solche empfundenen Verpflichtungen gegenüber einer anderen Person nicht nachkommt. Zufriedenheit stellt sich in dem Maße ein, in dem es ihm gelingt, seine eigenen egoistischen Neigungen zugunsten eines eher altruistischen Handelns zu überwinden. Solche moralischen Gefühle sind für unsere Handlungen im sozialen Miteinander wichtige Impulsgeber. Das moralische Urteil kommt vor dem moralischen Handeln.

Wenn Ihre sieben Jahre alte Tochter eine Verabredung zum Spielen mit ihrer »besten Freundin« platzen lässt, weil sie eine Einladung des eigentlich sonst für ziemlich doof gehaltenen Nachbarskindes zu einer großen Portion Erdbeereis mit Sahne nicht abschlagen kann, ist das für sie noch kein allzu großes Problem. Die Gewissensbisse halten sich in Grenzen. Die Aussicht auf das Lieblingseis ist zu verlockend. Damit kann Ihre Tochter noch gut leben. Mit der »besten Freundin« kann sie morgen auch noch spielen, wird sie denken. Das heißt nicht, dass sich Ihre Tochter nicht dessen bewusst ist, wie sehr sie ihre Freundin enttäuscht. Vielleicht schämt sie sich auch ein wenig. In einigen Jahren, wenn Ihre Tochter vierzehn oder fünfzehn Jahre alt sein wird, hätte das »doofe« Nachbarskind keine Chance. Und sei sein Angebot noch so verlockend. Erdbeereis hin oder her. Die beste Freundin sitzenzulassen käme nicht mehr infrage. Ihre Freundin belügen? Undenkbar, dabei käme sich Ihre Tochter ganz mies vor. Das könnte sie jetzt nur sehr schwer ertragen. Die Entwicklung der moralischen Persönlichkeit ist ein langer Weg mit Höhen und Tiefen und nimmt die ganze Kindheit in Anspruch. Eine erfolgreiche moralische Entwicklung schließt allerdings nicht aus, dass sich Ihre Tochter, so wie Sie auch, nicht auch weiterhin gelegentlich von egoistischen Motiven leiten lässt. Aber ihre soziale Kompetenz und damit letztlich ihr Glück wird entscheidend davon abhängen, inwieweit es ihr gelingt, die rechte Balance zwischen prosozialen und egoistischen Handlungen zu finden und nachhaltig leben zu können.

Aufgrund der »moralischen Grammatik« im sich entwickelnden Gehirn ist Ihr Kind daraufhin angelegt, das »Gute zu wollen«. Das Ziel einer moralischen Entwicklung ist es darüber hinaus, auch das »Gute zu tun«. Sie müssen Ihr Kind also nicht zu einem guten Menschen erziehen. Jedes Kind ist von Natur aus gut. Dennoch hängt das gute Gelingen einer moralischen Entwicklung ganz entscheidend vom familiären Klima und im Besonderen von der Beziehung zwischen Eltern und Kindern ab. In der Kindheit muss es gelingen, die Gefühls- und Gedankenwelten in Einklang zu bringen und in angemessener Weise sozial ausgerichtet zu entwickeln. Dazu erwartet jedes kindliche Gehirn einen verlässlichen Rahmen und vorgelebte Werte. Besonders braucht es die Erfahrung, als eine Person wahrgenommen zu werden, um sich so im Einklang mit sich selbst und den anderen entwickeln zu können. Dazu braucht jedes Kind Rahmenbedingungen, die nur Sie als Eltern anbieten können: Liebe, Verständnis und Spielräume für Konfliktbegleitungen. Nicht jede »Regelverletzung« ist auch eine und macht aus dem lieben Kind ein böses Kind. Im Gegenteil. Zur moralischen Kompetenz gehört auch die Erfahrung des Aushandelns von Regeln. Dabei spielen neben den Eltern vor allem Gruppen von Gleichaltrigen eine wichtige Rolle. Eltern können einen unschätzbaren Dienst für das gute Gelingen einer moralischen Entwicklung ihrer Kinder leisten, indem sie so früh wie möglich Freundschaftserfahrungen ihrer Kinder zulassen und fördern. Das Erleben eines Wir-Gefühls und das Aushandeln moralischer Regeln in einer oder mehreren Gruppen von Gleichberechtigten sind elementare Erfahrungen für die moralische Persönlichkeit. Ihr Kind wird umso glücklicher und gelassener durchs Leben gehen, je kompetenter es ihm gelingen wird, gute Lösungen für die kleinen und größeren Konflikte des Alltags zu finden. Lösungen, mit denen es sich gut leben lässt.

Obwohl die moralische Erziehung für eine glückliche Entwicklung so wichtig ist, sollten sich Eltern gerade auf diesem Gebiet am wenigsten Stress machen. Es geht nicht um die Vermittlung eines Wertekanons, nicht um Regelwissen und die Erfüllung von Erwartungen. So wenig, wie Ihr Kind im Religionsunterricht lernt, an Gott zu glauben, so wenig lernt es im Unterrichtsfach »Normen und Werte« moralische Kompetenz. Bleiben Sie ganz gelassen. Seien Sie einfach so, wie Sie sind: ein gutes Vorbild eben!

»Solange du deine Füße unter meinen Tisch stellst« – brauchen Jugendliche Erziehung?

IRGENDWANN IST ES so weit. Die personifizierte Krise steht vor Ihnen in Gestalt der dreizehnjährigen Tochter, des vierzehnjährigen Sohnes. Die ehedem süßen Kleinen scheinen sich unversehens in Monster verwandelt zu haben. Auf den Stirnen steht in großen Lettern: PUBERTIST. Vielen Lehrern geht es nicht besser als den Eltern: Sie empfinden die Jugendlichen als Quellen fortgesetzter Störung. Die ganze Gesellschaft scheint die Pubertierenden als Inbegriff von Krise wahrzunehmen und antwortet auf ihr Verhalten mit Verboten, die sie als Fürsorge ummantelt. Selbst die Jugendlichen sehen sich in einer Krise: Sie haben sich mit ihren Ängsten und Sehnsüchten irgendwo zwischen ihrer verlorenen Kindheit und einer ungewissen Zukunft verlaufen, sind verunsichert über sich selbst und ihre Rolle. Sie fühlen sich unverstanden, vielleicht auch unerwünscht.

Der alte Satz »Solange du deine Füße unter meinen Tisch stellst, tust du, was ich sage« signalisiert ganz ausdrucksstark: Es geht jetzt nicht mehr um Erziehung. Es wird keine Einsicht mehr gefordert oder gefördert. Es geht um Gehorsam. Das Durchsetzen eines vermeintlichen Machtanspruches des Hausherrn. Die ursprüngliche Bedeutung von »die Füße unter jemandes Tisch stellen« ist, bei jemandem zu wohnen, bei ihm zu essen und zu leben. Ein liebevolles Miteinander ist dabei nicht notwendigerweise vorgesehen. Selbst die Gastfreundschaft gegenüber einem Unbekannten sollte anders aussehen. Nun sitzt da aber der eigene Sohn, die eigene Tochter am Tisch. Was sollen die wohl denken? Was für eine Provokation und Herausforderung liegen in einer solchen Haltung der Eltern. »Du machst, was ich sage!« ist das Letzte, was ein Jugendlicher hören möchte. Das Ziel einer jeden guten Erziehung ist die Entwicklung der Befähigung, ein selbstbestimmtes und vielleicht glückliches Leben in einer sozialen Gemeinschaft führen zu können. Dazu braucht der Jugendliche am Ende seiner »Behütung« aber auch die entsprechenden Möglichkeiten. Im günstigsten Fall regelt das Zusammenleben der jungen und alten Füße unter dem Tisch die Hausordnung. Geschrieben oder ungeschrieben. Aber die beste Hausordnung nützt nichts, wenn in den Jahren zuvor mit den Kindern nicht ein rücksichtsvolles und liebevolles Miteinander gelebt worden ist.

Die Zeit, in der die Kindheit zu Ende geht, ist für Eltern nicht immer leicht. Manche packt die Wehmut: Wo ist nur mein Kind geblieben? Andere plagen Gedanken, versagt zu haben: Mein Sohn ist missraten. Was erwarten die Erwachsenen, im Besonderen die Eltern, von ihrem Nachwuchs am Ende der Kindheit? Wissen sie überhaupt, was auf sie zukommt? Haben sie sich vorbereitet? Dieser Übergang kommt für die meisten Eltern überraschend. Plötzlich ist alles anders. Die Kinder scheinen sich ihnen zu entziehen. Sie machen plötzlich nicht mehr das, was die Eltern wollen. Sie sehen plötzlich anders aus, als die Eltern das möchten. Und wahrscheinlich hegen sie auch ganz andere Gedanken als die Eltern. Sie entgleiten ihnen, sosehr die Eltern ihre Kinder auch festhalten wollen. Bisweilen wird man das Gefühl nicht los, als wollten Eltern möglichst lange verdrängen, dass diese Zeit zwangsläufig einmal kommen wird, um dann im entscheidenden Moment den Anschluss zu verpassen. »Du verstehst das nicht, Mama!« Mehr noch: Man hat den Eindruck, als ob die jungen Erwachsenen weniger freudig erwartet würden als das Baby bei der Geburt. Sie scheinen eher misstrauisch zur Kenntnis genommen zu werden. »Was werden die jetzt wohl alles anstellen?« »Wie kann ich mich als Vertreter der älteren Generation vor den Ansprüchen der Jüngeren schützen? Wie meine Interessen wahren?« Aber wie sehen umgekehrt die Perspektiven der jungen Menschen am Ende der Kindheit aus? Sind sie geprägt von Zuversicht oder überwiegen Ängste vor der Zukunft und Aussichtslosigkeit?

Viele Jugendliche kommen in dieser Zeit des Umbruchs mit sich und ihrem Umfeld nicht klar. In zahlreichen Ländern ist Selbstmord die häufigste Todesursache bei Jugendlichen. Die Angaben zu den Suizidraten von Jugendlichen in Deutschland schwanken zwischen drei und elf Prozent. Selbsttötungen bei Jugendlichen werden oft vertuscht und als Unfälle verschleiert. Noch immer ist Suizid ein großes Tabuthema. Dabei sind die meisten Versuche zur Selbsttötung Hilferufe nach Liebe und Aufmerksamkeit.

Nicht mehr Kind und noch nicht erwachsen. Eine merkwürdige Zeit des Aufbruchs, der Neugierde, Besorgnis und Unsicherheit. Wie soll man sich in einem ausgewachsenen Zweigenerationenhaus verhalten? Was auch immer am Ende der Kindheit auf die ganze Familie an Herausforderungen zukommen mag, die Erziehung der Kinder ist abgeschlossen. Jetzt haben alle Beteiligten die großartige Chance, die Liebe, die sie sich in den zurückliegenden Jahren gegenseitig geschenkt haben, in einer echten Solidarität zwischen Jung und Alt weiterzuleben. Liebevolle Eltern sind jetzt nicht irritiert, nicht besorgt, sondern neugierig auf ihre Kinder. Was werden sie aus ihren Talenten machen? Kinder, die in Liebe erzogen wurden, sind trotz aller Unsicherheiten zuversichtlich. Wenn alles gut geht, haben sie ihr Vertrauen zu sich selbst und zu den Eltern nicht verloren. Eine starke Basis für ein solidarisches Miteinander. Und, wenn nötig, für Rat und Unterstützung. Sicher ein Ideal, das im Alltag nicht immer durchzuhalten sein mag. Aber aller Anstrengung wert!

Was ist das für eine seltsame Zeit, die wir mit Jugend und Pubertät bezeichnen? Kaum vorstellbar, dass hier gerade etwas ganz Tolles abläuft, die Pubertät in Wirklichkeit ein kultureller Glücksfall ist. Kaum zu glauben, dass heute eine ganze Gesellschaft meint, auf den Mut, den Gestaltungsdrang und das innovative Potenzial von jungen Menschen verzichten zu können. Es ist schon ein starkes Stück, was sich Jugendliche so alles anhören müssen. In der ausgebufften Welt der Erwachsenen würde man das Verhalten vieler Erwachsener gegenüber Jugendlichen als Mobbing bezeichnen. Versetzen Sie sich bitte einmal für einen kurzen Augenblick in die Gefühlswelt Ihres eigenen Kindes, Ihres Enkels, Ihrer Nichte oder Ihres Neffen. Versuchen Sie einmal, mit deren Ohren wahrzunehmen, was wir Erwachsene uns so alles zu sagen trauen. Eine Woche im Gehörgang eines Jugendlichen. Eine Auswahl:

Montag

08:00	Was erlaubst du dir?
09:00	Das kannst du gar nicht beurteilen.
10:00	Kommt überhaupt nicht infrage.

11:00	Du findest dich wohl interessant.
12:00	Ist das der Dank?
13:00	Wie du wieder aussiehst.
14:00	Muss ich dir alles dreimal sagen?
15:00	Wie redest du denn mit deinem Vater?
16:00	Sei nicht so ungezogen!
17:00	Daran solltest du dir ein Beispiel nehmen.
18:00	Was soll bloß aus dir werden?
19:00	Weshalb kommst du so spät nach Hause?

Dienstag

08:00	Entschuldige dich gefälligst!
09:00	Das kannst du mir doch nicht erzählen.
10:00	Das hast du nun davon.
11:00	Das ist doch kein Umgang für dich.
12:00	Das war das letzte Mal.
13:00	Du halt dich da raus!
14:00	Ich werd dir gleich helfen.
15:00	Du weißt wohl nicht, wen du vor dir hast.
16:00	Keine Widerrede!
17:00	So weit kommt das noch.
18:00	Deine Kommentare kannst du dir sparen.
19:00	Wenn du erst mal so alt bist wie ich ...

Mittwoch

08:00	Hast du den Verstand verloren?
09:00	Das könnte dir so passen.
10:00	Das ist nichts für Kinder.
11:00	Du solltest dich schämen.

12:00	So erreichst du gar nichts bei mir.
13:00	Räum auf!
14:00	Geh in dein Zimmer!
15:00	Hast du das immer noch nicht begriffen?
16:00	Du gehst ja schon wieder so spät ins Bett.
17:00	Kannst du dich nicht beherrschen?
18:00	Das will ich überhört haben.
19:00	Geh mir aus den Augen!

Donnerstag

08:00	Das glaubst du doch selber nicht.
09:00	Heute gibt es noch ein Donnerwetter.
10:00	Lass dich nicht so gehen!
11:00	Mit dir muss man sich ja schämen.
12:00	Kannst du mir mal sagen, was das soll?
13:00	Solange du die Füße unter meinen Tisch stellst ...
14:00	Reiß dich zusammen!
15:00	Du raubst mir den letzten Nerv.
16:00	Red nicht so einen Stuss!
17:00	Mach bitte nicht so ein Gesicht!
18:00	Heulsuse!
19:00	Schrei nicht so rum!

Freitag

08:00	Wo warst du schon wieder?
09:00	Das will ich nicht noch mal erleben.
10:00	Wenn du nur einen Funken Verstand hättest ...
11:00	Das kommt davon.
12:00	Schämst du dich nicht?

13:00	Dir gefällt es wohl gar nicht hier.
14:00	Benimm dich!
15:00	Wenn du nur einmal machen würdest, was ich dir sage.
16:00	Von dir hätte ich mehr Vernunft erwartet.
17:00	Du willst ja nicht auf mich hören.
18:00	Ich warne dich.
19:00	Jetzt ist aber Schluss.

Sie meinen, das reicht? Natürlich haben Sie so etwas noch niemals zu Ihren Kindern gesagt. Das tun immer nur die anderen. Können Sie sich vorstellen, was die jungen Menschen bei diesen Worten empfinden? Erinnern Sie sich an Ihre eigene Jugendzeit? An Ihre Erfahrungen mit den Erwachsenen von damals? Vielleicht stellen Sie sich vor, Sie müssten sich das alles so oder so ähnlich heute selbst noch einmal anhören. Zum Beispiel von Ihrem Chef. Ihre Woche hörte sich dann vielleicht so an:

Montag

08:00	Was erlauben Sie sich?
09:00	Das können Sie gar nicht beurteilen.
10:00	Das können Sie sich abschminken.
11:00	Sie halten sich wohl für kompetent.
12:00	Dafür habe ich Sie nicht in meine Abteilung geholt.
13:00	Können Sie sich nicht mal flotter kleiden?
14:00	Wie oft muss ich Ihnen das noch sagen?
15:00	Wie reden Sie denn mit Ihrem Chef?
16:00	Seien Sie nicht so undiplomatisch!
17:00	Sie sollten sich ein Beispiel an Ihrer Kollegin nehmen.
18:00	Wegen Ihrer Beförderung sehe ich schwarz.
19:00	Weshalb kommen Sie so spät ins Büro?

Dienstag

08:00 Dafür erwarte ich eine Entschuldigung.

09:00 Das können Sie mir doch nicht erzählen.

10:00 Machen Sie nur weiter so.

11:00 Das ist doch kein Umgang für Sie.

12:00 Dafür sind Sie nicht länger zuständig.

13:00 Sie halten sich da raus!

14:00 Werden Sie nicht unverschämt!

15:00 Sie wissen wohl nicht, wen Sie vor sich haben.

16:00 Ende der Diskussion!

17:00 Das werde ich nicht genehmigen.

18:00 Ihre Kommentare können Sie sich sparen.

19:00 Wenn Sie erst mal so erfahren sind wie ich ...

Mittwoch

08:00 Haben Sie den Verstand verloren?

09:00 Das könnte Ihnen so passen.

10:00 Das ist nichts für Ihre Gehaltsstufe.

11:00 Sie sollten sich schämen.

12:00 So erreichen Sie gar nichts bei mir.

13:00 Erledigen Sie die Ablage!

14:00 Gehen Sie in Ihr Büro!

15:00 Sind Sie begriffsstutzig?

16:00 Gehen Sie mal früher ins Bett!

17:00 Können Sie sich nicht beherrschen?

18:00 Das will ich überhört haben.

19:00 Raus!

Donnerstag

08:00	Das glauben Sie doch selber nicht.
09:00	Heute gibt es noch eine Abmahnung.
10:00	Sie sollten sich besser unter Kontrolle haben.
11:00	Sie blamieren die ganze Abteilung.
12:00	Können Sie mir mal sagen, was das soll?
13:00	Solange Sie auf meiner Gehaltsliste stehen ...
14:00	Reißen Sie sich zusammen!
15:00	Sie rauben mir den letzten Nerv.
16:00	Reden Sie nicht so einen Unsinn!
17:00	Nun schauen Sie nicht so!
18:00	Heulsuse!
19:00	Schreien Sie nicht so rum!

Freitag

08:00	Wo waren Sie schon wieder?
09:00	Das will ich nicht noch mal erleben.
10:00	Wenn Sie nur einen Funken Verstand hätten ...
11:00	Das kommt davon.
12:00	Schämen Sie sich nicht?
13:00	Ihnen gefällt es wohl nicht bei uns.
14:00	Ihr Benehmen lässt viel zu wünschen übrig.
15:00	Sie sollen nur meinen Anweisungen folgen.
16:00	Von Ihnen hätte ich mehr Sachverstand erwartet.
17:00	Sie wollen ja nicht auf mich hören.
18:00	Ich warne Sie.
19:00	Jetzt ist aber Schluss.

Wie fühlt sich das an? Jede Stunde eine Unverschämtheit von Ihrem Chef. Wie bitte, Sie haben gekündigt? Was glauben Sie, weshalb Ihr Sohn gerade von zu Hause auszieht?

Die Pubertät ist eine zwei Millionen Jahre alte menschliche Erfindung. Eine wichtige Voraussetzung für die Kulturentwicklung. Nach einer immer längeren Phase einer engen emotionalen Bindung an die Eltern in den Jahren nach der Geburt folgt der Eintritt der Geschlechtsreife mit einer dramatischen emotionalen Entbindung und Umorientierung. Dieser Prozess wird vom Gehirn gesteuert. Ein notwendiger und zugleich hochriskanter Vorgang. Eine Zeit des Aufbruchs in soziale Verantwortung. Aus dem Kind wird ein Erwachsener. Ein komplexes Geschehen mit Chancen und Risiken, das über Jahrmillionen mit dem Generationenwechsel verknüpft war. Die jungen geschlechtsreifen Mitglieder einer Menschengruppe mussten sich jetzt Sexualpartner suchen. Sie handelten zunehmend unabhängig von den Eltern. Diese waren mit dreißig Jahren alt und gebrechlich, sie verloren ihre Macht und starben. Keine Zeit für Mobbing. Die Jungen übernahmen das Ruder. Dazu mussten sie ganz viel Mut und Entschlossenheit aufbringen. Der Selektionsdruck in der frühen Geschichte der Menschheit förderte die Bereitschaft, für Neues offen zu sein. Die gerade geschlechtsreif gewordenen Jugendlichen waren für die soziale Gemeinschaft von unschätzbarem Wert. Ihre Fähigkeit, neue Wege zu gehen, diente dem Überleben der Gruppen. Ihre hohe Risikobereitschaft, ihre Neugier, ihre Willensstärke waren der eigentliche Schlüssel zum Erfolg des Projektes Menschwerdung. Mit dem Eintritt der Geschlechtsreife war der junge Erwachsene ausgestattet mit der natürlichen Legitimation, das Zusammenleben zu planen und zu gestalten. Diese Legitimation machte ihm über die Jahrmillionen niemand streitig. Diejenigen, die es hätten tun können, waren gerade dabei, abzutreten: Generationenwechsel.

Vor eine Million Jahren, irgendwo in Afrika:

Es dämmert. Lukas, 15, kauert vor dem Feuer. Er denkt an die morgige Jagd. Seine Frau Laura, 14, hockt etwas abseits bei den Frauen

und stillt ihr Baby. Wochentage gibt es noch nicht, aber Lukas weiß
genau, was zu tun ist, wenn es Abend wird. Er überprüft seine Jagd-
utensilien. Heute hat er eine Senke ausgekundschaftet, morgen will
er seine Gruppe dort hin führen. Wenn es gut läuft, werden alle für
viele Tage genug Fleisch zu essen haben. Lukas sieht über das Land
und ahnt nicht, wie erfolgreich er sein wird.

Am Tag darauf:

Es dämmert. Lukas, 15, kauert vor dem Feuer. Er hält sein Baby im
Arm und sieht seiner Frau Laura, 14, zu, die mit den anderen das
Fleisch in Streifen schneidet. Seine Idee, den Wurfspeer auch am
hinteren Ende zuzuspitzen, war ein voller Erfolg. Die Flugeigen-
schaften sind besser, die Reichweite höher und die Treffsicherheit
größer. Das Flusspferd in der Senke hatte keine Chance. Lukas ist
stolz auf seinen Erfolg, seine Stellung gefestigt. Sie haben Räucher-
fleisch für Wochen. Nur Berni war wieder zu übermütig und kam
den gewaltigen Eckzähnen des Beutetieres zu nahe. Laura hat seine
Wunden mit Honig eingerieben und ihm reichlich von ihren vergo-
renen Beeren gegeben. Jetzt schläft er seinen heilsamen Rausch am
Feuer aus. Lukas blickt über das Land und dankt dem »Geist des
Flusspferdes«.

Der Pubertierende als »Bioreaktor« für zukunftsweisende Inno-
vationen. Der Generationenwechsel als dynamische Schnittstelle
für eine Neueinstellung des Gleichgewichts zwischen »Bewahren«
und »Verändern«. Was ist davon geblieben? Die Lage der Jugendlichen heute ist völlig anders. Die mit der Pubertät verbundenen Fähigkeiten, Jahrmillionen Motor der Kulturentwicklung, sind heute
nahezu bedeutungslos geworden. Allein in den vergangenen zehn
Generationen hat sich die Lebenserwartung der Menschen bis heute nahezu verdreifacht. Eine massive Veränderung mit der Folge:
Heute leben drei bis vier Generationen nebeneinander. Deshalb

finden sich junge Erwachsene, nicht anders als ältere Menschen, in Parallelkulturen wieder, weit weg von den Gestaltungsprozessen in der Mitte der Gesellschaft. An die Stelle des natürlichen Generationenwechsels sind Generationenkonflikte getreten.

Typische Verhaltensmuster junger Erwachsener werden diskreditiert, kriminalisiert und teilweise sogar pathologisiert. So können heute zum Beispiel bestimmte Aspekte des natürlichen Sexualverhaltens von Jugendlichen strafrechtlich relevant sein. Wertvolle Prägungen jugendlichen Verhaltens, wie zum Beispiel Risikobereitschaft, Mut, Gestaltungsdrang und ein ausgeprägtes Bedürfnis nach emotionalen Grenzerfahrungen, alles Aspekte eines notwendigen Explorationsverhaltens, werden zu »abweichendem Verhalten« (Devianz) oder »Störung des Sozialverhaltens«. Die Jugend wird zum Problem und zum Objekt von Fürsorge und Erziehung. Dabei waren es doch die Jugendlichen, die über die Millionen Jahre der Menschheitsentwicklung an der vordersten Front der Kulturevolution standen.

Heute machen die Älteren den Jungen ihren natürlichen Einflusswillen streitig. Sie machen keinen Platz. Als Gesetzgeber erfinden sie den Jugendschutz. Das Jugendschutzgesetz sieht einen ganzen Kanon von Strategien zur Abwehr sogenannter »jugendgefährdender Einflüsse« vor. Was darin aber fehlt: der Schutz einer jugendspezifischen Entwicklung, durch die sich Persönlichkeiten optimal entfalten können. Ist es nicht eine der größten Jugendgefährdungen, dass die jungen Menschen davon abgehalten werden, die Gesellschaft mitzugestalten?

Heute, irgendwo in Europa:

Draußen wird's dunkel. Lukas (15) kauert vor seinem PC. Er denkt an die morgige Klassenarbeit. Hinter ihm lümmelt sich seine Freundin Laura (14) auf dem Sofa und hört Musik, während sie im TITUS-Katalog nach neuen Tops Ausschau hält. Morgen ist Mon-

tag. Und Lukas hat keine Ahnung, wozu er Latein braucht. Doch er
weiß, dass er die Arbeit morgen nicht verhauen darf. Sonst sieht es
mit der Versetzung ziemlich trübe aus. Die Fünf in Englisch scheint
ihm schon sicher zu sein. Lukas sieht aus dem Fenster. Großstadt-
lichter. Er vergisst die Schule und träumt von Afrika.

Am Tag darauf:

Draußen wird's dunkel. Lukas, 15, kauert vor seinem PC. Es ist Mon-
tagabend. Bei dem Gedanken an die Lateinarbeit von heute Morgen
wird es ihm mulmig. Das meiste hatte er von Stefan abgeschrieben.
Wenn das rauskommt, wird es kritisch. Seine Freundin Laura, 14,
und Stefan lümmeln sich auf dem Sofa. In ihrem neuen Top sieht
sie stark aus, denkt Lukas. Stefan reißt schon wieder eine neue Dose
Bier auf. Er ist völlig fertig, weil Berni im Krankenhaus liegt. Berni
war mal wieder zu übermütig. Er ist beim Autosurfen vom Dach ge-
fallen und hat sich ein Bein gebrochen. So ein Trottel, denkt Lukas.
Er hört hinter sich einen dumpfen Schlag. Stefan ist vom Sofa gefal-
len und sofort eingeschlafen. Laura schüttelt sich vor Lachen.

Tatsächlich nimmt sich die Gesellschaft die Freiheit, auf den Mut,
den Gestaltungsdrang und das innovative Potenzial der jungen
Menschen zu verzichten. Dieser Konflikt stellt eine große Gefahr
für den weiteren Weg der menschlichen Gesellschaften dar. Jugendliche wollen und sollten daher Verantwortung übernehmen
und die kulturellen Bezüge unserer Gesellschaft mutig weiterentwickeln. Selbstbestimmung ist ein Menschenrecht, nicht anders als
das Recht, die Gesellschaft in sozialer Verantwortung mitzuprägen.
Es ist eine überlebenswichtige Aufgabe, den Generationenkonflikt
in einen Generationendialog umzuwandeln. Die demokratischen
Gesellschaften haben die Pflicht (und die Möglichkeiten), den Jugendlichen ihre natürlichen Rechte zurückzugeben. Es muss uns
gelingen, die jungen Erwachsenen wieder dahin zurückzuholen,

wo sie hingehören: in die Mitte der Gesellschaft. Überhaupt bedarf es der Einsicht der Älteren, die Jugendlichen in die wichtigen politischen Entscheidungen einzubinden. Die Älteren müssen dafür heute Mut beweisen. Die Jungen haben ihn.

Im Jahr 2100, irgendwo in Deutschland:

Draußen wird's dunkel. Lukas, 15, sitzt vor seinem Terminal. Die Vorbereitungen für sein morgiges Seminar sind abgeschlossen. Vor einem Monat erst hat er sich an der Technischen Universität eingeschrieben. Nach der Schule hat er sein Hobby zum Beruf gemacht. Gemeinsam mit Stefan und Berni hat er eine Firma gegründet. Ihr Ziel ist die Weiterentwicklung von Verfahren zum verlustfreien Energietransport. Ihr innovatives Konzept »Saltatory Energy Transfer« (SET) hat gute Aussichten, gefördert zu werden. Mögliches Anwendungsgebiet: interkontinentaler Transport von Strom aus den Solarfarmen in Nordafrika. Mail von Laura: »Ankunft morgen 09:15 Uhr.« Mail von Stefan: »Komme morgen zum Treffen. Berni kann ich gerade nicht erreichen. Erinnere meinen Vater, dass er mich morgen im Krippendienst ablöst. Sein Enkel wartet schon.« Wenn Stefans Vater müde ist, könnte ich ihn nach dem Seminar ablösen, denkt Lukas.

Am Tag darauf:

Es ist kurz vor neun. Lukas wartet in der Ankunftshalle. Seine Freundin Laura, 14, ist beim ersten Versuch direkt ins Europäische Parlament gewählt worden. Als technischen Berater hat sie Stefans Vater gewinnen können. Vollzeitstelle. Sie kommen von einer Anhörung des IPSERM (Intergovernmental Panel on Sustainability, Energy and Resource Management) zurück. Dort hat sie Lukas' SET-Konzept vorgestellt. Nach den großen Flutkatastrophen in der Mitte des Jahrhunderts ist IPSERM im Zuge globaler Reorganisationen aus dem alten IPCC (Intergovernmental Panel on Climate Change,

kurz: »Al Gore Committee«) in Genf hervorgegangen. Seither arbei-
tet IPSERM eng mit der Europäischen Umweltagentur zusammen,
die nach der Überflutung von Kopenhagen nach Genf umgezogen
ist. Laura ist pünktlich. »Ich glaube, ihr seid im Geschäft«, sagt sie.
Laura hat sich mit Unterstützung von Stefans Vater schnell einge-
arbeitet. Sie mischt sich auf der Grundlage des »Adolescent Veto
Right« im »Act on Granting Priority to Sustainability« erfolgreich
ein. Das Vetorecht für Jugendliche ist ein Verdienst der Eltern- und
Großelterngeneration von Lukas und Laura. Eine Folge der soge-
nannten »Generationenkriege« zu Beginn des Jahrhunderts. Per-
spektivlosigkeit und Gewaltexzesse. Generationenterrorismus von
beiden Seiten. Die Zeiten sind gottlob überstanden.

Wenn Ihre Tochter, Ihr Sohn am Ende der Kindheit tatsächlich »das
tun, was Sie sagen«, waren Ihre Erziehungsbemühungen verge-
bens. Ihre Aufgaben gleichen jetzt denen eines Mentors. Sie haben
die Chance, Ihren Erfahrungs- und Wissensvorsprung einzubringen, um Ihrer Tochter und Ihrem Sohn den nicht ganz einfachen
Übergang in die Welt der Erwachsenen zu erleichtern. Das ist nicht
wenig, aber auch nicht mehr. In jedem Fall können Sie Ihre Jobs
als Erziehungsberechtigte an den Nagel hängen. Sie nehmen Ihr
Kind jetzt so, wie es dank Ihrer erzieherischen Mithilfe geworden
ist. Vielleicht haben Sie ja Glück, und Ihr Sohn und Ihre Tochter laden Sie ein, sie auf deren spannenden und abenteuerlichen Wegen
weiter zu begleiten. Kann es ein schöneres Kompliment für einen
Erziehungsberechtigten im Ruhestand geben? Ihren Geleitschutz
brauchen sie jedenfalls nicht mehr.

Die Autoren

Ralph Dawirs ist Zoologe, Meeresforscher, Hirnforscher, Doktor der Naturwissenschaften und Professor für Neurobiologie. Er leitet die Forschungsabteilung der Kinder- und Jugendabteilung für Psychische Gesundheit am Universitätsklinikum Erlangen. Als Entwicklungs- und Gehirnexperte hat er zahlreiche grundlegende Arbeiten zur Entwicklung des Gehirns und des Verhaltens verfasst. In allgemein verständlichen Büchern und Vorträgen setzt er sich für die Belange von Kindern und Jugendlichen ein.

Gunther Moll ist Arzt, Doktor der Medizin und Professor für Kinder- und Jugendpsychiatrie und Psychotherapie. Er leitet die Kinder- und Jugendabteilung für Psychische Gesundheit am Universitätsklinikum Erlangen. Er beschäftigt sich im Besonderen – auch als Kinder- und Gesundheitspolitiker – mit den optimalen Entwicklungsbedingungen von Kindern, den Lebensbedingungen von Familien, den Chancen einer Mehrgenerationengesellschaft und der Ausbildung psychischer Gesundheit (www.gunther-moll.de).

Danksagung

Ein herzliches Dankeschön an Doris für all ihre zauberhaften Kommentare und fruchtbaren Anregungen während ihrer magischen Überführung des Manuskriptes von der keilschriftartigen Vorlage in ein lesbares Dokument.